古籍整理識小錄

吕友仁○著

中州古籍出版社
·鄭州·

圖書在版編目(CIP)數據

古籍整理識小錄 / 呂友仁著 . —鄭州：中州古籍出版社，2022. 9
ISBN 978-7-5738-0305-4

Ⅰ . ①古… Ⅱ . ①呂… Ⅲ . ①古籍整理 Ⅳ . ① G256.1

中國版本圖書館 CIP 數據核字（2022）第 161819 號

GUJI ZHENGLI ZHI XIAO LU
古籍整理識小錄

出 版 人	許紹山
責任編輯	高　媛
責任校對	高雪薇
裝幀設計	趙啓航

出 版 社	中州古籍出版社（地址：鄭州市鄭東新區祥盛街 27 號 6 層　郵編：450016　電話：0371-65788693）
發行單位	河南省新華書店發行集團有限公司
承印單位	河南金寶麗印刷科技有限公司
開　　本	890 mm × 1240 mm　1/32
印　　張	12.75
字　　數	200 千字
印　　數	1—1000 册
版　　次	2022 年 9 月第 1 版
印　　次	2022 年 11 月第 1 次印刷
定　　價	60.00 元

本書如有印裝質量問題，請聯繫出版社調換。

經學的困局與破局（代前言）

從漢武帝獨尊儒術、罷黜百家以來，經學在古籍中始終處於指導思想的地位。這樣說，不是筆者的發明，請看古今學者的有關論述：

（1）劉勰《文心雕龍·史傳》："立義選言，宜依經以樹則；勸戒與奪，必附聖以居宗。"王運熙、周鋒《文心雕龍譯注》之《史傳》解題云："第三部分論史書的體制與寫作。指出史書記載王朝的盛衰興廢，要寫出一代的制度和政治演變，表現勸誡與奪之旨，必須徵聖、宗經。"①

（2）張之洞《書目答問》云："由經學入史學者，其史學可信。"②

（3）黄侃《文心雕龍札記·徵聖第二》："不悟經史子集，一

---

① 王運熙、周鋒《文心雕龍譯注》，上海古籍出版社1998年版，139頁、127頁。
② 〔清〕張之洞、范希曾《書目答問補正》，上海古籍出版社2001年版，258頁。

概皆名爲文，無一不本於聖。"① 又，黃侃《文心雕龍札記·宗經第三》："宗經者，則古昔，稱先王，而折衷於孔子也。"②

（4）吕思勉先生《中國史籍讀法》："要治古史的，于經學，必不可不先知門徑。"③

（5）熊十力先生《讀經示要》："經爲常道，不可不讀。夫學不本於經，即無根柢。"④

（6）《顧頡剛讀書筆記》第4册有一篇標題爲《研究中國古史必由經學入手》的筆記。⑤ 又，顧頡剛《擬印行十三經新疏緣起》說："吾國文化，發端絕早，史官紀載，合爲《六經》。凡欲審識我先民締造之歷程與夫古今學術之根源者，燦然之跡，咸在乎是。後代商討，實舉其數爲十三。二千年中，一切政治制度、道德思想無不由茲出發。故《十三經》者，吾國文化之核心也。近世外患日亟，舉國駭驚，喪其所守。自科舉廢而遂謬謂經學無與于人事，大師凋落，後學彷徨。苟由此道而不改，再歷數十年，經學固淪胥以亡，我民族精神其能弗渙離其本耶？"⑥

---

① 黃侃《文心雕龍札記》，上海古籍出版社2000年版，12頁。
② 《文心雕龍札記》，15頁。
③ 《吕思勉全集（18）》，上海古籍出版社2016年版，374頁。
④ 《熊十力全集（第三卷）》，湖北教育出版社2001年版，558頁、691頁、800頁。
⑤ 《顧頡剛全集·顧頡剛讀書筆記》4册，中華書局2011年版，268頁。
⑥ 《顧頡剛全集·顧頡剛寶樹園文存》卷一，中華書局2011年版，12頁。

（7）範文瀾《文心雕龍注》在注釋《文心雕龍》前三篇《原道》《徵聖》《宗經》的關係時說："道沿聖以垂文，聖因文而明道，文體繁變，皆出於經。"①

（8）饒宗頤《新經學的提出——預期的文藝復興工作》："'五四'以來，把經學納入史學，只作史料來看待，不免可惜！經書是我們的文化精華的寶庫，是國民思維模式、知識涵蘊的基礎；亦是先哲道德關懷與睿智的核心精義、不廢江河的論著。"②

（9）程應鏐《國學講演錄·經學舉例》說："經學是我國學術思想的主幹。辛亥革命之前，談學術就不能不談經學。我國思想史中，只有隋唐的佛學和春秋戰國的子學與經學無關。兩漢以後，脫離經學的學術思想是不存在的。"③

（10）李學勤《我對"國學熱"的幾點看法》："儒學中最核心的部分則是經學。儘管有人認爲經學不切實際，但無論如何不能否認其在中國傳統學術文化和整個儒學中的核心地位，這也是國學研究最中心、最關鍵的所在。如果不對經學作深入研究，就無從把握中國整個傳統文化的特點。從學術史角度來看，歷史上各個時期的著名學者雖然主張不同，但都要通過經學來表達自己的觀點。因此，對於中國傳統文化的研究不能離開經學的研究，

---

① 範文瀾《文心雕龍注》，人民文學出版社1962年版，5頁。
② 《饒宗頤二十世紀學術文集》卷四，中國人民大學出版社2009年版，6頁。
③ 程應鏐《流金集》，上海古籍出版社1995年版，143~144頁。

但對經學的研究正是今天國學研究中最薄弱的環節。"

（11）余英時《談宗教、哲學、國學與東西方知識系統》："談到儒家'經學'問題，蒙文通（1894~1968）便說：清末學校改制以後，過去'經學'一科，便分裂入於數科。如《易》入哲學，《詩》入文學，《尚書》《春秋》入史學之類。此結果是原有的宏偉的'經學'竟化爲烏有，這是以西方的學術分類取代中國原有學問系統所造成的大弊病。"①

（12）姜廣輝《〈中國經學史〉新纂》："經學是維護華夏民族統一性和穩定性的知識體系、價值原則和意識形態。"②

（13）清華大學經學研究院院長彭林《經學應該成爲獨立的學科》說："經史子集四部，不是并駕齊驅的關係，經學處於主導地位，是領軍的學術。"③

上述十三位古今學者對經史關係的論述，雖然文字不同，但主旨一樣，即經學是古籍中的指導思想。

民國元年，在學習西方的時代氛圍中，蔡元培先生以中華民國臨時政府教育總長的身份在《全國臨時教育會議開會詞》（1912年7月10日）中說："普通教育，廢止讀經；大學校廢止經科，

---

① 劉笑敢主編《中國哲學與文化》第7輯《明清儒學研究》，廣西師範大學出版社2010年版，27頁。
② 載《光明日報》2012年6月6日第11版。
③ 載《光明日報》2011年1月17日第15版。

而以經科分入文科之哲學、史學、文學三門。"① 從此，經學退出了各級各類學校，教師不教了，學生也不學了。這種狀況，迄今已經一個多世紀了。這一個多世紀，按照三十年一代來計算，已經有三四代人與經學隔膜了。李學勤先生2010年著文評論蔡元培先生此舉說："當時由於強調接受西學，在這種情況之下，蔡元培先生做了這樣的一個決定。對於這一問題怎麽評價，大家可以見仁見智。可是經學被取消後，幾十年之後我們回過頭來看，確實發現了問題，那就是經學在很長一段時間成了禁區，很少有人願意去研究它，很少有人願意去碰它。"② 竊以爲，顧頡剛與李學勤兩位先生分別是上世紀與本世紀經學成爲冷門絕學的吹哨人。

據權威媒體報導，2013年11月26日，習近平到曲阜孔府考察，并來到孔子研究院。桌子上擺放着展示孔子研究院系列研究成果的書籍和刊物，他一本本饒有興趣地翻看。看到《孔子家語通解》《論語詮解》兩本書，他拿起來翻閱，說："這兩本書我要仔細看看。"

2014年5月4日，習近平總書記來到北大人文學院。87歲的著名哲學家湯一介從研究室走出來歡迎習近平，總書記快步迎上去同湯教授親切握手。在湯教授研究室裏，總書記同他促膝交談，

---

① 高平叔編《蔡元培全集（第二卷）》，中華書局1984年版，262~264頁。
② 李學勤《國學的主流是儒學，儒學的核心是經學》，《中華讀書報》，2010年8月4日第15版。

瞭解《儒藏》編纂情況，贊揚他爲中華優秀傳統文化繼承、發展、創新做出了很大貢獻。

2014年9月24日，習近平發表《在紀念孔子誕辰2565周年國際學術研討會暨國際儒學聯合會第五屆會員大會開幕會上的講話》（2014年9月24日）。《講話》中說："孔子創立的儒家學說以及在此基礎上發展起來的儒家思想，對中華文明產生了深刻影響，是中國傳統文化的重要組成部分。"《講話》中又說："中國人民正在爲實現'兩個一百年'奮鬥目標而努力，其中全面建成小康社會中的'小康'這個概念，就出自《禮記·禮運》，是中華民族自古以來追求的理想社會狀態。使用'小康'這個概念來確立中國的發展目標，既符合中國發展實際，也容易得到最廣大人民理解和支持。"

習近平主席的講話及其實際行動，值得我們認真學習，認真思考，認真貫徹。

話至此處，就不得不提到被稱爲屠龍之術的文獻學。下面，再來聊聊歷史文獻學的學科建設。

按照1997年國務院學位委員會頒布的《授予博士、碩士學位和培養研究生的學科、專業目錄》，歷史學是一級學科，歷史文獻學是從屬於歷史學的一個二級學科，一般來說，設在歷史系內。但從歷史文獻學學科所應設置的課程以及它所須要的師資來看，歷史文獻學實在是歷史系的不能承載之重。

歷史文獻學學科應該設置哪些課程呢？爲了回答這個問題，筆者提出兩個參照系。第一個參照系是北京大學本科古典文獻專業的課程設置，第二個參照系是上海師範學院古籍整理研究室招收第一屆古籍整理研究專業（當時還没有"歷史文獻學專業"的名稱）碩士研究生的課程設置。北京大學古典文獻專業創立於1959年，是我國第一個招收本科生的古典文獻專業。上海師範學院古籍整理研究專業創立於1978年（這一屆考生在初試時，校名叫上海師範大學；復試時，考生被分到華東師範大學和上海師範學院兩所學校。上海師範學院，後改名上海師範大學），是我國第一個招收碩士生的古籍整理研究專業。如果我們説這兩家的課程設置具有開創性和示範性的意義，想來也不過分，因此，我們拿這兩家的課程設置作爲參照系，想來也不會怎麽離譜。

先説第一個參照系。2001年6月20日的《中華讀書報》發表了孫欽善先生寫的《魏建功先生與古典文獻專業》一文，其中説道：北京大學古典文獻專業創建於1959年，魏建功先生是這個專業的主要創始人。魏先生對古典文獻專業的貢獻主要有以下幾方面：

第一，主持設計了一套完整的課程體系，主要包括三大板塊：1. 古代語言文字方面，有古代漢語、文字學、音韻學、訓詁學、《説文解字》專書等；2. 古文獻和古文獻學方面，有目録學、版本學、校勘學、古籍專書講讀等；3. 古代歷史文化方面，有中國通史、中國文學史、中國哲學史、中國文化史等。此外還安排實習課，强調基本技能的訓練，貫徹古文獻學實踐性的特點。

下面還有第二、第三、第四，因爲與本文關係不大，從略。

孫文列舉的三大板塊的課程，加上實習課，現在的歷史系有哪一家能夠開得出來？依筆者管見，似乎一家也没有。傳聞得知，北大古典文獻專業是設置在中文系，但爲學生講課的老師却不限於中文系，有本校歷史系的，有本校哲學系的，有本校圖書館學系的，外校學者的臨時講座還不計在内。看來魏建功先生確實是個智者，是真正的内行，對這一專業的培養目標有著準確的理解和把握，儘管他也認識到古典文獻專業是單獨一個中文系的不能承載之重，但他并不降格以求，還是設計了這樣一套完整的課程體系，其覆蓋面幾乎覆蓋了所有的文科。就憑這一點，筆者衷心佩服魏建功先生。

再説第二個參照系。上海師範大學古籍整理研究專業的課程設置不曾向社會公開，也未見有哪位先生予以理論性的評述。筆者有幸成爲這個專業的第一屆研究生之一，對於所學課程，至今還記憶猶新，今開列於下。爲緬懷師恩，謹括注授課諸先生之名諱。

屬於古代語言文字方面的基礎課課程：

文字學（聘請章太炎先生的弟子王乘六先生。凡稱"聘請"，皆非上海師範學院在編教師。下同）

訓詁學（聘請無錫國專畢業的胡邦彦先生）

音韻學（聘請西北師範大學中文系郭晉稀先生）

屬於古文獻和古文獻學方面的專業課課程：

版本目錄學（聘請章太炎先生的弟子、供職于上海圖書館的潘景鄭先生）

校勘學（上海師範學院歷史系江辛眉先生）

方志學（聘請上海圖書館陳光貽先生）

《詩經》研究（聘請華東師範大學中文系程俊英先生）

《史記》研究（上海師範學院中文系顏克述先生）

《漢書》研究（上海師範學院歷史系徐光烈先生）

《宋史》研究（上海師範學院歷史系裴汝誠先生）

中國古代詩詞的整理與研究（上海師範學院中文系陳九思先生）

中國歷史地理（聘請華東師範大學歷史系李德清先生）

屬於實習課的：

甫入校，裴汝誠先生交給我們每個研究生一本宋人筆記，要我們整理（標點、校勘、輯佚），并交待說："將由中華書局出版。"果不其然，在我們畢業前夕就出版了。

行文至此，不禁悲從中來。蓋上述業師，除裴汝誠先生、李德清先生健在外，餘皆歸道山矣。我相信，上海師範大學在創建古籍整理研究專業時，并沒有派人到北京大學古典文獻專業去取經，甚至連通通聲氣也沒有，但兩家的課程設置却有著驚人的相似：都有古代語言文字方面的基礎課課程，都有古文獻和古文獻學方面的專業課課程，都有實習課。對此，我只能驚嘆：所謂"智者所見略同"，其此之謂乎！可以看出，上海師範學院古籍整理研究室的師資，一是來自本校歷史系，二是來自本校中文系。但校方仍然感到師資不足，捉襟見肘。於是就積極尋求外援。在尋求外援時，首先立足於上海市；如果上海市還没有合適的師資，就放眼全國。總而言之，我們這些做學生的，深切地感受到校方在師資方面爲我們做出了最大的努力。校方的信念是，不能降格以求，一定要讓學生學夠學好。對於本校缺乏的師資，要想方設法聘請校外的，而且不聘則已，要聘就聘該領域的最高水準。回憶胡邦彦先生給我們上訓詁學課時，古籍整理研究室的中青年教師也一道聽講；而郭晉稀先生爲我們講授音韻學時，室主任顔克述先生雖然已經年過耳順，也正襟危坐地坐在後排聽講，形成一道"道之所存，師之所存也"的亮麗風景，至今令人回味無窮。

實習課更讓我們嘗到了甜頭。我們的版本學、目錄學、校勘學的動手能力，主要是通過實習課取得的。同學六人，王松齡校點蘇軾的《東坡志林》，俞宗憲校點蘇轍的《龍川略志·龍川別志》，朱傑人校點王銍的《默記》，蕭魯陽校點莊綽的《雞肋編》，李衛國校點歐陽修的《歸田錄》，我校點王闢之的《澠水燕談錄》。除了底本是導師和中華書局商定的之外，其餘的工作，諸如選定對校本，從類書中輯佚（當時尚無文淵閣《四庫全書》電子版），寫校勘記，寫校點說明，主要是自己來做，中華書局的責任編輯負責把關。我清楚地記得，責任編輯崔文印是那樣一絲不苟地批改我寫的校勘記。總而言之，我們通過古籍整理實習所學到的動手能力，使我們終身受益。每當同學們聚首議及此事，大家無不感謝校方和老師的周密籌畫，無不感謝中華書局的大力支持。

從上面的叙述可知，在我們三年研究生求學期間，使我們受到教益的老師，破除校內校外的畛域，有歷史系的，有中文系的，有圖書館的，有中華書局的。

現在的歷史文獻學專業課程設置能夠達到上述標準嗎？我表示懷疑。我認爲，至少，大多數達不到。

從上述的兩個參照系來看，前輩學者很明白，僅僅一個歷史系（或者僅僅一個中文系）是完不成這個文獻專業所承擔的任務的。正因爲如此，歷史學家吳晗先生在 1959 年 7 月 21 日《中國青年報》上著文說："這個專業，比之其他文史專業來說，是重工業。"

順便談談考生的生源。我們那一屆研究生一共六人，有三人畢業於中文系，一人畢業於圖書館學系，一人畢業於外語系，一人沒有讀過大學（即李衛國，但這位老弟同年還接到復旦大學經濟系本科錄取通知書而放棄了）。說來也怪，沒有一個是歷史系畢業的。反觀我們現在的歷史文獻專業招生，生源幾乎清一色是歷史系的，反差非常大。

怎麼辦？筆者有兩條建議。

第一條建議，將設在歷史系的二級學科歷史文獻學與設在中文系的二級學科古典文獻學合併爲一個一級學科，名字可以叫古籍整理研究。下屬的二級學科有漢語言文字學（文字學、訓詁學、音韻學）、經學、古典文獻學（版本學、目錄學、校勘學）、中國傳統文化、敦煌學等。借用孔老夫子的話："必也正名乎！名不正則言不順，言不順則事不成。"（《論語·子路》）我個人認爲，歷史文獻學專業和古典文獻學專業是一家子（論"資歷"，古典文獻學成立在前），是一碼事，都是以古籍作爲整理研究對象的，沒有本質的不同。以筆者指導過的歷史文獻學研究生碩士論文爲例，其中有以"歐陽修《詩本義》校注"爲題者，有以"破解《經籍纂詁》的兩個未解之謎"爲題者，如果說這是古典文獻學專業研究生的論文題目，我想人們不會有任何懷疑。正因爲它們都是以古籍作爲整理研究的對象，所以教育部就設立一個"全國高等院校古籍整理研究工作委員會"（簡稱"古委會"），作爲以這兩個二級學科爲主要對象的業務指導機構。管見以爲這是一勞永逸的辦法。當然，此事體大，須要籲請國務院學位委員會做出決定，恐非一朝一夕之功。

　　第二條建議，轉變觀念。首先是作歷史系系主任的領導層要轉變觀念。所謂"轉變觀念"，就是要改變那種認爲歷史文獻專業既然冠以"歷史"二字，那它就是屬於歷史系一家的狹隘觀念。建立歷史文獻專業至少是涉及中文、歷史兩系，甚至是涉及所有文科系的"大歷史"觀念，說白了，也就是"文史哲不分家"的中國傳統學術觀念。魏建功先生爲北大古典文獻專業設計的一套完整的課程體系，上海師範學院古籍整理研究專業爲研究生設計的一套完整的課程體系，都充分體現了"文史哲不分家"的學術觀念。前輩已經爲我們樹立了榜樣，我們應該學習，應該繼承，而不應該使這個優良學統中斷。現實是這個優良學統已經基本中斷。中斷的原因何在？竊以爲，除了學風浮躁的影響之外，主要是對什麽是"歷史文獻"存在糊塗認識。所謂"歷史文獻"，說白了就是古籍，或曰古書，用英語説，就是 the ancient books，并非 historical documents，更不是 the documents of the department of history。衆所周知，我國的古籍，首先涉及的是社會科學的各個學科，其次還涉及自然科學的許多學科，用傳統的圖書分類法來說，叫做含有經、史、子、集四部；用現代的學科分類，就含有中文、歷史、哲學等等。由此可見，古籍并不是只有史書，史書只是古籍的一部分。而歷史文獻專業的研究對象是古籍，經、史、子、集都包括在內，并不是只研究單一的史部書，試問，僅僅一個歷史系怎麽能夠吃得消呢？對"歷史文獻"這一概念的誤解，不僅領導和教師有，而且學生也有。筆者曾經連續三年讓歷史文獻學專業的新生用繁體字寫出"師範大學"四字，結果是大多數人只能寫出"大"字，"師範學"三字的繁體字都寫不出來。我給他們説："諸位也忒膽大，繁體字不認識，竟敢報考歷史文獻學專業！"

學生靦腆一笑:"確實不知道歷史文獻學專業到底是幹什麽的。"

　　轉變觀念,非常重要。因爲它涉及到歷史文獻學專業的入學考試設計,涉及到學生必需學哪些基礎課課程和專業課課程,涉及到師資的配備,總而言之,涉及到歷史文獻專業的培養目標能不能達到。

目　録

一　標點校勘卷

從《馬氏文通·序》的兩處誤標説到頓號在古籍整理中的使用 …… 2

李燾《續資治通鑒長編》的一處標點失誤 …………………… 10

摘引文字如何標點芻議
　　——以校點本《漢書》《宋史》爲例 ………………… 14

北大本《毛詩正義》下册標點破句例析 …………………… 25

校點本《晉書》徵引《禮記》標點失誤帶來的負面影響 ……… 55

一書失校而波及多書之例 …………………………………… 64

《十三經注疏·禮記注疏》整理本平議 ……………………… 67

二　版本目録學卷

"惠棟校宋本"辨誤 …………………………………………… 84

《五禮通考》庫本勝於味經窩刻本考辨 …………… 106
《四庫全書總目提要》總序、小序簡注 …………… 136
試論中國最早的推薦書目《六經》 ………………… 156
《七錄輯證》序 ……………………………………… 160

三 考證卷

《文獻通考·刑考（宋代部分）》考證（上）…… 168
《文獻通考·刑考（宋代部分）》考證（中）…… 183
《文獻通考·刑考（宋代部分）》考證（下）…… 195
"清廉"從對做官者的要求之一進而成爲第一要求的歷史考察
　　——從《紅樓夢》的"官箴"談起 …………… 211
《書目答問》正誤一則
　　——所謂孫希旦《禮記集解》"蘇州新刻本"與"瑞安孫衣言
　　編刻《永嘉叢書》本"的真相 ………………… 218
《演說文》成書時代訂正
　　——兼談《隋書·經籍志》的"梁有" ………… 221
杜詩、蘇詩、黃詩中"吏隱"注的澄清
　　——輯本《汝南先賢傳》學術價值初探 ……… 226
千古之謎
　　——六經中究竟有沒有《樂經》 ……………… 234

四 書評卷

一本對我的學術思想影響至大的小書
      ——壽暨南大學張其凡教授 ………………… 244

錢大昕及其《潛研堂文集》述評 ……………… 251

金針度人　良苦用心
      ——龍啓瑞《經籍舉要》述評 ………………… 268

古代文言小說家王同軌評傳 ……………………… 274

書《潛研堂文集》後
      ——史源學實習劄記 …………………………… 281

鍥而不捨，金石可鏤
      ——評陳良中《朱子〈尚書〉學研究》 ……… 291

一部研究古代禮俗的力著
      ——王煒民《中國古代禮俗》評介 ………… 303

一部開創七十子研究的力作
      ——讀高培華《卜子夏考論》後 …………… 308

《劉禹錫詩文選》序 ……………………………… 322

引書規範舉隅 ……………………………………… 325

五 中州文獻卷

《中州文獻總錄》前言 …………………………… 330

《中原文獻鈎沉》前言 …………………………………… 339
《汝南先賢傳》輯本注譯前言 …………………………… 354
《陳留耆舊傳》輯證 ……………………………………… 375

一

標點校勘卷

從《馬氏文通·序》的兩處誤標說到頓號在古籍整理中的使用

一九八三年九月商務印書館新版《馬氏文通·序》中有這樣兩句話：

> 天下之事可學者各自不同，而其承用之名，亦各有主義而不能相混。佛家之"根""塵""法""相"，法律家之"以""准""皆""各""及其""即若"，與夫軍中之令，司官之式，皆各自爲條例。

句中的"及其""即若"，標點錯了。正確的標點應是"及""其""即""若"。換言之，從"以"到"若"，所指凡八事，非六事。洪誠先生的《中國歷代語言文字學文選》中選有此序。洪誠先生的書早出一年，但其標點錯誤與此同。洪誠先生注解了"根""塵""法""相"，未注"以""准""皆""各"等八字，想是蓋闕之意。

案王應麟《困學紀聞》卷十三："律之例有八：以、准、皆、各、其、及、即、若。"翁元圻注："《律疏》'以'者，與真犯同；'准'者，與真犯有間；'皆'者，不分首從，一等科罪；'各'者，彼此各同科此罪；'其'者，變於先意；'及'者，事情連結；'即'者，意盡而復明；'若'者，文雖殊而會上意。"可知此八字爲八事，各有其義。它們都是古代的法律常用語。翁注所謂《律疏》，是指《唐律疏議》一書。《律疏》中屢見此八字，今依次各摘一例以明之：

以："稱'以枉法論'及'以盜論'之類，皆與真犯同。"（《名例》）

准："稱'准枉法論''准盜論'之類，罪止流三千里。"（《名例》）

皆："部曲、奴婢爲主隱，皆勿論。"（《名例》）

各："諸鬥兩相毆傷者，各隨輕重，兩論如律。"（《鬥訟》）

其："諸立春以後、秋分以前決死刑者，徒一年。其所犯雖不待時，若于斷屠月及禁殺日而決者，各杖六十。"（《斷獄》）

及："諸父母及夫喪而嫁娶者，徒三年。"（《户婚》）

即："諸決罰不如法者，笞三十。即杖粗細長短不依法者，罪亦如之。"（《斷獄》）

若："諸妻毆夫，徒一年。若毆傷重者，加凡鬥傷三等。"（《鬥訟》）

因爲此八字在律文中常見，而且意關緊要，所以沈曾植《海日樓札叢》卷三《律母》條引《護德瓶齋涉筆》說："以、准、皆、各、其、及、即、若八字，相傳謂之律母。"由於不理解此八字律母，有的古書注釋就發生了問題。《歧路燈》第七十九回有這麽一句："總緣'以准皆各、其及即若'的學問與'之乎者也、耳矣焉哉'的學問，是兩不相能的。"此處的標點當否且不說，且看校注者的注文："以准皆各其及即若，舊日官場文牘中的習慣用語。之乎者也耳矣焉哉，八股文中慣用的虛詞。"其實，"以准皆各其及即若"八個字并非"等因奉此"之類，和官場文牘根本無關。作者李綠園的原意，不過是以前八個字表示法家，後八個字表示儒家，從而説明儒法異趣罷了。

以上標點錯誤和注釋不當，都和能否正確運用頓號有關。這使我想到頓號在古籍整理中的使用問題。

葉聖陶先生説："頓號要儘量少用，現在頓號用得太多，用得很亂。'瓜子'那麽多，很難看。非用不可的才用。人名與人名之間不能不用頓號，但如'在政治上、經濟上、軍事上……'，這樣的句子，頓號都可以不用。"[①] 葉聖陶先生在這裏説的是現代作品，不是説的古書標點。但這番話對於我們古籍整理工作者也有借鑒的作用。我想，對於頓號在古籍整理中的使用立出個標準來也不容易，但有個大原則，就是要讓普通讀者不致費解、誤解。像"秦漢""吳越""孔孟""韓柳"之類，一般讀者是知道的，或者

---

① 葉聖陶《談用詞及標點符號》，《語文教學通訊》，1981年第8期。

查一下詞書即可瞭解。如此之類，中間可不用頓號。在這種情況下，就要"儘量少用"，避免"用得太多"。另外，詩句本身自有節奏，頓號可不必用。例如杜甫詩"不聞夏商衰，中自誅褒妲"，"夏商""褒妲"中間就不宜用頓號。另一種情況，就是不用或誤用，可能導致人們的誤解，這就"非用不可"。事實上，很多須要頓開的地方，常常是古籍整理工作者自己費了很大力氣才頓開的。這正是表現一個古籍整理工作者責任心的地方。據筆者觀察，當前存在的問題，不在於用得太多，而在於非用不可之時不用或誤用。前面說的《馬氏文通·序》是其例。爲了說明問題，今再試舉數例如下：

①王力《同源字典》："方以智《通雅》：'爾汝而若乃一聲之轉。'"

②王力《漢語史稿》："《通雅》說："'爾'、'汝'、'而'、'若'乃一聲之轉。"

③王仲犖《北周六典》引《周禮》："禁殺戮掌司斬殺戮者。凡傷人見血而不以告者，攘獄者，遏獄者，以告而誅之。"

④洪邁《容齋三筆》卷七《赦恩爲害》："唐莊宗同光二年大赦……云：十惡五逆、屠牛、鑄錢、故殺人、合造毒藥、持杖行劫、官典犯贓，不在此限。"

⑤《宋史刑法志注釋》："竇儀等把從《刑統》中削出來的'令、式、宣敕，分別審查，編成新敕四卷。"

⑥《宋史・刑法志三》校勘記〔五〕：廣南地牢城按《長編》卷一一九、《通考》卷一六八作"廣南遠惡地牢城"。

以上六例，都存在着頓號的失誤問題。

例①在"爾汝而若乃"之間不用頓號，這當然說不上錯。但那就只有懂得音韻學知識的人才不至於誤解。例②倒是用了頓號，但又丟掉了一個。"乃"字前也應加引號（這是依原書體例），否則，"乃"字就不成其爲人稱代詞，而成爲副詞了，自然也就違背了《通雅》作者的原意。張世祿先生說："'若''汝''爾''乃'，四個字都是代表同一個詞，即第二人稱代詞'你'。在上古音裏，原來都是具有舌尖鼻音聲母'n'的。"可作佐證。

例③的標點，私意當作"禁殺戮掌司斬殺戮者、凡傷人見血而不以告者、攘獄者、遏獄者，以告而誅之。"因爲鄭玄注云："司猶察也。察此四者，告於司寇罪之也。"可知一個動詞"司"字，管住了下面并列的四事。原標點誤。

例④注意了頓號的使用，但還缺少一個。"十惡"後當置頓號。因爲"十惡五逆"是二事，非一事。"十惡"見諸法典，古書多有。"五逆"見諸佛典，據《中國通史簡編》第三編五七四頁引《觀無量壽經》，知是指殺父、殺母、殺羅漢、傷害佛身出血、挑撥眾僧不和五事。

例⑤的問題出在"宣敕"上。"宣敕"二字之間應加頓號。因爲"宣敕"是二事，非一事。《資治通鑑》卷二八二晉高祖天福六年十月："（和）凝請密留空名宣、敕十數通。"胡三省注："宣出於樞密院，敕出於中書門下。"李燾《續資治通鑑長編》卷二八六也説："其朝旨自中書頒降者皆曰敕，自樞密院者皆曰宣。"也就是説，同是朝廷的命令，通過最高軍事機關下達者叫宣，通過最高政務機關下達者叫敕。這是行於五代和宋的一種制度。如果"宣敕"二字不頓開，極易使人誤會。如新版《辭源》"宣敕"條，其釋義爲"發布詔書"。把"宣"誤解爲動詞"發布"。其書證之一是《新五代史》卷五十六《和凝傳》："高祖將幸鄴，而襄州安從進反跡已見……（和凝）請爲宣敕（按：原書亦未頓開）十餘通，授之鄭王，有急則命將擊之。"這不正是胡三省在《通鑑》中已注過的句子嗎？《辭源》釋義之誤顯而易見。

例⑥的"廣南遠惡地牢城"也不應作一氣讀，應在"廣南"後置頓號。因爲按照宋代制度，這是兩個不同的發配地區，而不是一個。"廣南"是一地，"遠惡地"又是一地。"廣南"并非"遠惡地牢城"的定語。實際上，發配遠惡地的處分，較之發配廣南的處分要重一等。例如劉摯被編配新州，這是所謂"遠惡地"。《慶元條法事類》卷七十五《編配流役》中説，"諸稱遠惡州者，謂南恩、新、循……瓊州、萬安、昌化、吉陽軍"可證。後來適逢天變，哲宗頒赦，曾布趁機爲劉摯説情，謂"宜稍徙地，足以感召和氣。"哲宗不同意。曾布又繼續説："編刺配隸罪人，亦分廣南與遠惡處爲兩等，若稍徙之於端、康、英、連之界，亦是嶺表，似亦未爲過。"由此可見，如果把劉摯從遠惡地移徙廣南，就已是一種恩典了。明白了廣南和遠惡地之分，我們就會對蘇軾的先貶惠州（廣南），繼貶瓊州（遠惡地），徽宗立，又移廉州（廣南），有更深一步的理解。

以上數例進一步表明了，頓號忽視不得。該頓不頓，或者頓錯了，都會給讀者帶來麻煩。應該說，在標點古書時，在不少的情況下，頓號的處理較之句號、逗號等其他標點的處理還要難些。句號、問號、感嘆號的處理，往往可以借助虛詞爲標識，頓號則較少這種情況。另外，頓號的處理往往涉及古代的名物制度，而這些名物制度又往往是我們今日鮮知的。關於這一點，博學如王應麟者還要把八字"律母"特地錄爲《困學紀聞》的一條、胡三省特地爲"宣敕"二字作注，我們從這兩個具體的例子中也不難看出一斑。爲了減少讀者的麻煩，古籍整理工作者就應率先多下氣力。每一個標點的處理，都應慎之又慎。

古書一般没有標點，自然也無所謂頓號。因此，遇到需要用頓號表意的地方，爲了避免誤會，古人就免不了辭費。如《禮記・王制》："成獄辭，史以獄成告於正，正聽之"。鄭注云："史，司寇吏也。正，於周鄉師之屬。"孔穎達疏："案《周禮》，鄉師屬地官，不掌獄訟，而云'鄉師'者，鄉謂鄉士也，師謂士師也。"（按：鄉士、士師，并屬秋官司寇，掌獄訟）可以設想，如果鄭玄在"鄉師"二字之間置一頓號，人們就不至於誤解，孔疏也就不用那樣辭費。孔疏凡二十七字,就是要説明"鄉師"是"鄉、師"這樣一個意思,其作用恰與一個頓號相等。這對古人來説,是不得已。今天,我們已經有了頓號這種表意手段,如果當用而不用,那就説不過去了。

《南宋館閣録》卷三《校讎式》:"諸字有誤者,以雌黄塗訖,別書。或多字,以雌黄圈之。少者,於字側添入。或字側不容注者,即用朱圈,仍於本行上下空紙上標寫。倒置,於兩字間書一字。諸點語斷處,以側爲正。其有人名、地名、物名等合細分者,即於中間細點。"規定可謂詳盡。其最後一句,尤其值得注意。所謂"即於中間細點",就是我們今天所説的"即於中間置頓號"。由此看來,宋代雖無頓號之名,但有頓號之實,而且還形成了制度。在此,我們自不妨效法古人,也規定一條:凡有人名、地名、物名等應該細加分別者,即於中間置頓號。

李燾《續資治通鑑長編》的一處標點失誤

李燾《續資治通鑑長編》（簡稱《長編》）卷一一九："罪人貸死者，舊多配沙門島。島在登州海中，至者多死。（景祐三年七月）辛巳，詔：'當配沙門島者，第配廣南遠惡地牢城。'"（中華書局校點本，第九册，2796頁）

按："廣南"後應置頓號。何者？蓋"廣南"爲一地理概念，而"遠惡地"爲另一地理概念，二者是并列關係。"廣南"并非"遠惡地"的定語。

據《長編》卷四九一哲宗紹聖四年九月癸亥記載，元祐黨人吕大防和劉摯此前分別被安置在循州、新州。此二州屬於遠惡地（詳下）。是年九月庚申，"彗犯天市垣帝座"，史書謂之"星變"。哲宗頒赦，曾布乘機爲吕大防、劉摯二人説情，謂"宜稍徙地，足以感召和氣"。哲宗不同意，説："劉摯等安可徙？"曾布回答説："編刺配隸罪人，亦分廣南與遠惡處爲兩等，若稍徙之於端、康、英、連之界，亦是嶺表，似亦未爲過。"又，《慶元條法事類》

卷七十五"編配流役":"諸應編配廣南及遠惡州而已編配在諸路者,東西路互換編配。"(下引《慶元條法事類》均出此卷,不另出)請注意,在這句話裏,"廣南"與"遠惡州"之間有一個"及"字,而這個"及"字是不好亂用的,至少從宋代開始,這個"及"字已是八字律例之一。

南宋王應麟《困學紀聞》卷十三:"律之例有八:以、准、皆、各、其、及、即、若。"翁元圻注:"《律疏》'以'者,與真犯同;'准'者,與真犯有間;'皆'者,不分首從,一等科罪;'各'者,彼此各同科此罪;'其'者,變於先意;'及'者,事情連結;'即'者,意盡而復明,'若'者,文雖殊而會上意。"(翁元圻《困學紀聞注》)所謂"'及'者,事情連結",就是説這個"及"字是個連詞,連接兩個等值的事物,楊樹達《詞詮》稱之爲"等立連詞,與也"① 是也。"及"字的使用,可以作爲曾布兩等説的一個佐證。兩等之中,遠惡地尤爲人所不堪。試以蘇軾的遭遇爲例。據《宋史》本傳,蘇軾第一次的流放地是惠州,惠州屬廣南,生活環境還不算很壞。所以蘇軾在致友人陳季常的信中尚説:"到惠將半年,風土食物不惡。"及至第二次流放,流放地是昌化軍,昌化軍在今日海南省,宋時屬於遠惡地。蘇軾情知自己被置之必死之地,所以在動身前與王敏仲説:"某垂老投

---

① 楊樹達《詞詮》,中華書局1954年版,135頁。

荒，無復生還之望，昨已與長子邁訣，已處置後事矣。今到海南，首當作棺，次便作墓。"前後兩信，不同若此，可以說是從又一個側面證明了曾布的兩等說。

遠惡地，又叫"遠惡州"，其實際所指，《慶元條法事類》有明文："諸稱遠惡州者，謂南恩（今廣東陽江）、新（廣東新興）、循（廣東龍州）、梅（廣東梅縣）、高（廣東茂名）、雷（廣東海康）、化（廣東化縣）、賓（廣西賓陽）、容（廣西容縣）、瓊州（海南海口）、萬安（海南萬寧）、昌化（海南儋縣）、吉陽軍（海南崖縣）。"凡十三州軍。這十三州軍分屬於宋代的廣南東路和廣南西路。

史載"遠惡地"又分兩等。一等叫做海南遠惡地，指瓊州、萬安、昌化、吉陽四州軍，其生活環境最惡劣。次一等的叫海北遠惡地，指南恩、新、循等九州。兩等遠惡地，以今之瓊州海峽爲界。宋人有句諺語形容海北遠惡地之惡："春、循、梅、新，與死爲鄰；高、竇、雷、化，說着也怕。"海北遠惡地的可怖已經如此，則海南遠惡地之可怖可想而知。

順便說明一點。有的學者著文認爲，所謂"遠惡地"之遠，是指"遠離中央"。竊以爲此說不妥。按《慶元條法事類》："諸編配計地理者，以住家之所。"由此可知，遠者，距離罪人住家之所遠也。如果罪人是個在朝居官者，又家住京師，固然可以說是"遠離中央"，但那只是一種巧合，不能概括一般。

學者或謂"廣南"乃宋代廣南東路與廣南西路的簡稱,這是一種誤解。實際上,宋人是以"二廣"作爲上述兩路的簡稱的。例如,趙升《朝野類要》卷五"南行"條:"仕宦得罪而南行者,蓋二廣多是瘴煙遠惡及水土惡逆之州縣。江西亦或有之,所以貶於其處也。"朱熹《三朝名臣言行錄》卷十二"劉安世"條:"淳、卞用事,所以殺公者百計,皆不克,然必欲致于死。故方竄廣東,則移廣西;既抵廣西,則復徙廣東,凡二廣間甲令所載稱遠惡州者,無所不至。"那麼"廣南"這一地理概念究竟實指哪些地方呢?竊以爲,綜合上文所述,可用下列算式表示:

　　二廣—(減去)遠惡地=廣南。

摘引文字如何標點芻議

——以校點本《漢書》《宋史》爲例

引經據典是古書中非常常見的現象。古人在引經據典時，固然有中規中矩的徵引，即與原文保持完全一致的徵引，但也有摘引。所謂摘引，是在不損害原文意思的前提下選我所需的徵引。摘引的外部特點是，引文的排列組合與原文不盡相同。中規中矩的徵引，其標點不成問題。而摘引文字的標點，筆者以爲還是個問題。什麼問題？簡單地說，是應該使用一組引號呢，還是使用兩組（或多組）引號？我認爲，應該只使用一組引號。使用兩組（或多組）引號的作法，失之於拘。看似細膩，一片好心，實則近乎畫蛇添足，不唯無益，適足害之。

顧炎武《日知錄》卷二十《引書用意》："《書·泰誓》：'受有億兆夷人，離心離德。予有亂臣十人，同心同德。'《左傳》引之，則曰《太誓》所謂'商兆民離，周十人同'者，衆也。此略其文而用其意也。"① 俞樾《古書疑義舉例》卷三之《古人引書每有增減例》，就是在《日知錄》此條的基礎上增訂而成。

清代學者陳澧《東塾續集》卷一《引書法》云："所引之書，其說甚長者，當擇其要語。"② 張舜徽先生《文獻學論著輯要》收錄此文，改題作《引書法示端溪書院諸生》。

黃焯先生《詩疏平議·自序》云："書中凡引經文、《詩序》《傳》《箋》《疏》及前人之說，悉加引號。間或有跳脫節略，則依舊例，皆未用省略號。特此説明。"③

《漢書·藝文志》六藝略禮家類小序："《易》曰：'有夫婦、父子、君臣、上下，禮義有所錯。'"顏師古曰："《序卦》之辭也。錯，置也。"張舜徽先生《漢書藝文志通釋》云：

> 按：《易·序卦》原文云："有天地，然後有萬物；有萬物，然後有男女；有男女，然後有夫婦；有夫婦，然後有父子；有父子，然後有君臣；有君臣，然後有上下；有上下，然後禮義有所錯。"此處節刪其文，約取其義以引之。在古書中常有斯例，不必盡如原文也。④

據以上諸家之說，可知不少學者已經注意到古書的摘引問題。

---

① 〔清〕顧炎武、黃汝成《日知錄集釋》，中州古籍出版社1990年版，480頁。
② 沈雲龍主編《近代中國史料叢刊·東塾續集》，臺北文海出版社1966年版，28頁。
③ 黃焯《詩疏平議》，上海古籍出版社1985年版，2頁。
④ 張舜徽主編《二十五史三編（第三分冊）》，岳麓書社1994年版，769頁。

既然是摘引，就意味着其排列組合與原文有異。這就給我們的標點提出了一個問題：我們把摘引的文字是看作一個完整的統一體呢，還是把它看作互不相關的兩截或三截？質言之，我們是使用一組引號呢還是使用兩組、三組？對這個問題，筆者以爲黃焯先生已經做了相當明確的回答："間或有跳脱節略，則依舊例，皆未用省略號。"這三句話傳達出來的意思就是，黃焯先生是把摘引文字作爲一個完整的統一體來看待的。所以，他所説的"悉加引號"，就是凡是遇到這種"跳脱節略"情況，只加一組引號即可，而不是分別地加上兩組或三組。我想，黃焯先生《序》中既有此言，書中必有其例，就想從黃焯《詩疏平議》中找出一些實際例子。可是，實際一找，我失望了。轉念一想，我失望事小，黃焯先生在天之靈有知，那才叫失望呢！爲什麽？因爲書中的實際標點正與《自序》所説相背。例如，該書第4頁：

> 焯按：《周南》言后妃，《召南》言夫人，孔氏并指爲太姒，非也。《大序》云："《關雎》《麟趾》之化，王者之風，故繫之周公。""《鵲巢》《騶虞》之德，諸侯之風也，先王之所以教，故繫之召公。"是序以二《南》有王者、諸侯之別。

呂按：《大序》的原文是："《關雎》《麟趾》之化，王者之風，故繫之周公。南，言化自北而南也。《鵲巢》《騶虞》之德，諸侯之風也，先王之所以教，故繫之召公。"對比可知，黃焯先生的摘引只不過省去了"南，言化自北而南也"一句而已，標點者不知是忘掉了還是沒有真正領會《自序》"間或有跳脫節略，則依舊例，皆未用省略號"的話，徑自分作兩截，施加兩組引號。豈不知施加兩組引號的作法，比使用省略號更加害義，導至黃焯先生言行不一，自違其例（黃焯先生1984年去世，《詩疏平議》1985年出版。筆者懷疑標點非黃焯先生生前親施）。

好在黃焯先生還有"則依舊例"那句話，說明他也是按照老規矩辦事。因此，我們不妨試着找找"舊例"。找得初步結果，唐初孔穎達《五經正義》中就頗有此例。例如：

1.《尚書·費誓》："杜乃擭，敜乃阱，無敢傷牿。牿之傷，汝則有常刑。"傳："牛馬之傷，汝則有殘人畜之常刑。"孔疏："'牛馬之傷，汝則有殘人畜之常刑'，今《律》文：'施機槍、作坑阱者，杖一百。傷人之畜產者，償所減價。'"①

呂按：孔疏所引今《律》文屬於摘引。《律》文之"施機槍、作坑阱者，杖一百"，見《唐律疏議》卷二六《雜律》，一字不差，是律文之正條②；而"傷人之畜產者，償所減價"（按：意謂受到多大損失，就賠償多大損失），雖然也出自卷二六《雜律》，但它是另一條律文的注文③。北京大學出版社和上海古籍出版社先後出版的《尚書正義》均將此節引文視作一體，只用一組引號，

---

① 李學勤主編《尚書（標點本）》，北京大學出版社1999年版，565頁；〔漢〕孔安國、〔唐〕孔穎達《尚書正義》，上海古籍出版社2007年版，810頁。
② 〔唐〕長孫無忌《唐律疏議》，中華書局1983年版，482頁。
③ 同上書，480頁。

筆者以爲是得體的，是契合古人之心的。

2.《毛詩·小雅·彤弓》"鐘鼓既設，一朝醻之"句下孔疏云：案《燕禮》，賓既受獻，"西階上北面坐卒爵。賓以虛爵降。賓坐取觚，奠於篚下，盥洗。卒盥，揖升；酌，以酢主人於西階上。主人北面拜受"。①

吕按：孔疏所引《燕禮》是摘引。如果一句不漏地全引，則是：西階上北面坐卒爵【興；坐奠爵，遂拜。主人答拜】。賓以虛爵降、【主人降。賓洗南坐奠觚，少進，辭降。主人東面對】。賓坐取觚，奠於篚下，盥洗【主人辭洗。賓坐奠觚於篚，興，對。卒洗，及階，揖，升。主人升，拜洗如賓禮。賓降盥，主人降。賓辭降】。卒盥，揖升；酌【膳，執冪如初】，以酢主人于西階上。主人北面拜受【爵】。

上文的方括號中的文字均是孔疏未引者。筆者以爲北大出版社標點本的處理是恰當的。如果我們不把這段引文看作一個完整的統一體，那就非得使用五組引號不可！

3.《禮記·檀弓上》："魯莊公及宋人戰於乘丘。"孔疏："戰於乘丘"者，乘丘，魯地。莊公十年"夏六月，齊師、宋師次於郎。公子偃曰：'宋師不整，可敗也。宋敗，齊必還，請擊之。'

---

① 李學勤主編《毛詩正義》，北京大學出版社1992年版，628頁。

大敗宋師於乘丘,齊師乃還。"①

吕按:孔疏的引文是摘引。核諸《左傳》莊公十年,引文只是在"請擊之"句下删去了"公弗許。自雩門竊出,蒙皋比而先犯之。公從之"四句。衡之《檀弓上》此節文字的需要,省去此四句是很得體的,這就叫做"擇其要語"。北京大學出版社和上海古籍出版社先後出版的《禮記正義》的標點處理是深得古人之心的。

據以上三例,我們可以得出初步結論,"則依舊例"之"舊",至少可以追溯到唐初。能不能追溯到更早?可以。《漢書》中摘引之例就不少。我甚至大膽推想,揆諸人情,大概自有引文之日起,就有摘引之例了。蓋古人引書,猶如良工裁衣,自有剪裁之法。原文雖多,取我所需而已。由於剪裁適當,在引者是水乳交融,於原書是無損原意。於是乎摘引之法,大行其道。而我們在標點摘引文字時,往往不自覺地進入了一個認識誤區。我們明明標點的是經過摘引者改裝的引文,但我們并没有站在摘引者的立場上來認識,没有體會摘引者這樣改裝的良苦用心,而是又倒回原作者的立場,用原文的標準去要求摘引文字,斤斤計較,這怎麽能行呢?簡言之,摘引也是一種創作,摘引者的這點創作没有得到

---

① 〔漢〕鄭玄、〔唐〕孔穎達、龔抗雲、王文錦《禮記正義》,北京大學出版社1999年版,185頁;〔漢〕鄭玄、〔唐〕孔穎達、吕友仁《禮記正義》,上海古籍出版社2008年版,249頁。

標點者的充分理解與尊重。職是之故，摘引之古人復起，必曰："吾文不如是也！"當然，無論是唐代或漢代，那時候都沒有什麼"省略號"。黄焯先生所説的"則依舊例，皆未用省略號"，意謂他作爲今人，在標點古書時，由於充分理解古人摘引的體例，所以都不用省略號。

二十四史中的摘引不知凡幾，今以中華書局校點本《漢書》《宋史》爲例，拈出數條自認爲摘引文字標點不當之例，提請讀者批評。

《漢書》的摘引之例：

1.《刑法志》："《書》云'天秩有禮'，'天討有罪'〔師古曰："此《虞書·皋繇謨》之辭也。"〕。故聖人因天秩而制五禮，因天討而作五刑。"

吕按：《尚書·皋陶謨》的原文是："天秩有禮，自我五禮有庸哉！同寅協恭和衷哉！天命有德，五服五章哉！天討有罪，五刑五用哉！"[1] 對比可知，班固的摘引是"擇其要語"。筆者以爲不如標作：《書》云："天秩有禮，天討有罪。"校點本現在的標點，不僅不得作者之心，又讓讀者感到困惑。譬如説，"天討有罪"被割裂出去，它還是"《書》云"的内容嗎？師古注僅僅置於"天討有罪"之下，它還管得到上面的"天秩有禮"嗎？

---

[1]《尚書正義》，上海古籍出版社2007年版，151頁。

2.《律曆志》下:"是歲距上元十四萬二千五百七十七歲,得孟統五十三章首。故傳曰:'五年春王正月辛亥朔,日南至。''八月甲午,晉侯圍上陽。'"

呂按:摘引文字出自《左傳》僖公五年。按原書,在"五年春王正月辛亥朔,日南至"與"八月甲午,晉侯圍上陽"之間還有數百字,《律曆志》未引。筆者以爲,摘引文字不如標作:故傳曰:"五年春王正月辛亥朔,日南至。八月甲午,晉侯圍上陽。"語氣通貫。原標點分作兩截,試問,那個"八月甲午"還一定是僖公五年的八月甲午嗎?

3.《藝文志·兵書略序》:"兵家者,蓋出古司馬之職,王官之武備也。《洪範》八政,八曰師。孔子曰爲國者'足食足兵','以不教民戰,是謂棄之',明兵之重也。"

呂按:"足食足兵",見《論語·顏淵》篇;"以不教民戰,是謂棄之",見《論語·子路》篇。引文前面既然明言"孔子曰",則不宜將引文分作兩截,使用兩組引號。這樣標點的弊病在於使語氣中斷。譬如説,"以不教民戰,是謂棄之",離"孔子曰"那麽遠,自成一體,還是不是"孔子曰"的内容?如果説"不是",違背實際;如果説"是",從標點上來看,由前向後,先隔着一個後引號、再隔着一個逗號、最後隔着一個前引號,阻隔如此之多,絲毫看不出"是"的模樣。之所以造成如此進退失據,就是由於標點者的人爲割裂。

4.《藝文志》:“《孝經》者，孔子爲曾子陳孝道也。……漢興，長孫氏、博士江翁、少府后倉、諫大夫翼奉、安昌侯張禹傳之，各自名家，經文皆同，唯孔氏壁中古文爲異。‘父母生之，續莫大焉’，‘故親生之膝下’，諸家説不安處，古文字讀皆異。”

吕按：引文皆出自今本《孝經·聖治章》。據今本，“故親生之膝下”句在“父母生之，續莫大焉”之前。我認爲，引文不如合在一起，標作：“父母生之，續莫大焉。故親生之膝下”，諸家説不安處，古文字讀皆異。這樣標點的好處是，引文與下面兩句之間的關係比較容易理解。因爲“續”字，《古文孝經》作“績”；“膝”字，《古文孝經》作“䣛”。這就是所謂“古文字讀皆異”。作者要表達的意思是，通過舉例來指出《今文孝經》與《古文孝經》的差别。分作兩截，徒令讀者費猜詳。

5.《朱雲傳》:“雲曰：‘今朝廷大臣上不能匡主，下亡以益民，皆尸位素餐，孔子所謂“鄙夫不可與事君”，“苟患失之，亡所不至”者也。’”師古曰：“皆《論語》所載孔子之言也。”

吕按：引文出自《論語·陽貨》:“子曰：‘鄙夫可與事君也與哉？其未得之也，患得之；既得之，患失之。苟患失之，無所不至矣。’”古書没有標點，從“師古曰：皆《論語》所載孔子之言也”來看，顔師古是把摘引文字當作一體來看待的。古人在摘引时，往往使用这样一个固定结构：“所謂……者也”。在“所謂”之後、“者也”之前的所有摘引文字，必然是一個整體。分作兩截而套用這個固定結構,古人必不如此。

6.《王莽传》贊曰:"王莽始起外戚,折節力行,以要名譽。宗族稱孝,師友歸仁。及其居位輔政,成哀之際,勤勞國家,直道而行,動見稱述。豈所謂'在家必聞,在國必聞','色取仁而行違'者邪?"師古曰:"《論語》載孔子對子張之言也。"

吕按:引文均出自《论语·颜渊》,此略。我認爲,古人徵引時,往往使用"所謂……者也""所謂……是也""所謂……者邪"一類固定結構。這是一種僅僅適用於將摘引文字視作一體的固定結構。引文的標點强行讓這種結構接納非一體的引文,是對這種結構的扭曲。

《宋史》的摘引之例:

1.《輿服志》三:"蓋古者裘不徒服,其上必皆有衣,故曰'緇衣羔裘','黄衣狐裘','素衣麑裘'。"

吕按:三處引文,都出自《論語·鄉黨》的同一章,用一組引號就可以了。

2.《輿服志》三:"按《周禮·節服氏》'掌祭祀朝覲,衮冕六人,維王之太常';'郊祀,裘冕二人'。"

吕按:首先,標點破句。應標作:"按《周禮·節服氏》'掌祭祀、朝覲衮冕,六人維王之太常。郊祀裘冕,二人'。"大意是:節服氏的職責是:掌管天子參加祭祀、朝覲時所穿的衮冕,由六個人捧着天子大常旗的十二根飄带,不使曳地。掌管天子南郊祀天時所穿的裘冕，由兩個人執戈，跟在迎尸送尸的車子後面。其次，用一組引號就行了。

3.《輿服志》三："《考工記》：'鎮圭尺有二寸，天子守之。''大圭長三尺，杼上終葵首，天子服之'。"

呂按：兩截引文都是出自《周禮·考工記·玉人》，用一組引號即可。

有沒有標點正確的呢？有，只是很少。例如：

《漢書·五行志》中之下："武丁恐駭，謀於忠賢，修德而正事，內舉傅說，授以國政，外伐鬼方，以安諸夏，故能攘木鳥之妖，致百年之壽，所謂'六沴作見，若是共御，五福乃降，用章于下'者也。"

按：引文是摘引，見《尚书大传》卷二："若六沴作見，若是共禦（一作"供御"），帝用不差，神則不怒，五福乃降，用章於下。"

《宋史·輿服志》四："又案《周礼》，諸侯爵有五等，而服則三，所謂'公之服自袞冕而下，侯、伯自鷩冕而下，子、男自毳冕而下'是也。"

呂按：引文是摘引，見《周禮·春官·司服》："公之服，自袞冕而下，如王之服。侯伯之服，自鷩冕而下，如公之服。子男之服，自毳冕而下，如侯伯之服。"

北大本《毛詩正義》下册標點破句例析

標點古書，并不是一件輕而易舉之事。魯迅先生説："標點古文，往往害得有名的學者出醜。"①。黃侃先生在致其學生陸宗達的信中説："侃所點書，句讀頗有誤處，望隨時改正。"② 楊樹達先生《古書句讀釋例·叙論》説："句讀之事，視之若甚淺，而實則頗難。"③ 這些都是深知其中甘苦之言。韓愈是唐代的大學者，但也慨嘆："余嘗苦《儀禮》難讀。"④ 朱熹是宋代大學者，他在作《韓文考異》時竟説："然不知此句當如何讀。"中華書局出版的《資治通鑑》點校本，是由國内第一流學者標點的，但還有很多錯誤，因而才有吕叔湘先生的《通鑑標點瑣議》之作。筆者由於學

---

① 《魯迅全集》第六卷《且介亭雜文二集·題未定草六》，人民文學出版社 2005 年版，437 頁。
② 黃侃《黃侃手批白文十三經》，上海古籍出版社 1983 年版，5 頁。
③ 楊樹達《古書句讀釋例》，中華書局 1954 年版，3 頁。
④ 馬通伯《韓昌黎文集校注》第一卷《讀儀禮》，古典文學出版社 1957 年版，22 頁。

殖譾陋，也有過標點破句的時候。每次憶及，便覺耳熱；想到誤導讀者，便覺內疚。

本文摘出北大本《毛詩正義》下册標點破句150餘例，蓋管窺所得，不敢必是。苟爲筆者不幸而言中，則冀爲再版訂正之資；苟爲筆者誤判，以不誤爲誤，則敬請高明不吝賜教，筆者必拜而領之。

1. 952頁倒10行：孔疏：注云："入戌午蔀二十九年時，赤雀銜丹書而命之。"

吕按："時"字當屬下爲句。

2. 953頁2行：孔疏：《乾鑿度》云："亡殷者，紂黑期火戌，倉精授汝位正昌。"

吕按："紂"字當屬上爲句。

3. 953頁倒9行：孔疏：《天官・小宰》"凡祭祀，贊祼將之事"。注云："又從太宰助王祼，謂贊王酌鬱鬯以獻尸。"

吕按："助王"下當置句號。"祼"字當屬下爲句。

4. 955頁3行：孔疏：故《元命苞》云："鳳凰銜《圖》置帝前，黃帝再拜受堯坐。中舟與太尉舜臨觀鳳凰負《圖》授。"

吕按："堯坐"後之句號當改作逗號，"堯坐"二字當屬下爲句。

5. 956頁13行：孔疏：《書傳》云："散宜生、南宮括、閎夭三子相,與學訟于太公,四子遂見西伯于羑里。"

吕按:"相"後之逗號當删。"相與",猶今言"一道"也。

6. 957頁8行:孔疏:言治民光大,天所加(當作"嘉")美以此,故爲天所命。

吕按:"以此"二字當屬下爲句。

7. 959頁倒1行:孔疏:《王制》言:"天子之縣内,諸侯禄也。"

吕按:"諸侯"二字當屬上爲句。孔疏:"此一經論天子縣内食采邑諸侯,得禄,不得繼世之事。"是其義。

8. 963頁倒6行:孔疏:本以德服之而來,不以威强使至行(當作"何")者,若爲畏威,當改從其周服,今服其故服,是慕德而來故也。

吕按:"不以威强使至行者",當作"不以威强使至。何者?"

9. 964頁6行:孔疏:故傳雖不明意,當同鄭。

吕按:"意"字當屬下爲句。此言毛傳雖未講明,其意思當與鄭玄同也。

10. 970頁12行:毛傳:言受命之宜王基,乃始於是也。

吕按:"王基"二字當屬下爲句。

11. 971頁1行:孔疏:既納幣於請期之後,文王親往迎之于渭水之傍,造其舟以爲橋梁。

吕按:"既納幣"之後,一定要有逗號。否則,昏禮六禮的順序就亂套了。

12. 974頁9行：孔疏：《周語》伶州鳩曰："星與日辰之位皆在北，維顓頊之所建也，帝嚳受之。"

呂按："北"字當屬下爲句。韋昭注云："北維，北方水位也。"可證。下同，不一一。

13. 984頁13行：鄭箋：循西水崖沮、漆水側也。

按："循西水崖"後應置逗號。"沮、漆水側也"是解釋"循西水崖"的。而"循西水崖"則是經文"率西水滸"的通俗說法。

14. 985頁倒1行：孔疏：王肅云："於是始居之於是，先盡人事，謀之於眾。"

呂按：下"於是"當屬下爲句。

15. 986頁5行：孔疏：《禮》"將卜先筮"之言，卜則筮可知，故云"皆從"也。

呂按：這一句話裏有兩處破句。要引的話，那個"之"字也應該放在引文内。因爲《周禮·春官·筮人》："凡國之大事，先筮而後卜。"注："當用卜者，先筮之。"可知"之"字也當引。這是第一處破句。"言"字當屬下爲句，這是第二處破句。

16. 988頁13行：鄭箋：百堵同時起，鼛鼓不能止之，使休息也。

呂按："止之"下的逗號要删去，否則意思就擰了。"鼛鼓不能止之使休息也"就是解釋經文"鼖鼓弗勝"的。下文孔疏云"鼓不能勝止人使休",是其義也。

17. 990頁9行:孔疏:《檀弓》云:"魯莊公之喪,既葬而絰,不入庫門。"

吕按:"而絰"二字當屬下爲句。《禮記·檀弓下》孔疏云"故經不入庫門也,所以至庫門而去絰",是其義也。

18. 990頁倒6行:孔疏:孫炎曰:"大事,兵也。有事,祭也。宜求見,使佑也。"

吕按:"求見"二字當屬下爲句。"宜"是被解釋詞。這個"宜"字,就是上文孔疏"起大事,動大眾"至"謂之宜"的"宜"。

19. 995頁1行:孔疏:斑白,謂年老,其髮白黑雜也。以其年老不自提舉,其挈有少者代之也。

吕按:"其挈"二字當屬上爲句。"以其年老不自提舉其挈",謂以其年老而不自己親自提舉手中持有之物。

20. 995頁倒5行:孔疏:箋于此獨言詩人自我者,此美文王之德,而云"我所",我之事不明,故辯之言"文王之德所以至然者",是也。

吕按:原標點至少有兩處破句。今試爲改正如下:箋于此獨言"詩人自我"者,此美文王之德而云"我",所"我"之事不明,故辯之,言"文王之德所以至然者"是也。

21. 997頁倒13行：孔疏：此章言祭天之事，祭天則大報天，而主日配以月，可兼及日月，而總言三辰。

呂按：《禮記·郊特牲》："大報天而主日也。"注："大，猶遍也。天之神，日爲尊。"可知"而主日"三字當上屬爲句。

22. 998頁6行：鄭箋：祭祀之禮，王裸以圭瓚，諸臣助之，亞裸以璋瓚。

呂按："諸臣助之"下之逗號當刪。下文孔疏云："其祭之時，親執圭瓚以裸，其左右之臣，奉璋瓚助之而亞裸。"可證。

23. 999頁1行：孔疏：彼注云："容夫人有故攝焉。攝代王，后一人而已。言諸臣者，舉一人之事，以見諸臣之美耳。"

呂按：這裏說的"彼注"，是指《禮記·祭統》注。檢《祭統》注，只有"容夫人有故，攝焉"七字而已。此處引文多引了。又，"后"字當屬上爲句。這裏說的是由大宗伯代替王后亞裸。

24. 1006頁2行：孔疏：彼謂隨命得賜，與九命外頓加九賜。別九賜者，《含文嘉》云："一曰車馬，……"。

呂按："別"字當屬上爲句。

25. 1011頁2行：孔疏：《論語》云："無使大臣怨乎？"不以是人君當順大臣也。

呂按：《論語·微子》："不使大臣怨乎不以。"注："孔曰：以，用也。怨不見聽用。"可知當標作：《論語》云："無使大臣怨乎不以。"是人君當順大臣也。這樣的錯誤，只要核對一下原書，就可以避免。

26. 1013頁2行：孔疏：鄭以爲，此與下章連上二句，先言在宮在廟，卒二句又總結此二事。

呂按：短短一句，兩處破句。"連"字下當置逗號，"上二句"下之逗號當删。結合經文，不難看懂。

27. 1016頁4行：孔疏：仁義之行，行之美者，尚能知其仁義。所以得不聞達者，仁義行之于心，聞達習之於學。

呂按："尚能知"下當置句號，"其仁義"下之句號當删。因爲鄭箋原文有"有仁義之行，而不聞達者"之語，故孔疏有"其仁義所以得不聞達者"之文。

28. 1025頁倒3行：孔疏：釋言云："荒，奄也。"孫炎曰："荒大之奄。"是荒、奄俱爲大義，故云"奄，大也"。

呂按：孫炎曰："荒大之奄。"當標作：孫炎曰："荒，大之奄。"

29. 1027頁9行：孔疏：德正即德音。政教是音聲號令也。

呂按："政教"二字當屬上爲句，"德音"下之句號，當改作逗號。

30. 1032頁倒8行：孔疏：必知己德盛威行乃遷居者，以威若不行，則民情未樂，遠方不凑，則隨宜而可令。威德既行，歸從益眾，……。

呂按："令"當作"今"，且當屬下爲句。

31. 1033 頁 6 行：鄭箋：仇方，謂旁國。諸侯爲暴亂大惡者，女當謀征討之。

呂按："旁國"下之句號當刪。下文孔疏云："當詢謀汝怨偶之旁國，觀其爲暴亂大惡者而征討之。"可證。

32. 1034 頁 3 行：孔疏：箋以大爲音聲，以作色忿人，長大淫恣而改其本性。

呂按："以作色"三字當上屬爲句，"忿人"二字當屬下爲句。"大爲音聲以作色"，就是經文"大聲以色"的通俗說法。

33. 1034 頁 8 行：孔疏：故天命文王使伐之人道，貴其識古知今。

呂按："人道"二字當屬下爲句。鄭箋云："其爲人，不識古，不知今。"可證。

34. 1034 頁倒 5 行：孔疏："怨偶曰仇"，《左傳》云方者，居一方之辭，故爲傍國之諸侯。

呂按："云"，當作"文"。"文"下當置句號。

35. 1036 頁 10 行：孔疏：《春官·肆師》注云："類，禮依郊祀而爲之。"

呂按："禮"字當屬上爲句。

36. 1040 頁 2 行：孔疏：囿也，沼也，同言靈，於臺下爲囿爲沼，可知小學在公宮之左，太學在西郊。

呂按："可知"二字當上屬爲句。"可知"下當置句號。

37. 1047 頁破句：孔疏：彼謂一人之身，積漸以成，此則順父祖而成事，亦相類，故引以爲證。

呂按："事"字當屬下爲句。

38. 1056 頁倒 3 行：孔疏：張晏曰："高辛所興地名嚳，以字爲號，上古質故也。"

呂按：當標作：張晏曰："高辛，所興地名。嚳，以字爲號。上古質故也。"張晏注見《史記·五帝本紀》裴駰《集解》引。

39. 1057 頁倒 10 行：孔疏：堯有賢弟七十，不用須舜舉之，此不然明矣。

呂按：當標作：堯有賢弟，七十不用，須舜舉之，此不然明矣。

40. 1069 頁 10 行：孔疏：稍至秋初，禾又出穗，實盡發于管，實生粒皆秀更復少時其粒，實皆堅成，實又齊好，實穗重而垂穎。

按："皆秀"下當置逗號，"少時"下當置逗號，"其粒"二字當屬下爲句。

41. 1086 頁 13 行：孔疏：知子路爲司射者，以《鄉射》云："司射袒決，遂取弓矢於西階，乃告請射事。"

呂按："遂"字當屬上爲句。這個"遂"不是副詞，而是名詞，謂射箭時穿的臂衣，這裏用爲動詞。

42. 1092 頁倒 3 行：孔疏：《白虎通》引曾子曰："王者宗廟，以卿爲尸，射以公爲耦。不以公爲尸，避嫌三公尊近天子，親稽首拜尸，故不以公爲尸。"

呂按："避嫌"下當置句號。"天子"二字當屬下爲句。

43. 1124 頁倒 2 行：孔疏：服虔注云："繄，發聲也，言黍稷牲玉，不易無德，薦之則不見饗。"

呂按："不易"二字當上屬爲句，"無德"二字當屬下爲句，"薦之"下當置逗號。此亦"黍稷非馨，明德惟馨"之義（《左傳》僖公五年）。

44. 1136 頁 2 行：孔疏：《釋木》云："櫬，梧。"郭璞曰："今梧桐又曰榮桐木。"郭璞云："則梧桐也。"然則桐梧一木耳。

呂按：郭璞曰："今梧桐又曰榮桐木。"當標作：郭璞曰："今梧桐。"又曰："榮，桐木。""又曰"者，《爾雅·釋木》又曰也。

45. 1137 頁倒 10 行：孔疏：車不獨賜駕，必以馬、車言衆多，則馬亦多矣。

呂按："駕"字當屬下爲句。"以馬"下之頓號當改作逗號。

46. 1137 頁倒 4 行：孔疏：又解召公獻詩及言遂歌之意，以明王使公卿獻詩，以陳其所作之人志意，遂爲工師之歌故也。

呂按："以陳"二字當屬上爲句。

47. 1163 頁 5 行：鄭箋：今王政暴虐，賢者皆佯愚不爲，容貌如不肖然。

呂按：當標作：今王政暴虐，賢者皆佯愚，不爲容貌，如不肖然。"不爲容貌，如不肖然"，意謂不注意外表，像是個没本事的人那樣。

48.1163頁倒4行：鄭箋：人君爲政，無强於得賢人。得賢人則天下教化，於其俗有大德行，則天下順從其政。

吕按：當標作：人君爲政，無强于得賢人。得賢人則天下教化於其俗。有大德行，則天下順從其政。"得賢人則天下教化於其俗"，是經文"四方其訓之"的演繹。"於其俗有大德行，則天下順從其政"，是經文"有覺德行，四國順之"的通俗表述。

49.1164頁15行：孔疏：《太宰職》曰："正月之吉，始和，布治于邦國都鄙，乃懸治象之法于象魏。"

吕按："始和"下之逗號當删。王引之《經義述聞·周官上》："和，當讀爲宣……和布者，宣布也。"孫詒讓《周禮正義》亦取王説。

50.1166頁倒9行：孔疏：用戎戎，作爲中國，則用剔蠻方爲夷狄。

吕按：第一，"用戎戎"下之逗號當删去；第二，"用戎戎作"四字當加引號，因爲這是經文原文；第三，"爲中國"三字當屬下爲句。

51.1166頁倒3行：孔疏：用此治九州之外不服者，謂治夷鎮蕃。三服，《大行人》既列其服朝見之數……

吕按："三服"二字當上屬爲句，其下之逗號當删去。"夷鎮蕃"，最好標作"夷、鎮、蕃"。

52. 1171 頁 1 行：孔疏：言不愧屋漏，則屋漏之處有神居之矣，故言祭時於屋漏，有事之節，……

呂按：下"屋漏"下之逗號當刪去，"之節"下之逗號當改作句號。

53. 1171 頁 3 行：孔疏：《特牲禮》尸謖之後云："佐食徹尸薦俎，敦設於西北隅，幾在南扉，用筵納一尊。"

呂按："敦"字當屬上爲句。"扉"字當屬下爲句。"用筵"下當置逗號。"薦俎敦"爲三物，如能加頓號，標作"薦、俎、敦"，更好。

54. 1172 頁 11 行：孔疏：彼童羊實無角，而爲有角，自用妄爲，抵觸人。以喻王后本實無德，而爲有德，自用橫干政事。

呂按：兩處破句。上下兩個"自用"，俱當屬上爲句。

55. 1175 頁 3 行：孔疏：上言借曰未知，冀其長大，有識此言。人意不滿，亦望在後更益，是冀王有晚成之意。

呂按："有識"二字當上屬爲句。"此言"二字當屬下爲句。

56. 1175 頁倒 10 行：鄭箋：我教告王，口語諄諄，然王聽聆之藐藐然忽略，不用我所言爲政令，反謂之有妨害於事。

呂按：這是鄭箋在串講經文，故當標作：我教告王口語諄諄然，王聽聆之藐藐然，忽略不用我所言爲政令，反謂之有妨害於事。

57. 1176 頁 7 行：孔疏：自上以來，諫王之情已極於此，自言諫意以結之。

呂按："於此"二字當屬下爲句。

58.1185頁3行：孔疏：正謂蟲灾爲害五穀，盡病以言盡，故知總五穀也。

呂按：兩處破句。當標作：正謂蟲灾爲害，五穀盡病。以言"盡"，故知總五穀也。

59.1188頁3行：鄭箋：天下之民，苦王之政，欲其亂亡，故安爲苦毒之行，相侵暴慍恚使之然。

呂按："相侵暴"三字當上屬爲句。下文孔疏云："天下之民，苦王之政，民欲其亂亡，故安然而爲此惡行，以相侵暴，謂強陵弱、眾暴寡也。此非民之本性，乃由慍恚王者使之然也。"是其義也。

60.1188頁6行：孔疏：荼，苦，葉毒者。螫蟲、荼毒皆惡物，故比惡行。

呂按：短短一句，三處破句。當標作：荼，苦葉。毒者，螫蟲。荼、毒皆惡物，故比惡行。孔疏是首先分釋，何者謂之荼，何者謂之毒。

61.1189頁12行：孔疏：貪人之識，不能鑑遠聞。淺近之言，合其志意，則應答之。

呂按："聞"字當屬下爲句，其下之句號當改作逗號。

62.1189頁倒2行：鄭箋：我豈不知女所行者，惡與直知之。

女所行如是，猶鳥飛行自恣東西南北時，亦爲弋射者所得。

呂按："惡與"當上屬爲句。"時"字當屬下爲句，經文"時亦弋獲"可證。

63.1193頁倒6行：孔疏：春秋之世，晉之知氏世稱伯，趙氏世稱孟，仍氏或亦世稱，字叔，爲別人可也。

呂按："字"當屬上爲句。"叔"當屬下爲句。

64.1193頁倒2行：《釋文》：倬，陟角反，王云："著也。"《說文》云："著，大也。"

呂按："著"下之逗號當刪去。"著大也"，這是《說文》對"倬"字的說解。

65.1199頁13行：鄭箋：旱既不可却止，熱氣大盛，人皆不堪言。我無所庇陰而處，眾民之命近將死亡。

呂按："言"字當屬下爲句。

66.1199頁倒8行：孔疏：故使旱之爲勢赫赫然，氣盛炎炎然熏熱，其時之人不能堪之。

呂按："爲勢"下當置逗號。"氣盛"二字當屬上爲句。

67.1202頁倒7行：孔疏：汝等諸臣，無有一人而不賙救。其百姓困急者，謂諸臣之中，無有自言不能賙救而止不爲者。

呂按：上"賙救"下之句號當刪去。

68.1203頁2行：孔疏：于此之時，則趣馬之官不以粟秣養其馬；師氏之官弛廢其兵，而不用所驅馳之大道，不使人除治之；……

呂按："而不用"三字當上屬爲句。

69. 1203頁2行：孔疏：左右，君之左右，總謂諸臣不修者，無所修作。

呂按："總謂諸臣"下當置句號。孔疏是在解釋毛傳"左右布而不修"一句的。

70. 1204頁倒6行：鄭箋：使女無棄成功者何，但求爲我身乎？

呂按："何"字當屬下爲句，經文"何求爲我"可證。

71. 1207頁1行：毛傳：岳珂降神靈，和氣以生，申甫之大功。

呂按："和氣"當上屬爲句，"以生"當屬下爲句。經文"維岳降神，生甫及申"可證。

72. 1207頁倒1行：孔疏：(《周語》)又曰："祚四岳，國命爲侯伯。"

呂按："國"字當屬上爲句。

73. 1211頁8行：孔疏：二十八年《左傳》曰："王命王子虎策命晉侯爲侯伯，其策文云：王曰：叔父用州牧之禮。'"是謂州牧爲侯伯。

呂按：檢《左傳》，這裏徵引的策問只有四個字，即"王曰叔父"。"用州牧之禮"，是孔疏之文。

74. 1216 頁 12 行：毛傳：諸侯有大功則賜虎賁徒御。嘽嘽，徒行者、御車者嘽嘽喜樂也。

呂按：標點大誤。當標作：諸侯有大功則賜虎賁。徒御嘽嘽，徒行者、御車者嘽嘽喜樂也。"徒御嘽嘽"是經文，近在眉睫，何不一顧耶！

75. 1220 頁倒 10 行：孔疏：是順謂從其所爲言。君須爲善，從君之意以成善事也。

呂按："言"字當屬下爲句，其下之句號當改作逗號。觀上文鄭箋，庶幾可避免此誤。

76. 1222 頁 9 行：鄭箋：人之言云：德甚輕然，而眾人寡能。獨舉之以行者，言政事易耳。

呂按："然"字當屬下爲句。"寡能"下之句號當刪去。這幾句鄭箋，實際上是在串講經文"人亦有言：德輶如毛，民鮮克舉之"。

77. 1223 頁 6 行：孔疏：見其所乘之四牡業業然動而高大，所從眾人之征夫捷捷然敏而樂事于其祖。

呂按："樂事"下當置句號。"于其祖"是另一句的開始。

78. 1227 頁 8 行：孔疏：服虔云："韓萬，晉大夫曲沃桓叔之子，莊伯之弟。"

呂按："晉大夫"下當置逗號。

79. 1231 頁倒 11 行：孔疏：不言雍州，而云"黑水西河"者，以《禹貢》大界，略言所至地形，不可如圖境界互相侵入。

呂按："地形"當屬下爲句。"如圖"下當置逗號。

80. 1231頁倒5行：孔疏："緌，大緌"者，即《王制》所謂"天子殺下大緌"者是也。

呂按："天子殺"下當置逗號。

81. 1231頁倒5行：孔疏：《天官·夏采》注云："徐州貢夏翟之羽，有虞氏以爲緌。後世或無染鳥羽，象而用之。"

呂按："後世或無"下當置逗號。

82. 1232頁1行：孔疏：靮爲軾中蓋，相傳爲然。

呂按："蓋"字當屬下爲句。

83. 1232頁倒7行：孔疏：《巾車》注亦云："錫馬面，當盧刻金爲之。"所謂鏤錫當盧者，當馬之額盧，在眉眼之上。

呂按：三處破句，一處引文少引。當標作：《巾車》注亦云："錫，馬面當盧，刻金爲之，所謂鏤錫。"當盧者，當馬之額，盧在眉眼之上。

84. 1233頁6行：鄭箋：人君之車曰路車，所駕之馬曰乘馬。

呂按：下"車"字當屬下爲句。

85. 1242頁13行：孔疏：凡言來據，自彼至此之辭。

呂按："據"字當屬下爲句，觀上下文可知。

86. 1246頁4行：《釋文》：錫，本或作"錫之"。山川土田附庸者，是因《魯頌》之文妄加也。

吕按：下"錫"字當作"錫"。"之"字當屬下爲句。

87. 1248 頁 9 行：孔疏：謂如其召康公所言。"天子萬壽"以下是也。

吕按："所言"下之句號當删去。觀經文可知。

88. 1250 頁 17 行：孔疏：王肅云："皇父以三公而撫軍也，殊南仲，于王命親兵也。

吕按："殊南仲"下之逗號當删去。"親兵"者，直接帶兵也。

89. 1254 頁 16 行：孔疏：既敗其根本，又窮其枝葉，因復使人治彼淮浦之旁有罪之國，皆執而送之，來就王師之所而聽誓言，盡得其支黨也。

吕按："言"字當屬下爲句。

90. 1256 頁倒 5 行：孔疏：凡國，伯爵。

吕按：當標作：凡，國。伯，爵。

91. 1257 頁 1 行：鄭箋：仰視幽王爲政；則不愛我下民甚久矣。天下不安，王乃下此大惡以敗亂之。

吕按："甚久矣"當屬下爲句。"甚久矣天下不安"，就是經文的"孔填不寧"。

92. 1258 頁倒 1 行：鄭箋：厥，其也。其，幽王也。

吕按：當標作：厥，其也，其幽王也。"其幽王也"，意謂用"其"字來指代幽王也。鄭箋往往將人稱代詞活用作動詞。例如，《小雅·出車》："我出我車，於彼牧矣。"鄭箋："上我，我殷王也。下我,將率自謂也。"再如,《大雅‧大明》:"上帝臨女。"鄭箋:"女,女武王也。"

93. 1261頁12行:孔疏:言三宮之夫人,亦容天子。三夫人,人各居一宮也。

呂按:"亦容天子"下之句號當刪去。

94. 1261頁16行:孔疏:彼注云:"葉及早凉脆,采之風戾之,使露氣燥,乃可食鹽。"

呂按:"采之"當上屬爲句。

95. 1261頁20行:孔疏:彼注云:"副褘,王后之服。而云夫人,記者容二王之後與?以記意或然,故言。與爲疑之辭。

呂按:首先,據《禮記‧祭義》注,"記者容二王之後與?"下當置引號。注文至此結束。再説破句。"王后之服"下之句號當刪去。"故言"下之句號當刪去。

96. 1262頁倒11行:孔疏:此經與上義相配成天,刺神不福,皆由政惡所致。

呂按:"天"字當屬下爲句。此覆説經文"天何以刺?何神不富?"

97. 1263頁3行:孔疏:以"天之降罔",是羅網寬廣優饒者,寬容之義,故易傳以優爲寬。

呂按:"羅網寬廣"下當置句號。

98. 1265頁6行:鄭箋:王施刑罪,以羅網天下眾爲殘酷之人，雖外以害人，又自内争相讒惡。

呂按："以羅網天下"下當置句號。"王施刑罪，以羅網天下"，是串講經文"天降罪罟"的；"眾爲殘酷之人，雖外以害人，又自内争相讒惡"，是串講經文"蟊賊内訌"的。

99. 1266頁倒3行：鄭箋：天下之人，戒懼危怖甚久矣，其不安也，我王之位，又甚隊矣。

呂按："戒懼危怖"下當置句號。"其不安也"下之逗號，當改作句號。鄭箋的這三句話，正是對經文"兢兢業業，孔填不寧，我位孔貶"三句的串講。

100. 1269頁7行：《釋文》：案張揖《字詁》云："頻，今濱。"則頻是古濱字者。與音餘。

呂按："者"字當屬下爲句。最好標作"者與，音餘"。"者與"是上文鄭箋中的詞語。

101. 1273頁倒2行：孔疏：箋云："成王既黜殷命，殺武庚，命微子代殷。後既受命，來朝而見也。"

呂按："後"字當屬上爲句。"命微子代殷後"，意謂命微子作殷的香火繼承人。《史記·宋微子世家》："周公既承成王命誅武庚，殺管叔，放蔡叔，乃命微子開代殷後，奉其先祀。"是其事。

102. 1275頁1行：孔疏：但叙云"奏"者，容周公、成王時，所奏述其事而爲頌，故不可必定也。

呂按:"所奏"當屬上爲句。

103. 1276 頁 16 行:孔疏:《臣工之什》言助祭祈報合樂,朝見事劣於《清廟》。

呂按:"朝見事"當上屬爲句。《臣工之什》10 篇,觀 10 篇小序可知。最好加上頓號,標作:《臣工之什》言助祭、祈報、合樂、朝見事,劣於《清廟》。

104. 1276 頁倒 5 行:孔疏:以頌者,告神之歌,由於政平神悦所致,故説政從神,下歌以報神,所以爲頌之意。

呂按:"下"字當屬上爲句。

105. 1277 頁 13 行:孔疏:《大傳》曰:"自禰率而上之至於祖遠者輕仁也;自祖率而下之至於禰高者,重義也。"

呂按:"重"字當屬上爲句。最好標作:《大傳》曰:"自禰率而上之至於祖,遠者輕,仁也;自祖率而下之至於禰,高者重,義也。"

106. 1277 頁 23 行:孔疏:既爲其器,即立其神,神有制度,故可法象,猶社祀勾龍,廟祭先祖,亦人立之而效之。降命與此同。

呂按:"降命"當上屬爲句,其下之句號當改作逗號。上文之"彀以降命",彀即"效"之假借字。

107. 1278 頁 11 行:孔疏:祭地得所,地不愛寶,山出器車,地生醴泉,銀甕丹甑金玉,百貨可盡爲人用焉。

呂按："金玉"當屬下爲句。"百貨"下當置逗號。

108. 1278頁倒6行：孔疏：頌之作也，主爲顯神，明多由祭祀而爲，……

呂按："明"字當屬上爲句。

109. 1280頁1行：孔疏：《楚茨》經云"烝嘗"，序稱"祭祀"，是秋冬之祭亦以祀目之。此祀文王，自當在春餘，序之稱祀，不必皆春祀也。

呂按："餘"字當屬下爲句。

110. 1280頁9行：孔疏：此朝諸侯在明堂之上，于時之位，五等四夷莫不咸在。

呂按："五等"當上屬爲句。五等，謂三公、諸侯、諸伯、諸子及諸男也。詳《明堂位》。

111. 1282頁4行：孔疏：以此祀文王之歌，美其祀不美其廟，故云"周公之祭清廟也"。其禮儀敬且和者，謂周公祭祀能敬和也。

呂按：破句之處頗多。今爲之整理如下：以此祀文王之歌，美其祀不美其廟，故云。"周公之祭清廟也，其禮儀敬且和"者，謂周公祭祀能敬和也。觀上文鄭箋自知。

112. 1287頁10行：孔疏：杜預曰："箾舞者，所執南籥以籥舞也。"

呂按：檢《左傳》襄公二十九年杜注，當標作：杜預曰：

"箾，舞者所執。南籥，以籥舞也。"

113. 1288 頁倒 4 行：孔疏：《我應》云："王曰：'於戲！斯在伐崇謝告。'"注云："斯，此也。天命此在伐崇侯虎，謝百姓，且告天。"

呂按："斯在"當屬上爲句。"天命此在"下當置逗號。

114. 1300 頁 4 行：孔疏：故《雜問志》云："不審周以何月，於《月令》則季秋正可。不審祭月必有大享之禮。"

呂按：核之《禮記·祭法》孔疏所引《雜問志》，"正可"二字當屬下爲句。《雜問志》引文止于"季秋"。

115. 1303 頁 13 行：孔疏：或將强以凌弱，恃眾以侵寡，擁遏王命，冤不上聞，而使遠道細民受枉。聖世聖王知其如是，故制爲此禮，時自巡之。

呂按："聖世"當屬上爲句。

116. 1303 頁 16 行：孔疏：（大司馬職）注云："師謂巡守。若會同，是巡守之禮，有伐罪正民之事也。"

呂按：首先，引文多引了。注文止于"會同"二字。再説破句。"巡守"下之句號當删去。"若"是連詞，和、及之義。整理一下是這樣：（大司馬職）注云："師，謂巡守若會同。"是巡守之禮，有伐罪正民之事也。

117. 1308 頁 11 行：《釋文》：將，七羊反，注同。《説文》作"蹡蹡"，行貌。

呂按：《説文》以下破句。當標作：《説文》作"蹽"，蹽，行貌。

118. 1313頁倒8行：孔疏：玄之聞也，賓者，敵主人之稱，而《禮》，諸侯見天子稱之曰賓，不純臣，諸侯之明文矣。

呂按："不純臣"下之逗號當删去。

119. 1319頁倒1行：鄭箋：亦，大服事也。

呂按：當標作：鄭箋：亦，大。服，事也。這是鄭玄在解釋經文"亦服爾耕"中的"亦"字和"服"字的。

120. 1320頁倒9行：孔疏："亦，大服事"，《釋詁》文。彼"亦"作"弈"，音義同。

呂按：破句與上條同。

121. 1321頁孔疏：鄭云："以至於畿，則中雖有都、鄙，遂人盡主其地。"是都、鄙與遂同制，此法明其共爲部也。

呂按：兩個"都、鄙"中間的頓號都應删去。"都鄙"是一個詞，鄭玄注《周禮·天官·太宰》云："都鄙，公卿大夫之采邑、王子弟所食邑。"

122. 1324頁13行：孔疏：色潔白之水鳥而集於澤，誠得其處也，以興有威儀之杞、宋。往，行也。

呂按："宋"下之句號與"往"下之逗號，皆應删去。

123. 1324頁倒4行：孔疏：《皋陶謨》曰："虞賓在位，此及有瞽。"皆云我客。

呂按：當標作：《皋陶謨》曰："虞賓在位。"此及《有瞽》皆云"我客"。

124. 1328頁倒7行：孔疏：知者，以《春官·典庸器》《冬官·梓人》及《明堂位》《檀弓》皆言栒虞而不言業，此及《靈臺》言虞業而無栒文，皆與虞相配，栒業互見，明一事也。

呂按："文"字當屬下爲句。意謂"栒"字、"業"字皆與"虞"字相配。

125. 1328頁倒1行：孔疏：《靈臺》云："虞業維樅。"樅即崇牙上飾，卷然可以爲懸者也。

呂按："上飾"當屬下爲句。"卷然"下當置逗號。

126. 1329頁2行：孔疏：其上刻爲崇牙，似鋸齒捷業然，故謂之業牙，即業之上齒也。

呂按：下"牙"字當屬下爲句。

127. 1329頁2行：孔疏：《大射禮》應鞞在建鼓東，則爲應和。建鼓、應鞞共文，是爲一器，故知"應，小鞞"也。

呂按："應和"下之句號當刪去。"建鼓"下之頓號當改作逗號。按《儀禮·大射儀》："建鼓在阼階西，南鼓；應鼙在其東，南鼓。"鄭玄注："應鼙，應朔鼙也。先擊朔鼙，應之。鼙，小鼓也。"

128. 1329頁倒3行：孔疏：《太師》注："木柷，敔也。"

呂按："柷"字當屬下爲句。

129. 1335 頁 6 行：孔疏：由皇考能遍使民智，故孝子得安皇考之德，又能安及皇天，使無三辰之灾，而有征祥之瑞。

吕按："故孝子得安"下當置句號。

130. 1335 頁 7 行：孔疏：以今禘祭，則皇考又安佑我之孝子，得年有秀眉之壽，光大孝子以繁多之福也。

吕按："得年"當屬上爲句。

131. 1339 頁 10 行：孔疏：俾緝熙是神，使辟公光明之，則綏以多福。是神安辟公以多福，非謂安孝子也。

吕按："神"下之逗號當刪去。"多福"下之句號當刪去。整句應標作："俾緝熙"是神使"辟公"光明之，則"綏以多福"是神安"辟公"以多福，非謂安孝子也。

132. 1340 頁 7 行：鄭箋：今微子代之，亦乘殷之馬，獨賢而見尊異，故言亦駁而美之。

吕按："故言亦"下當置逗號，"亦"字當加引號。"故言亦"之"亦"，是針對經文"亦白其馬"的"亦"字的。

133. 1340 頁倒 10 行：孔疏：《檀弓》曰："殷人戎事，乘翰翰白色馬。"雖戎事，乘之亦以所尚，故白言亦白其馬，……

吕按：此句既有引文多引，又有多處破句。今爲之整理如下：《檀弓》曰："殷人戎事乘翰。"翰，白色馬。雖戎事乘之，亦以所尚故白。言"亦白其馬"……

134. 1341 頁 6 行：鄭箋：追，送也。于微子去，王始言餞送之，左右之。臣又欲從而安樂之，厚之無已。

呂按："餞送之"下之逗號當改作句號。"左右之"下之句號當刪去。鄭玄是在串講經文"薄言追之，左右綏之"。

135. 1344頁1行：孔疏：《訪落》與羣臣共謀敬之，則羣臣進戒，文相應和，事在一時，則俱是未攝之前。

呂按："共謀"下當置逗號。"敬之"是《詩經》篇名，應加書名號，其下逗號當刪。

136. 1347頁11行：孔疏：又重解難成之事，謂諸政教已有，基業未得平。平亦成也。

呂按："基業"當屬上爲句。

137. 1351頁1行：《釋文》：螫音釋，《韓詩》作辛。赦，赦事也。

呂按："螫"前脫"辛"字，此失校。整句當標作：螫，音釋，《韓詩》作"辛赦"。赦，事也。

138. 1354頁9行：孔疏：韋昭云："王無耦，以一耜耕。班，次也。三之者，下各三。其上王一發，公三，卿九，大夫二十七。"

呂按："其上"當上屬爲句，其下之句號當改作逗號。

139. 1358頁倒2行：孔疏：箋申特美之意，故云"先長者傑"。既是先長，明厭厭，其餘眾苗齊等者。

呂按："傑"字當屬下爲句。"厭厭"下之逗號當刪去。觀上文經注可知。

140. 1363 頁倒 11 行：孔疏：《族師》雖云祭酺，不言即爲醵；《飲酒禮記》自有醵語，不云醵是族法。

呂按："飲酒"二字不應在書名號之內，當屬上爲句。

141. 1364 頁 5 行：孔疏：然則社稷用黝，牛色以黑。而用黃者，蓋正禮用黝，至於報功，以社是土神，故用黃色。

呂按："牛色以黑"下之句號當刪去。

142. 1367 頁 2 行：孔疏：直言"自堂徂基"何？知非廟堂之基者。以繹禮在門，不在廟，故知非廟堂也。

呂按：當標作：直言"自堂徂基"，何知非廟堂之基者，以繹禮在門，不在廟，故知非廟堂也。

143. 1371 頁 2 行：鄭箋：允，信也。王之事所以舉兵克勝者，實維女之事信，得用師之道。

呂按：下"信"字當屬下爲句。"信得用師之道"，説的就是經文"允師"二字。

144. 1419 頁 17 行：孔疏：計地所出，則非常故。成出一車，以其非常，故優之也。

呂按：當標作：計地所出則非常，故成出一車。以其非常，故優之也。

145. 1430 頁 7 行：《商頌譜》：自後政衰，散亡商之禮樂，七世至戴公時，當宣王，大夫正考父者，校商之名頌十二篇于周太師，以《那》爲首，歸以祀其先王。

呂按："散亡"當上屬爲句。"時"字當屬下爲句。

146. 1442 頁 7 行：《釋文》：案此序一，注舊有兩本，前祫後禘是前本，兩禘夾一祫是後本也。

呂按："注"字當屬上爲句。

147. 1452 頁倒 2 行：毛傳：諸夏爲外幅廣也。

呂按：當標作：諸夏爲外。幅，廣也。觀經文可知。

148. 1454 頁倒 8 行：孔疏：韋昭云："周之禘祫文、武，不先不窋，故通謂之王。"

呂按："文、武"當屬下爲句。

149. 1454 頁倒 1 行：孔疏："率履不越"，文承"是達"之下，明民從政化，非契身率禮，故云……

呂按："非"字當屬上爲句。

150. 1456 頁 3 行：孔疏：言天之所以命契之事，自契之後，世世行而不違失，天心雖已漸大，未能行同於天。

呂按："天心"當上屬爲句。

151. 1465 頁 2 行：鄭箋：降，下。遑，暇也。天命乃下視下民，有嚴明之君。

呂按："下民"當屬下爲句。"天命乃下視"，就是經文的"天命降監下民有嚴"；"下民有嚴明之君"，就是經文的"下民有嚴"。

152. 1466頁倒4行：孔疏：王肅云："桷楹以松柏爲之，言無雕鏤也。陳列其楹。有閑，大貌。"

呂按："陳列其楹"下之句號當改作逗號。"有閑"下之逗號當刪去。這兩句是解釋經文"旅楹有閑"的。

校點本《晉書》徵引《禮記》標點失誤帶來的負面影響

這裏所説的"標點失誤",主要是指:第一,《晉書》徵引《禮記》時,往往使用一個"禮"字。而這個"禮"字,在很多情况下,是指稱《禮記》的。我之所以這樣説,是因爲我曾經做過十種古書(《孟子》《荀子》《新語》《新書》《春秋繁露》《鹽鐵論》《淮南子》《石渠禮論》輯本、《史記》《漢書》)徵引《記》文考,得出一個結論:這十種古書徵引《記》文的方式,有明引,有暗引。而凡是明引,百分之九十五以上是以《禮》稱之。《晉書·禮志》在徵引《禮記》時,仍遵斯例。校點者不知斯例,加上對《禮記》不熟,於是就把引經據典之文,當作一般史文對待。第二,《晉書》徵引《禮記》,以暗引爲主。這也符合古書徵引《禮記》的慣例。一部"二十四史",其所暗引之《禮記》,不知凡幾。而校點者不知,往往把這些暗引的《禮記》之文也當作史臣之文。這兩點,是標點不忠實于原文的表現。這兩種標點失誤,對於修《晉書》的古人來説,是埋没了他們修史時引經據典的良苦用心；對於今天的讀者來説，導致其誤解者也不乏其例。下面筆者就各舉三例説明之。

一、由於"禮"字未加書名號帶來的負面影響

1.《晉書·禮志上》："禮有事（今按：據上下文，"事"字疑衍。失校）告祖禰宜社之文，未有告郊之典也。"（586頁）①

今按：《禮記·王制》："天子將出，類乎上帝，宜乎社，造乎禰。"鄭玄注："類、宜、造，皆祭名，其禮亡。"孔疏云："'造乎禰'者，造，至也，謂至父祖之廟也。"② 孔穎達認爲，"天子將出"，意思是天子將要外出巡守。《王制》又云："天子將出征，類乎上帝，宜乎社，造乎禰。"③ 這就是説，無論是天子巡守，或是天子出征，都要分别舉行類祭、宜祭、造祭。上帝就是天，社是地，禰指宗廟。實際上就是，天子有了大事，就需要祭告天、地和祖宗。在這裏，史臣是在引經據典，這個"禮"字，應加書名號，標作"《禮》有'告祖禰、宜社'之文"。

《文選六臣注》陸機《辯亡論》："告類上帝。"呂向注："告類，祭祀也。"《資治通鑒》卷八十七晉紀九永嘉五年七月："王浚

---

① 本文括注的頁碼，均爲中華書局校點本《晉書》頁碼，下不一一。
② 〔漢〕鄭玄、〔唐〕孔穎達、呂友仁：《禮記正義》，上海古籍出版社2008年版，498頁。
③ 同上書，499頁。

設壇告類。"胡三省注:"告類,祭也。以事類告天及五帝也。"

再看今人的譯文。許嘉璐《二十四史全譯:晉書》"禮有事告祖禰宜社之文"的譯文:"禮規中有如果有事要告訴祖先應該在社廟祭告的條文。"① 譯文沒有忠實傳達原文的意思。第一,那個"禮"字,是書名,指《禮記》,并非"禮規"之義。第二,《晉志》原文含兩種祭祀,一是"告祖禰"(即"造乎禰"),二是"宜社"。而譯文只剩下一種祭祀,即"在社廟祭告"。而"告祖禰"變成了此句的假設條件"如果有事要告訴祖先"。我想,如果《晉書》校點者給那個"禮"字加上書名號,如果翻譯者對那個加上書名號的"禮"字較點真,思考一下,進一步去查查書,這種不達意的譯文庶幾可以避免。

2.《晉書·禮志上》:"禮,始立學必先釋奠於先聖先師,及行事必用幣。"(599頁)

今按:《禮記·文王世子》:"凡始立學者,必釋奠于先聖先師,及行事,必以幣。"② 據此,《晉書》此節完全可以這樣標點:"《禮》:'始立學,必先釋奠於先聖先師。及行事,必用幣。'"這樣標點,就符合當年修《晉書》者的良苦用心了。這幾句話是引經據典,并非修《晉書》者自己的話。再看譯文。許嘉璐《二十四史全譯:晉書》的譯文:"禮儀規定,開始建立學校一定要向

---

① 許嘉璐主編《二十四史全譯:晉書》,漢語大詞典出版社2004年版,434頁。
② 《禮記正義》,837頁。

先聖先師置酒饌祭奠，到行禮時一定要用幣作爲供品。"① 把 "禮" 字譯作 "禮儀規定"，明顯是受《晉書》標點的誤導。

3.《晉書·禮志中》："皇太子至孝著于內，而衰服除于外，非禮所謂稱情者也。"（620 頁）

今按：這裏講的是皇后死，皇太子如何服喪的問題。《禮記·三年問》："三年之喪何也？曰：稱情而立文，因以飾群，別親疏貴賤之節，而弗可損益也。故曰：'無易之道也。'創鉅者其日久，痛甚者其愈遲。三年者，稱情而立文，所以爲至痛極也。斬衰、苴杖、居倚廬、食粥、寢苦枕塊，所以爲至痛飾也。三年之喪，二十五月而畢，哀痛未盡，思慕未忘，然而服以是斷之者，豈不送死者有已，復生有節也哉？"鄭玄注："稱情而立文，稱人之情輕重而制其禮也。"② 據《晉書·禮志》記載，在皇太子應該如何服喪問題上，有兩種意見，其爭論焦點在於，行過葬禮之後，皇太子還要不要繼續穿孝服。以博士陳逵爲代表的一派主張要繼續穿，穿滿三年。其理論根據主要來自《禮記》。而以尚書杜預爲代表的一派則認爲可以脫去孝服，只要心喪三年就行了。這三句話，就是陳逵講的。陳逵也是在引經據典。根據修《晉書》者的本意，此三句應標作："皇太子至孝著于內，而衰服除于外，非《禮》所

---

① 《二十四史全譯：晉書》，447 頁。
② 《禮記正義》，2185 頁。

謂'稱情'者也。"

許嘉璐《二十四史全譯：晉書》此三句的譯文："皇太子內心以極孝著稱，可是外表上却要除去喪服，這不是禮所説的與情相符的做法。"① 這三句譯文均與原文相差甚遠，鄙意以爲當譯作："皇太子的至孝表現于内心，而與至孝内心相般配的孝服却要從身上脱去，這不是《禮記》上所説的'要按照人的悲哀程度去制訂禮文啊'！"而《二十四史全譯：晉書》譯文之所以不達意，與校點本《晉書》的標點不達意有密切關係。

二、由於不知暗引而帶來的負面影響

1.《晉書・禮志中》："臣欽、臣舒、臣預謹按（今按：此處應置冒號）靖、逵等議，各見所學之一端，未曉帝者居喪古今之通禮也。自上及下，尊卑貴賤，物有其宜。故禮有以多爲貴者，有以少爲貴者，有以高爲貴者，有以下爲貴者，唯其稱也。不然，則本末不經，行之不遠。"（620 頁）

今按：讀者讀校點本此節《晉志》，大概十之八九想不到這段文字的主體是徵引《禮記》之文。按《禮記・禮器》：

> 禮有以多爲貴者。天子七廟，諸侯五，大夫三，士一。

---

① 《二十四史全譯：晉書》，465 頁。

天子之豆二十有六，諸公十有六，諸侯十有二，上大夫八，下大夫六。諸侯七介七牢，大夫五介五牢。天子之席五重，諸侯之席三重，大夫再重。天子崩，七月而葬，五重八翣；諸侯五月而葬，三重六翣；大夫三月而葬，再重四翣。此以多爲貴也。

有以少爲貴者。天子無介，祭天特牲。天子適諸侯，諸侯膳以犢。諸侯相朝，灌用鬱鬯，無籩豆之薦。大夫聘禮以脯醢。天子一食，諸侯再，大夫、士三，食力無數。大路繁纓一就，次路繁纓七就。圭璋，特；琥璜，爵。鬼神之祭單席。諸侯視朝，大夫特，士旅之。此以少爲貴也。

有以大爲貴者。宮室之量，器皿之度，棺槨之厚，丘封之大，此以大爲貴也。有以小爲貴者。宗廟之祭，貴者獻以爵，賤者獻以散，尊者舉觶，卑者舉角。

五獻之尊，門外缶，門內壺，君尊瓦甒。此以小爲貴也。

有以高爲貴者。天子之堂九尺，諸侯七尺，大夫五尺，士三尺。天子、諸侯臺門。此以高爲貴也。

有以下爲貴者。至敬不壇，掃地而祭。天子諸侯之尊廢禁，大夫、士棜禁。此以下爲貴也。

古之聖人，內之爲尊，外之爲樂，少之爲貴，多之爲美。

是故先王之制禮也，不可多也，不可寡也，唯其稱也。①

"臣欽、臣舒、臣預"等在徵引《禮器》這段文字時，做了如下的處理：第一，百分之百地暗引，《禮記》的書名或篇名，一字不提。第二，做了刪削。刪去了每一項下面的具體例子。而所徵引的文字，與《禮記》本文一字不差，言簡意賅，毫不走樣。校點本《晉書》的標點，沒有表現出這裏的引經據典，可以説是很不達意。達意的標點應是："臣欽、臣舒、臣預謹按（今按：此處應置冒號）靖、逵等議，各見所學之一端，未曉帝者居喪古今之通禮也。自上及下，尊卑貴賤，物有其宜。故'禮有以多爲貴者，有以少爲貴者，有以高爲貴者，有以下爲貴者，唯其稱也'。不然，則本末不經，行之不遠。"

再看譯文。校點本《晉書》忽略了暗引，許嘉璐《二十四史全譯：晉書》没有發現，照樣忽略。"唯其稱也"句的譯文是："都只能根據本身所適宜。"在達意上還很有值得推敲之處。鄙意以爲，不如譯作"追求的只是禮數要與身份相稱。"那個"其"字，是複數，指的是兩樣東西。而《二十四史全譯：晉書》之不達意，很難説與校點本《晉書》的不達意標點没有關係。

2.《晉書·禮志中》："君子之於禮，有直而行，曲而殺，有經而等，有順而去之，存諸内而已。"（622頁）

---

① 《禮記正義》，963頁~979頁。

今按：《晉書》此節六句，除末句外，前五句都是暗引《禮記》，不著一絲痕跡。按《禮記·禮器》："君子之於禮也，有直而行也，有曲而殺也，有經而等也，有順而討也。"鄭玄注："'直而行'，謂若始死，哭踊無節也。'曲而殺'，謂若父在爲母期也。'經而等'，謂若天子以下至士庶人，爲父母三年。'順而討'，討，猶去也。謂若天子以十二，公以九，侯伯以七，子男以五爲節也。"①

《晉書》此節六句，據上文，知是杜預有關喪服的奏議之文。引經據典，是奏議文字中的常見現象。只不過此處是暗引，但絲毫不走樣。所以，如果校點者將"君子之於禮，有直而行，曲而殺，有經而等，有順而去之"五句引起來，不僅上會杜預之本心，而且惠及今日之讀者。今日讀者看到引號，就會警惕和深思，不至於一覽而過，豈非功德之舉？

《晉書》此節六句，許嘉璐《二十四史全譯：晉書》的譯文是："君子對於禮，有的是直接奉行，有的是變通減省；有的是按照常規照章實行，有的是採用權宜之計去掉，保存在內心而已。"②這樣的譯文，讓讀者不知所云。這也難怪，當你不知道這幾句話出自何處的時候，無論是誰都是很難把握其精神的。現在我們知道了這幾句話的來歷，不妨改譯作："君子在行禮的時候，有時是

---

① 《禮記正義》，986頁。
② 《二十四史全譯：晉書》，468頁。

放任感情毫不掩飾，有時是情感服從理智，有時是不分貴賤上下一樣，有時是按照所處地位依次遞減，做到心中有數罷了。"

3.《晉書·輿服志》："孔子曰：'君子其學也博，其服也鄉。'"（752頁）

今按：這裏的標點沒有問題，完全正確。問題出在譯文上。許嘉璐《二十四史全譯：晉書》的譯文是："孔子說：'君子學問要廣博，服飾要合于身份。'"① 可以確定的是，譯者不知這兩句話出自《禮記·儒行》，所以譯文有失誤。按《儒行》："魯哀公問於孔子曰：'夫子之服，其儒服與？'孔子對曰：'丘少居魯，衣逢掖之衣；長居宋，冠章甫之冠。丘聞之也：君子之學也博，其服也鄉。丘不知儒服。'"鄭玄注："逢，猶大也。大掖之衣，大袂襌衣也。此君子有道藝者所衣也。孔子生魯，長而之宋而冠焉。宋，其祖所出也。衣少所居之服，冠長所居之冠，是之謂鄉。"孔疏："'其服也鄉'者，其冠服須衣所居之鄉也。"② 根據《儒行》的經文、注文和疏文，可知這兩句話這樣譯較好："君子對待學問的態度是要廣博，對待穿着的態度是入鄉隨俗。"

以上三例說明，《晉書》的暗引《禮記》，對於譯者來說是個要時刻提防的陷阱。見微知著，一部《晉書》尚如此，整個二十四史呢？

---

① 《二十四史全譯：晉書》，574頁。
② 《禮記正義》，2215~2217頁。

一書失校而波及多書之例

中華書局校點本《漢書·刑法志》:"一同百里,提封萬井,除山川沈斥,城池邑居,園囿術路,三千六百井,定出賦六千四百井。"臣瓚曰:"沈斥,水田舃鹵也。"師古曰:"沈,謂居深水之下也。"

呂按:王念孫《讀書雜誌·漢書第四》"沈斥"條說:

念孫按:沈,當爲"沆",胡朗反。沆,大澤也。其字或作"斻",或作"坑",或作"亢"。又爲鹽澤之名,其字或作"䶑",或作"坑"。《說文》:"沆,大澤也。"徐鍇《傳》引《博物志》曰:"停水,東方曰都,一名沆。"《廣雅》曰:"䶑、斥、澤,池也。"《玉篇》:"䶑,鹽澤也。"《太平御覽·地部四十》引《述征記》曰:"齊人謂湖曰沆。"沆與斥同類,故《志》以"沆斥"連文,故薛瓚以爲"水田舃鹵"。《漢紀·孝文紀》作"除山川坑斥(坑與沆同。斥,今本作"塹",非。蓋後人誤以"坑"爲坑塹字,因改"斥"爲

"塹"),城池邑居,圍囿街路,三千六百井"。《王制》正義引《異義》:"《左氏說》曰:賦法,積四十五井,除山川坈斥(斥,今本作"岸",非。斥,本作"屵",省作"斥",因誤而爲"岸"),三十六井,定出賦九井。"此皆其明證矣。凡從"亢"之字,隸或作"兌",故"沆"字或作"沉",一誤而爲"沉",再誤而爲"沈",師古不達,乃曰:"沈,謂居深水之下。"其失甚矣。"沆""坈""亢"三字,諸書或誤爲"沉",或誤爲"沈",或誤爲"坑",或誤爲"元",而學者莫之能辨也。①

吕按:上述王説,又見於王念孫《廣雅疏證·釋地》"阬、斥、澤,池也"條。内容大同小異。王念孫的這個看法對不對呢?孫詒讓《十三經注疏校記》②說:"王石臞據《漢書·刑法志》改'岸'爲'斥'(筆者按:即"斥"),至確,今從之。詳《讀書雜誌》。"

但是,據筆者所見,王氏指出的這處錯誤,除校點本《漢書·刑法志》外,在今天出版的多種整理本中,也均未改正。例如:

1. 中華書局校點本《晉書·地理志上》引用了《漢書·刑法志》的這幾句話,也仍然誤作"山川坑岸"。

2. 上海古籍出版社、安徽教育出版社 2002 年 12 月第 1 版

---

① 王念孫《讀書雜誌》,中國書店 1985 年版,32 頁。
② 孫詒讓《十三經注疏校記》,齊魯書社 1983 年版,480 頁。

《朱子全書》第 23 册《晦庵集》卷六十八《井田類説》也引用了《漢書・刑法志》這幾句話，仍然誤作"除山川坑塹"。

3. 海南國際新聞出版中心出版的《傳世藏書》校點本《文獻通考》卷一四九也引用了《漢書・刑法志》這幾句話，仍然誤作"沈斥"。

4. 北京大學出版社校點本《禮記・王制》孔穎達疏凡三引"山川坑岸"，其中一處據孫詒讓校改"岸"爲"厈"；其餘兩處，因爲沒有孫詒讓明確校記，則仍然作"岸"（簡化字本 336～337 頁），真合着孔子所説的"舉一隅不以三隅反"了。

順便説一下，上引《漢志》中的標點也未盡善，今姑試標作："一同百里，提封萬井，除山川、沉斥、城池、邑居、園囿、術路三千六百井，定出賦六千四百井。"庶幾可達古人之意也。

《十三經注疏·禮記注疏》整理本平議

1999年12月，北京大學出版社出版了《十三經注疏》的整理本，主編是李學勤先生。其中的《禮記注疏》，由龔抗雲先生整理，王文錦先生審定。這套書有繁體字、簡化字兩種版本。筆者看到的《禮記注疏》是簡化字本。我們推想，兩種版本的差異只是字體的不同，其標點、其校勘應該是完全一樣的。如果我們的推想不錯，那麼，下文指出的問題，就不僅適用於簡化字本，也適用於繁體字本。

第一，整理本的底本選擇問題

李學勤先生在此書《序》中說："《十三經注疏》整理本，仍以阮本爲基礎。"而阮本并非最佳版本。我們承認，阮本是個比較好的版本，但俗話說，"不怕不識貨，就怕貨比貨"。天地之間，還有勝過阮刻的版本存在，這就是所謂"八行本"。關於這一點，自從《文史》第三輯發表汪紹楹《阮氏重刻宋本〈十三經注疏〉考》就不是甚麼秘密了。但是大家似乎都滿足於安於現狀，缺乏"求賢（謂最佳版本也）若渴"的強烈願望。有個別好事者雖有此心，但無此力。時至今日，爲什麼我們還像是一個永遠長不大的孩子，只能在阮刻的庇蔭下討生活呢？須知底本品質的高低，直接關係着整理本品質的高低。

阮本的缺陷，主要表現在三個方面。

一、底本不佳　無可奈何

阮刻《禮記注疏》使用的底本是十行本，此十行本又叫"附釋音本"。此本乃宋末建安坊刻，并非《禮記》注疏合刻之善本。傳世《禮記》注疏合刻之本，以八行本（每半頁八行）爲最早最佳。八行本，又叫越本，這是因爲此本初刊於越州（今紹興市）。又叫黃唐本，這是因爲主持此本初刻的官員叫黃唐。八行本初刻于宋光宗紹熙四年（1193），是《禮記》注疏合刻之祖。阮元固心知八行本之善，他本莫及，無奈此八行本在當時爲海內孤本，阮元但聞其名而未嘗一見，蓋欲求之而不可得，不得已退而求其次，乃以十行本爲底本。這是時代造成的遺憾，我們固然不可以此苛責前人。

八行本的佳處，概言之有三。其一，八行本爲《禮記》注疏合刻之祖，而阮元用作底本的十行本乃爲元刻明修本，二者不唯有早晚之別，且有官本、坊本之殊。其二，八行本尚較多保持唐孔穎達《禮記正義》原貌。這表現在：首先，分卷相合。孔氏《禮記正義》，據其自序與唐宋官私書目著錄，皆爲70卷，而八行本亦爲70卷，是分卷相合也。而十行本《禮記注疏》乃63卷，"遂使唐人《正義》之卷次不可知"。其次，每卷的分節相合，或曰分段相合。知者，今存世有北宋太宗淳化年間所刻的《禮記正義》單疏殘本凡9卷，可藉以窺知孔氏《正義》本來面目，筆者嘗持八行本與之比勘，不唯分卷相合，且分節亦基本吻合，而與阮本相比，則分節不合者比比皆是。其三，八行本校刻精良，訛誤衍奪的情況遠較阮本爲少。潘宗周《禮記正義校勘記》云："《注疏》得阮校而後信爲可讀，及校此本（指八行本），乃敢言《禮記注疏》以此本爲最不貽誤讀者。"誠哉斯言！潘氏據八行本校阮本，得阮本失校誤校者數千條。筆者近年亦嘗以八行本爲底本，以阮本爲參校本，兩相比較，深感潘氏之言不誣。

　　八行本的優點，阮校是如何吸收的呢？答曰：通過惠棟的校勘記而間接吸收。阮元《禮記注疏校勘記序》云："《禮記》七十卷之本（按即八行本）出於吳中吳泰來家，乾隆間惠棟用以校汲古閣本，識之云：'訛字四千七百有四，脫字一千一百四十有五，闕文二千二百一十有七，文字異者二千六百二十有五，羨文九百七十有一。點勘是正，四百年來闕誤之書犁然備具，爲之稱快。'今《記》中所云'惠棟校宋本'者是也。"汲古閣毛本與阮元用作底本的十行本屬於一個版本系統，都出於宋末的建本，只不過十行本尚爲建本原本，而汲古閣本則爲明末毛晉翻刻之本，二者差別不大。所以惠棟所指出的汲古閣本的種種訛、脫、闕、羨，大體上也適用於十行本。由此可知，今日之阮本之所以得謂善本，最重要的一條就是因爲通過惠校吸收了八行本的種種優點。如果沒有惠棟校宋本作爲支撐，阮本就很難成爲善本。但是間接利用惠棟校宋本的校勘記，和直接以八行本爲底本，究竟還是兩碼事。譬如說，惠棟失校之處，阮校便無技可施，而惠棟誤校之處，阮校則往往盲從。如直接以八行本爲底本，便無此弊病。

二、排斥撫本　拒用《考異》

校勘必備眾本，這是常識問題。眾本中之善本，更是不可或缺，這也是常識問題。所謂撫本，即宋淳熙四年（1177）撫州公使庫所刻的《禮記》鄭注本20卷。撫本乃《禮記》經注本中之最佳者。陳鱣《經籍跋文》云："余家藏《禮記》經注，有明嘉靖時仿宋刻本，有近時仿宋岳氏刻本，參互考定，是本（按：指撫本）爲長，阮侍郎《十三經校勘記》亦詳言之。"從陳氏的這番話中可知，第一，撫本是《禮記》注本中的最佳者；第二，阮元的《十三經校勘記》亦即《禮記注疏校勘記》是使用了撫本的。但令人奇怪的是，在今天我們看到的任何一種阮元《禮記注疏校勘記》中，竟然連一點撫本的影子都看不到。阮元在其《校勘記》引據的各本目錄中，經注本也只提到兩種，即岳本和嘉靖本，唯獨沒有撫本。這和陳氏所說的情況不符。我們推測，這也可能是阮元起初使用了撫本，但後來又抽掉了，抽掉的原因，自然與段顧之爭有關。原來撫本初爲孤本，其所有者爲顧千里之從兄顧之逵，之逵嘉慶二年卒。嘉慶十一年，張敦仁借此撫本而影刻之，顧千里擔任複校，書成，親友多得饋贈。與此書成書的同時，張敦仁又作《撫本禮記鄭注考異》兩卷，陳氏譽謂"尤爲精審"。此《考異》之前後二序，皆顧千里代作，見《思適齋集》卷七。《考異》本文的撰寫，顧氏恐怕也有所參與。《祭義》鄭注："四學，謂周四郊之虞庠也。"顧氏以爲"四"當作"西"。《考異》即取顧說，段玉裁則以爲"四"字不誤。兩家往復辯難，遂成水火，二氏交惡，蓋始于嘉慶十二年也。撫本與《撫本禮記鄭注考異》與顧氏淵源如此之深，段氏恨人及屋，遂排斥撫本，拒用《考異》，是但知爲個人争雄，不復措意於學術爲天下之公器也。

這樣做的結果，勢必嚴重降低阮刻《禮記注疏》的校勘品質。話拐回來說，顧千里等人也非善良之輩，他們以牙還牙，對阮刻《禮記注疏》也採取排斥態度。《考異序》之後有一張敦仁《附記》，其中有云："南雍本，世稱十行本，蓋源出宋季建附音本，李元陽本、萬曆監本、毛晉本，則以十行爲之祖，而又輾轉相承。今於此三者不更區别，謂之俗注流本而已。近日有重刻十行本者，款式無異，其中字句，特多改易，雖當否參半，但難可征信，故置而弗論。"此《附記》未署年月，據所云"近日有重刻十行本者"，則可能是作於嘉慶二十一年阮本問世以後。其所謂"近日有重刻十行本者"，蓋即謂阮刻《禮記注疏》也。《考異》之對阮刻"置而弗論"，正如阮刻之對撫本置而弗論也。

三、當代成果　有失吸收

阮元在校勘《禮記注疏》時吸收了相當多的當代研究成果，如惠棟校宋本、盧文弨校本、孫志祖校本、段玉裁校本、《考文》宋版、浦鏜校本等等，因而大大地提高了校勘品質，從而使阮刻得以躋身善本行列。這是應予肯定的。遺憾的是阮元在這方面還有重大遺漏，使人不免產生遺珠棄璧之嘆。一般學者的校勘成果姑無論矣，最令人不解的是，王引之的《經義述聞》在阮元《禮記注疏校勘記》中僅被徵引一次，即《禮運》之"地不愛其寶"句，阮校云："王引之云：不愛，謂不隱藏也。愛之爲隱，古人常訓。《廣韻》'寶'字注作'地不藏其寶'。說詳《經義述聞》。"除此之外，再看不到第二處。可是我們知道，《經義述聞》32卷，其中涉及《禮記》者3卷，計202條，其中多數關乎校勘，所取不應如此之少。梁啓超《中國近三百年學術史》評價《述聞》云："這部書最大的價值在校勘和訓詁方面，許多難讀或前人誤解的文句，讀了他便渙然冰釋。王氏父子理解直湊單微，下判斷極矜慎，所以能爲一代所宗。"阮元爲《述聞》作序，也亟稱"凡古儒所誤解者，無不旁征曲喻，而得其本義之所在，使古聖賢見之，必解頤曰：吾言固如是，數千年誤解之，今得明矣"。八行本求之而不可得，那是條件所限，無可奈何，當事者還可以不任其咎。排斥撫本，拒用《考異》，蓋事出有因，也情有可原。至於《述聞》，近在眼前，而視若不見，等同土苴，當事者難辭其咎矣。

第二，整理本的校勘問題

整理本《整理說明》在交待校勘和吸收研究成果時說："全面吸收阮元《十三經注疏校勘記》和孫詒讓《十三經注疏校記》的校勘成果。"對於這個說明，我們一則以喜，一則以懼。喜的是吸收了孫詒讓《十三經注疏校記》的校勘成果，校勘品質肯定會有所提高；懼的是以天下之大，除了阮元的《十三經注疏校勘記》是原有的以外，新增加的只有孫詒讓一家。我們認爲，這樣做眼界未免窄了點。筆者在北京圖書館曾經翻閱過王國維批校過的阮本《禮記注疏》，王氏在卷四批道："案'有列於朝'以下五行，爲下節疏中脫簡。阮氏《校勘記》於此種犖犖大者不能校出，殊可怪也。"這個"殊可怪也"，整理本也未能校出。難道整理者眼界之高，連王國維這樣的國學大師也不入法眼了嗎？其他如黃侃的《黃侃手批白文十三經》、潘宗周的《禮記正義校勘記》諸作，其校勘成果皆大有可取，何以皆束之高閣？

再說，所謂"全面吸收阮元《十三經注疏校勘記》的校勘成果"，是怎麼個吸收法，也不無可議之處。

（一）阮元《校勘記》失校者甚多，整理本也未能拾遺補闕。例如：

1. 整理本 3 頁 10 行孔疏："鄭康成注《大宗伯》，唯云唐虞有三禮，至周分爲五禮。"

按：《大宗伯》當作《禮論》，見《周禮·春官·叙官》賈公彥疏引。

2. 整理本 29 頁 4 行孔疏："《燕禮》及《大射》'公三重，大夫再重'，是皆異席也。"

按：《燕禮》及《大射》，當作《鄉飲酒禮》，前二篇無此文也。

3. 整理本 38 頁 5 行孔疏："其《大射》注云'左則由闑西'者。"

按：《大射》，當作《燕禮》。

（二）阮元《校勘記》中有些校勘記是指出作爲底本的十行本和閩、監、毛本的訛誤的，這類校勘記沒有什麼意義，似乎可以省去，不必吸收（請讀者參考《中華書局古代史編輯組討論二十四史校改底本和撰寫校勘記問題》，見 1961 年《古籍整理出版情況簡報》第 2 號）。例如，阮本卷一《校勘記》有這樣一條："故爲體　惠棟校宋本作'爲體'。此本'爲體'誤'爲禮'，閩、監、毛本同。"（中華書局縮印本1235上）這説明阮本已經根據惠棟校宋本作了改正，整理本於此不必再出校勘記。而整理本不但出了校勘記，而且出了一條走了樣的校勘記："體，惠棟校宋本同。閩、監、毛本作'禮'，誤。"請看，阮校所指出的底本的錯誤，在整理本的校勘記中無端消失了。

（三）既然宣稱"全面吸收阮元《十三經注疏校勘記》"，何以將不少阮校漏掉？例如，阮元《明堂位》校勘記有這麼一條：

> 是以封周公於曲阜節　惠棟云：是以節、季夏節、君卷節、是故夏礿節、大廟節、振木鐸節、山節節、鸞車節、有虞節、夏后節、泰有節、爵夏后節、灌尊節、土鼓節、拊搏節、魯公節、米廩節、崇鼎節、越棘節、夏后節、垂之節、夏后節、有虞節、俎有節、夏后節、有虞節、有虞節、有虞節、有虞節、凡四代節，宋本合三十節爲一節。（縮印本1492下）

在整理本的《明堂位》校勘記中看不到上述文字。再如，阮元《曲禮》校勘記有一條關於"曲禮上第一"的校勘記，凡189字（見縮印本1235中），在整理本的校勘記中也看不到。

（四）整理本校勘記的行文，不無掠美之嫌。

例如，整理本第1頁有這樣一條校勘記："'正義曰'，閩、監、毛本同，《考文》引宋版無。"乍一看來，這是整理者獨立寫出的校勘記了。但是且慢，當你看了阮本1235頁上的同樣一條校勘記："正義曰　閩、監、毛本同，《考文》引宋版無'正義曰'三字。"你就知道，整理本的這條校勘記，原來是抄自阮校。我認爲，這條校勘記不如這樣寫："正義曰　阮校云：閩、監、毛本同，《考文》引宋版無'正義曰'三字。"是阮元《校勘記》的成果，就明白無誤地標明"阮校云"字樣，豈不爲美？此類情況很多，如，整理本第2頁有這樣一條校勘記：" '機'，閩、監、毛本同，惠棟校宋本作'璣'。"見阮本第1235頁上；整理本第3頁有這樣一條校勘記：" '用'，閩、監、毛本同。浦鏜校云：'用'疑'備'字誤。"見阮本1235頁。整理本第4頁有這樣一條校勘記：" '經禮'，閩、監、毛本同。惠棟校宋本作'禮經'。"見阮本1235頁。整理本第5頁有這樣一條校勘記：" '皇'，閩、監、毛本同，惠棟校宋本作'星'，誤，又下'之'字脫。"見阮本1235頁。整理本《禮記注疏》一共是1678頁，我們只舉了前五頁的例子，這前五頁，頁頁有此類情況，整理本一共有多少此類情況，不難推想。

（五）當年的阮元是沒有辦法，無法得到八行本，不得已，才間接引用惠棟校宋本的成果。而今天，惠棟所使用過的宋本，亦即八行本，早已普及，爲什麼不直接利用八行本來對校，而還像當年的阮元那樣乞靈於惠棟的校勘成果呢？學術研究不就是講究使用第一手資料嗎？

第三，整理本的標點問題

筆者認爲，整理本的標點可議之處太多太多。如果把這些可議之處統統寫出來，大概要寫上幾萬字才行。本文不可能這樣做，但爲了説明我們的這個觀點，這裏姑且舉出兩組例子，每組十餘例。第一組例子，專講破句一類的錯誤。第二組例子，專講引文上的錯誤。其他方面的問題姑且不談。這些例子統統選自《曲禮上》，換句話説，也就是選自《禮記》四十九篇中的一篇。

一、破句一類的錯誤舉例

1. 29 頁孔疏："居不主奥"者，主猶坐也。奥者，室内西南隅也。室向南户，近東南角，則西南隅隱奥五事，故呼其名爲奥。

按："室向南户，近東南角"，當作"室向南，户近東南角"。

2. 30 頁孔疏："視於無形"者，謂視而不見父母之形，雖無聲無形，恒常於心想像，似見形聞聲，謂父母將有教，使己然也。

按："謂父母將有教"後之逗號應删。本句意思是説，就好像父母將要對自己有所教導或者有所使唤那樣。

3. 39 頁孔疏："其傳辭司儀之交擯也"。

按：當作"其傳辭，《司儀》之'交擯'也"。鄭注《周禮·秋官·司儀》云："交擯者，各陳九介，使傳辭也。"整理者大概没有看懂。

4.39頁孔疏:"知者,約《聘禮》文,不傳辭,《司儀》及《聘禮》謂之旅擯。"

按:當作"知者,約《聘禮》文。不傳辭,《司儀》及《聘禮》謂之'旅擯'。"鄭注《司儀》云:"旅,讀爲鴻臚之臚。臚,陳也。賓之介九人,使者七人,皆陳擯位,不傳辭。"

5.55頁孔疏:"其名終没,爲神之後,將須諱之,故不可以爲名也。"

按:當作"其名,終没爲神之後,將須諱之,故不可以爲名也。"

6.57頁鄭注:"先食胾,後食殽。殽,尊也。"

按:當作"先食胾,後食殽,殽尊也。"此觀孔疏可知。按孔疏云:"純肉爲陰,陰,卑也。带骨爲陽,陽,尊也。尊,故後食之。"

7.59頁孔疏:此皆是公食。下大夫禮云:"若上大夫,八豆、八簋、六鉶、九俎、庶羞二十也。"

按:此處標點大誤。當作:"此皆是公食下大夫禮云。若上大夫,八豆、八簋、六鉶、九俎、庶羞二十也。"所謂"公食下大夫禮",意謂國君設宴招待下大夫之禮。苟讀《儀禮·公食大夫禮》賈公彥疏,此問題可迎刃而解。(阮刻《十三經注疏》1079頁中)

8.63頁:正義曰:"齊,醬屬也。齊、醬、菹,通名耳。"

按："齊、醬、菹，通名耳"，當作"齊，醬菹通名耳"。鄭注《周禮·天官·醢人》云："齊，菹醬。"可證。

9. 90頁孔疏：《淮南子》云："上有叢蓍，下有伏龜。卜筮實問於神，龜筮能傳神命以告人。故《金縢》告大王、王季、文王云'爾之許我'，乃卜三龜，一襲吉。能傳神命也。"

按：《淮南子》之文沒有這麼長，《金縢》之文也沒有這麼短。當作：《淮南子》云："上有叢蓍，下有伏龜。"卜筮實問於神，龜筮能傳神命以告人。故《金縢》告大王、王季、文王云："爾之許我，乃卜三龜，一襲吉。"是能傳神命也。（《淮南子》云云，見《說山訓》）

10. 91頁孔疏：鄭云："若一吉一凶，雖筮逆猶得卜之也。"則《洪範》所云者是也。

按：鄭玄無此語。"若一吉一凶"云云，乃孔穎達疏文。此由失校而誤標。據古鈔殘本，"鄭云"作"鄭所云者是也"，是。此數句經整理後，當作：鄭所云者是也。若一吉一凶，雖筮逆猶得卜之也，則《洪範》所云者是也。

11. 91頁孔疏：案《特牲士禮》云："不諏日。"

按：當作：案《特牲》，士禮，云："不諏日。"此與上文"案《少牢》，大夫禮"呼應也。翻遍儒家經典，何嘗有《特牲士禮》之書！

12. 98頁孔疏：今作《曲禮記》者，引此他篇雜辭而來，爲此篇發首有"故"也。

按：當作：今作《曲禮》，記者引此他篇雜辭而來，爲此篇發首有"故"也。

13. 100 頁孔疏：云"乘車"，則君皆在左。若兵、戎、革、路，則君在中央，御者居左。

按：當作：云（浦鏜校：疑"凡"之誤）乘車，則君皆在左。若兵戎革路，則君在中央，御者居左。（兵戎，謂軍事行動。革路，又叫兵車，天子五路之一，打仗時乘用，見《周禮·春官·巾車》）這裏標作"若兵、戎、革、路"，可謂不知所云。

二、引文方面的錯誤舉例

1. 38 頁孔疏："其《大射》注云：左則由闑西，泛解賓客入門之法也。

按：《大射》，當作《燕禮》，此其一。"泛解賓客入門之法也"是孔疏語，不是注文，不當引。

2. 41 頁孔疏：出廟入廟，不以遠爲文是也。

按："出廟入廟，不以遠爲文"，當引，此蓋暗引鄭注也。鄭玄注文見《史記·魯周公世家》裴駰《集解》引。

3. 53 頁正義曰：《昏禮》："納采，主人筵于户西，西上右几。"注："爲神布席，將以先祖之遺體許人，不敢不告。"

按："不敢不告"四字，是孔疏語，非鄭玄注文，不當引。

4. 55頁孔疏：杜注云，司徒改爲中軍，司空改爲司城。魯獻公名具，武公名敖，按《國語》：……

按：如此標點，讀者很難知道哪些文字是杜注。當作：杜注云："司徒改爲中軍，司空改爲司城。魯獻公名具，武公名敖。"按《國語》：……。杜注云云，見《左傳》桓公六年。"按《國語》"云云，是孔疏語。

5. 73頁孔疏："鄭注《聘禮記》：'有故，謂灾患及時事相告也。'"

按：當作：鄭注《聘禮記》"有故"："謂灾患及時事相告也。""有故"二字是《聘禮記》之文，非鄭注文。

6. 79頁孔疏：禮以變爲敬，是以《燕禮》君降階，爾卿大夫。鄭注云："爾，近也。"揖而移近之。

按：當作：禮以變爲敬，是以《燕禮》"君降階，爾卿大夫"，鄭注云："爾，近也。揖而移近之。"原標點的錯誤在於：第一，《燕禮》之文，當引而未引；第二，鄭注少引了一句。

7. 84頁孔疏：而《調人》云，父之仇辟諸海外，得與共戴天。

按：當作：而《調人》云："父之仇辟諸海外。"得與共戴天。必如此標點，才能使讀者分清，哪是《調人》之文，哪是孔疏之語。

8. 85頁孔疏："臨祭不惰"者，祭如在，故臨祭須敬，不得怠惰。

按："祭如在"三字當引，此乃暗引《論語·八佾》文也。

9. 87頁孔疏：《祭法》云適士二廟，祖之與禰各一廟，其中士下士亦廟事祖，但祖禰共廟，則《既夕禮》一廟是也。

按：當作：《祭法》云："適士二廟。"祖之與禰各一廟。其中士、下士亦廟事祖，祖禰共廟，則《既夕禮》"一廟"是也。原來的標點，把《祭法》的文字與孔疏的文字攪和到一塊兒了。

10. 96頁孔疏：鄭云："兩服，中央夾轅者也。雁行者，言與中服相次序是也。"

按："是也"二字不當引。鄭云見《詩·鄭風·大叔于田》鄭箋。

11. 98~99頁孔疏：故《燕禮》《大射》卿大夫門右，北面，公降阼階，南向，邇卿是也。

按：當作：故《燕禮》《大射》"卿大夫門右，北面，公降阼階，南向，邇卿"是也。

二

版本目録學卷

"惠棟校宋本" 辨誤

事情從頭說起。乾隆十四年（1749），惠棟利用南宋越刊八行本《禮記正義》校勘了毛本《禮記注疏》，很有收穫，就在此八行本書後寫了一則跋語：

> 拙菴行人購得宋槧《禮記正義》示余。余案《唐藝文志》，書凡七十卷，此本卷次正同。字體仿石經，蓋北宋本也。先是，孔穎達奉詔撰《五經正義》，法周、秦遺意，與經、注別行。宋以來始有合刻。南宋後又以陸德明所撰《釋文》增入，謂之《附釋音禮記注疏》，編爲六十三卷。監版及毛氏所刻，皆是本也。歲久脫爛，悉仍其闕。今以北宋本校毛本，訛字四千七百有四，脫字一千一百四十有五，闕文二千二百一十有七，文字異者二千六百二十有五，羨文九百七十有一。校讎是正，四百年來闕誤之書，犁然備具，爲之稱快。唐人疏義，推孔、賈二君。第《易》用王弼，《書》用僞孔氏，二書皆不足傳。至如《詩》《春秋左氏》《三禮》，則

旁采兩漢、南北諸儒之說，學有師承，文有根柢，古義之不盡亡，二君之力也。今監板、毛氏所刻諸經，頗稱完善，唯《禮記》闕誤獨多。拙菴適得此書，可謂稀世之寶矣。拙菴家世藏書，嗣君博士企晉嘗許余造璜川書屋，盡讀所藏，余病未能。息壤在彼，請俟他日。因校此書，并識於後云。己巳秋日，松崖惠棟。

惠棟在這則按語中，有說錯者，如把此南宋刊八行本誤認爲"北宋本"是也；有讓人大惑不解者，如"四百年來闕誤之書"一句是也。爲了避免行文枝蔓，這些都暫且擱置不提。關鍵的是這幾句話："今以北宋本校毛本，訛字四千七百有四，脫字一千一百四十有五，闕文二千二百一十有七，文字異者二千六百二十有五，羨文九百七十有一。校讎是正，四百年來闕誤之書，犁然備具，爲之稱快。"人們要問的是，這麼巨大的校勘成績，訛字、脫字、闕文、文字異者、羨文，五項相加，凡一萬一千六百六十二字，都是出自"北宋本"嗎？惠棟既沒有明確說是，也沒有明確說不是，給讀者留下遐想的空間。

"惠棟校宋本"這一表述的確立者是阮元。阮元在《禮記注疏校勘記序》中說："《禮記》七十卷之本，出於吳中之吳泰來家。乾隆間，惠棟用以校汲古閣本，識之云：'訛字四千七百有四，脫字一千一百四十有五，闕文二千二百一十有七，文字異者二千六百二十有五，羨文九百七十有一，點勘是正，四百年來闕誤之書，犁然備具，爲之稱快。'今《記》中所云'惠棟校宋本'者是也。"惠棟的巨大校勘成績何如，在他自己的的跋語裏還是一筆糊塗賬，現在經阮元這麼一説，就基本坐實了：惠棟的全部校勘成果，都裝進了"惠棟校宋本"這個籃子裏了。説得再明白點，就是那一萬一千六百六十二字的校勘成績，都應該歸功於"宋本"。由於阮元這一表述的錯誤，學術界從此就進入了多事之秋。

校勘記的命名慣例是根據校勘的對象來命名。以阮元爲例，《清經解》有阮元《宋本〈十三經注疏〉并〈經典釋文〉校勘記凡例》一文，請注意，阮元在《十三經注疏》前特地加上"宋本"一詞。爲什麼？其《凡例》第一條解釋説："《周易》《尚書》《毛詩》《周禮》《禮記》《春秋左氏傳》《公羊傳》《穀梁傳》《論語》《孟子》凡十經，以宋版十行本爲據。"[①] 可知阮元《十三經注疏校勘記》之命名猶循斯例。阮元還有《石經儀禮校勘記》四卷，《儀禮》之前又特地冠以"石經"二字，其用意也不言而喻。據此慣例，阮元所謂之"惠棟校宋本"，其正確表述應是"惠棟校毛本"。這個"毛本"，在阮元生活的時代，既是學者普遍使用之本，又是問題最多亟需校勘之本。知者，阮元《重刻宋板注疏總目録》云："今各省書坊通行者，唯有汲古閣毛本。此本漫漶，不

---

① 〔清〕阮元、王先謙《清經解》第5册卷807，上海書店1988年版，279頁。

可識讀。近人修補，更多訛舛。"① 阮元《宋本〈十三經注疏〉并〈經典釋文〉校勘記凡例》第三條："毛本《詩》少《譜序》，《左傳》失刊《後序》。且魯魚亥豕之訛，觸處皆是，棼不可理。今日坊間又將毛本重刊，則訛字又倍之。"② 阮元之一再指出毛本"漫漶，不可識讀。近人修補，更多訛舛"，"魯魚亥豕之訛，觸處皆是，棼不可理"，不僅可證毛本之亟需校勘，而且可證惠跋所謂"今以北宋本校毛本，訛字四千七百有四，脫字一千一百四十有五，闕文二千二百一十有七，文字異者二千六百二十有五，羨文九百七十有一"云云，乃指惠棟校出毛本之種種錯誤而言，所以下文才有"四百年來闕誤之書，犁然備具，爲之稱快"之語。且以毛本爲校勘對象，爲當時風氣所尚，非惠棟一家爲然。知者，盧文弨在《群書拾補》的《周易注疏》下說："外間通行，唯毛本獨多。故仁和沈萩園廷芳、嘉善浦聲之鏜作《十三經注疏正字》，日本國足利學山井鼎等作《七經孟子考文》，皆據毛本爲說，今亦依之。"然則，一世風氣所尚，惠棟也莫能外，是惠棟校毛本也，非校宋本也，安得謂之"惠棟校宋本"耶？且宋本是"稀世之寶"，何校之有？

阮刻《禮記注疏》于嘉慶二十一年（1816）問世，迄今整二

---

① 阮元《重刻宋板注疏總目錄》，見影印阮刻《十三經注疏》，中華書局1980年版，2頁。
② 同上。

百年，風行于世。而"惠棟校宋本"一語，從其啓用之日起，雖質疑之聲不絕於耳，但由於没有正本清源，學術界始終處於被阮元的錯誤表述牽着鼻子走的狀態，學者只有被動招架之功，没有主動還手之力。如此曠日持久，不知伊於胡底！

既然"惠棟校宋本"的含義是指那一萬一千六百六十二字的校勘總成績，那麽當人們用八行本去核實這一萬一千六百六十二字的校勘總成績時，應該合若符契才對。而實際情況是，合者固有，不合者更多，於是質疑之聲，此起彼伏。

首先，與阮元同時代的學者盧文弨就發出質疑之聲。例如：

"周禮大濩大武"，阮校云："惠棟校宋本'大濩'上增'殷曰'二字，'大武'上增'周曰'二字。盧文弨云：'惠棟本依《史記集解》增。'"

吕按：檢視足利本與惠棟校宋本（又稱"潘本"。以將此宋本捐獻給國家者的姓氏命名），"大濩"上皆無"殷曰"二字，"大武"上皆無"周曰"二字。（見《影印南宋越刊八行本禮記正義》

1045 頁倒 2 行,① 可覆按也）盧文弨就像是安徒生童話《國王的新衣》中的小孩子，說了一句大實話："惠棟據《史記集解》增。"盧文弨實際上是告訴讀者，惠棟此處的校勘依據并不是宋本，而是南朝宋裴駰《史記集解》。從校勘方法上來說，不是對校，而是他校。在揭示"惠棟校宋本"真面目上，盧文弨可謂先知先覺者。② 他實際上是在通過這個實際例子提醒人們，千萬不要把惠棟的巨大校勘成績統統歸功於宋本。按道理，阮元既然在其校勘記中徵引了盧文弨這種揭示真相的大實話，他自己對"惠棟校宋本"這一表述是否嚴謹也應有所反省才是。看來，阮元并沒有任何反省，而是等閑視之。阮元等閑視之事小，我們後人等閑視之則事大。而遺憾的是，恰恰是我們後人并沒有意識到盧文弨的這個提醒，仍然臣服于"惠棟校宋本"這個錯誤的表述，繼續被錯誤的表述牽着鼻子走，一場無謂的曠日持久的質疑還將繼續下去。

---

① 《影印南宋越刊八行本禮記正義》，北京大學出版社 2014 年 6 月第 1 版。傳世的南宋越刊八行本只有兩本。一本爲日本足利學校所藏，習稱"足利本"。一本藏於中國國家圖書館，由於此本的捐獻者姓潘，所以習稱"潘本"。這兩個本子都是無價之寶，難得一睹其真實面目。北京大學的有識之士克服種種困難，於 2014 年 6 月出版了《影印南宋越刊八行本禮記正義》三大册。主其事者，精心設計，將一頁分爲上下兩欄，上欄是足利本，下欄是潘本（足利本闕卷者除外），兩相對照，足不出戶，異同盡收眼底。其方便讀者如此，令人感佩！余插架此書，乃北京大學橋本秀美先生寄贈，亦不勝感激。

② 這樣的例子并非孤證，還有一些。例如，"而人化物也"，阮校云："惠棟校宋本云：'而人化物也'下脱注'隨物變化'四字。盧文弨云：'惠棟據《史記集解》增。'"見中華書局影印阮刻《十三經注疏》本 1532 頁下欄。爲節省篇幅，從略。

爲明余言之不誣，我將以下三大家的質疑爲例予以説明。哪三大家？潘宗周，一也；常盤井賢十，二也；《影印南宋越刊八行本禮記正義編後記》作者，① 三也。之所以謂之三大家，是因爲這三家對南宋越刊八行本都極其熟稔，如數家珍，且有相關著述，非其他道聽途説者可比。潘宗周，一度是所謂"惠棟校宋本"（後習稱"潘本"）的故主，且著有《禮記正義校勘記》一書。常盤井賢十，既目睹藏於日本足利學校遺跡圖書館之八行本《禮記正義》（習稱"足利本"），又目睹我國之影潘本與覆潘本《禮記正義》，眼福罕匹，著有《宋本禮記疏校記》一書。《影印南宋越刊八行本禮記正義編後記》一文之作者，恨不署名，無緣識荆，必是北京大學有識之士，其爲學界貢獻《影印南宋越刊八行本禮記正義》一書，功德無量。而《編後記》之作，亦非此君莫能爲也。

潘宗周《禮記正義校勘記附識》云："檢阮校所引惠校，多與此本不合。惠校實另有北宋本。書中異同之處，與惠合者固多，不合者正不少。"② 這幾句話是潘氏對"惠棟校宋本"的總體看法。可以看出，潘氏是將阮元"惠棟校宋本"的表述奉若神明的，你看，他對阮校中的任何一條提到"惠棟校宋本"者都嚴加審查，

---

① 在介紹南宋越刊八行本《禮記正義》的論文中，《影印南宋越刊八行本禮記正義編後記》一文資料之詳盡，對分藏中日兩國的兩個八行本（足利本與潘本）介紹之全面，罕有其匹，可惜没有作者署名。
② 潘宗周《禮記正義校勘記附識》，見江蘇廣陵古籍刻印社一九八六年重印《禮記正義校勘記》下册末尾。

不輕易放過，這不正是臣服於"惠棟校宋本"的精神狀態的寫照嗎？這不正是被阮元錯誤表述牽着鼻子走而不悟的思維方式導致的結果嗎？其用力之勤，令人佩服；而其執迷不悟，令人惋惜。其"惠校實另有北宋本"的斷語是錯誤的，究其原因，主觀上是他對"惠棟校宋本"的錯誤表述的迷信，客觀上是惠跋的"北宋本"之説有以啓之。其所謂"書中異同之處，與惠合者固多，不合者正不少"，是合乎實際的判斷，遺憾的是未能做進一步的分析："合者"有何特點，"不合者"有何特點？如果試加分析，則"惠棟校宋本"的真相就有可能浮出水面。

下面讓我們來檢視幾條潘氏《校勘記》中的具體例子。先看潘本與惠棟校宋本合者：

例一：5頁1行："始皇深惡之"，潘宗周校云："此本'始'字缺右上角，'皇'字誤作'星'，'之'字缺。阮校引惠校云：'宋本"皇"誤"星"，"之"字脱。'則此訛脱之跡，此本亦與惠校本相合，宜可以信爲即惠校本矣。"①

吕按：檢視《影印南宋越刊八行本禮記正義》5頁下欄1行，潘説信然。足利本没有訛脱。

例二：惠校所據之宋本卷二缺少第十、第十一兩頁，潘氏《校勘記》云："十及十一兩頁原缺而係鈔補，據阮校引惠校宋本

---

① 潘宗周《禮記正義校勘記（上册）》，1頁A面。

正缺此兩頁，此亦與惠校本相合之證。"①

呂按：檢視《影印南宋越刊八行本禮記正義》23頁與24頁下欄，潘說信然。足利本此兩頁不缺。

例三：惠校所據之宋本卷三缺少第二十頁，潘氏《校勘記》云："二十頁缺，鈔補。阮校引惠校宋本缺，則與此本同。"②

呂按：檢視《影印南宋越刊八行本禮記正義》52頁下欄，潘說信然。足利本此頁不缺。

再看潘本與惠棟校宋本不合者：

例一："是決嫌疑者"句，阮校云："惠棟校宋本'嫌'下有'也'字，無'疑者'二字，是也。衛氏《集說》同。"據此，則此文作"是決嫌也"，與下文"是決疑也"爲對文。今此本不然，則非惠校之宋本。③

呂按：今檢足利本及惠棟校宋本，皆作"是決嫌疑者"，并非"嫌"下有"也"字，無"疑者"二字。（見《影印南宋越刊八行本禮記正義》12頁4行，④可覆按也）就此例而言，我們只能說惠校是對的，不能說惠棟校宋本是對的。因爲南宋衛氏《集說》不

---

① 潘宗周《禮記正義校勘記（上册）》，3頁A面。
② 潘宗周《禮記正義校勘記（上册）》，6頁B面。
③ 潘宗周《禮記正義校勘記（上册）》，2頁B面。
④ 《影印南宋越刊八行本禮記正義》，北京大學出版社2014年版。此影印本每頁分上下兩欄，上欄是足利本，下欄是潘本，亦即惠棟校宋本。兩兩對照，便於查閱。本文所標頁碼，皆是此書頁碼，下不一一。

誤,惠棟極有可能是採用他校法與本校法得出的校勘結論。早於惠棟三年的殿本《禮記注疏》卷一考證已經得出與惠校相同的結論,①且言之更詳:臣召南按:"'是決嫌疑者',當作'是決嫌也',與下文'是決疑也'相對。陳澔《集説》引此條甚明,可知宋以前之本不誤。"②齊召南也是根據他校與本校得出的校勘結論,惠棟未必能夠看到齊召南之考證,可謂英雄所見略同。

例二:"前疾",阮校引惠校云:"《詩疏》及《論語》邢疏皆作'前矣',此獨作'前疾',非也。"按:此爲惠氏校正文字,不據宋本,而據《詩疏》《論語疏》定之。"立當前疾",見《周禮·大行人》,賈疏已莫能辨正,惠士奇《禮説》乃據《詩》及《論語疏》,参合鄭注,定"疾"字爲"矣"字之誤。定宇本其家學爲説,原文具詳《禮説》,文繁不具録。定宇《九經古義》亦詳之。③

吕按:檢視《影印南宋越刊八行本禮記正義》37頁1行,足利本與潘本皆作"疾",不作"矣",誠如潘氏《校勘記》所説。而潘氏"此爲惠氏校正文字,不據宋本,而據《詩疏》《論語疏》

---

① 殿本《十三經注疏》於清乾隆十一年(1746)刻成,見和碩和親王弘晝等上《奉敕校刻十三經告竣恭進表》,亦載於殿本《周易注疏》卷首。
② 殿本《禮記注疏》卷一考證,同治十年廣東書局重刊本。殿本初刊于乾隆十一年。
③ 潘宗周《禮記正義校勘記(上册)》,江蘇廣陵古籍刻社1986年重印本,5頁A面。

定之"云云，可謂識破本相，一針見血之語。惠棟此例的校勘結論，得之於他校。

例三："以其在下總會之處"，阮校云："閩、監、毛本同。惠棟校宋本'下'作'上'。"① 而潘宗周《禮記正義校勘記》云："此非惠棟校宋本，但必當從惠。"②

吕按：檢視《影印南宋越刊八行本禮記正義》1187 頁 7 行，字皆作"下"，不作"上"，與惠棟校宋本不同，故潘氏云"此非惠棟校宋本"。而潘氏又云"但必當從惠"者，是其校勘結論也。筆者推測，惠棟此處是根據上下文，運用本校法得出的校勘結論。知者，此句上文云"上緣謂之會"也。

至此，我們可以爲潘氏之二本"相合"與"不相合"做一小結：凡"相合"者，必是惠棟對校宋本得出的校勘結論；凡"不相合"者，必是惠棟採用本校法、他校法、理校法得出的校勘結論。

下面讓我們看看日本學者常盤井賢十對"惠棟校宋本"的看法。

常盤井賢十《宋紹熙版禮記正義略説——比較足利本與潘氏

---

① 見中華書局影印阮刻本《十三經注疏》1571 頁中欄。
② 潘宗周《禮記正義校勘記（下册）》，31 頁 B 面。

本》云①:"檢阮元《校勘記》所引惠棟校宋本,核之潘氏藏宋本,往往有不符之處。試舉其二三。如惠棟校宋本每卷末題'禮記正義卷第幾終',而潘氏本僅作'禮記正義卷第幾',無'終'字。卷一'夫禮者'節正義'是決嫌疑者',《校勘記》云:'閩、監、毛本同,惠棟校宋本"嫌"下有"也"字,無"疑者"二字是也。'而潘氏本同於閩、監、毛本,非如惠棟校宋本。卷三'名子'節正義'各依文解之',《校勘記》云:'閩、監、毛本同,惠棟校宋本"依"作"隨"。'而潘氏本仍作'依';'凡進食之禮'節正義'末邊際置右右',《校勘記》云:'惠棟校宋本作"左右"是也。'而潘氏本仍作'右右'。然當惠棟對校時,或阮元《校勘記》引惠校時,皆容有筆誤,則不得因此等小異,遽斷潘氏本非惠氏所據。其實,潘氏本卷二第十、第十一頁,卷三第二十頁,卷十九第十八頁,卷二十八第八頁等皆補抄,而《校勘記》載惠氏云:'某至某字止,宋本闕。'所言缺頁與潘氏本完全符合,是認定潘氏本即惠氏所校宋本最有利之證據。"②

上述這一段話反映了常盤井賢十對阮元"惠棟校宋本"的總體認識,讓我們試着加以分析。首先,常盤井開宗明義就説:"檢

---

① 常盤井賢十《宋紹熙版禮記正義略説——比較足利本與潘氏本》,據《影印南宋越刊八行本禮記正義》附錄介紹,原爲日文,載 1933 年 12 月出版《東方學報》(京都)第四册。今所引用者,即附錄所載之中譯本。
② 〔漢〕鄭玄、〔唐〕孔穎達《影印南宋越刊八行本禮記正義(下册)》,北京大學出版社 2015 年版,1727 頁。

阮元《校勘記》所引惠棟校宋本，核之潘氏藏宋本，往往有不符之處。"竊以爲，這與潘宗周《禮記正義校勘記附識》開宗明義所說"檢阮校所引惠校，多與此本不合"如出一轍。因此，我們有理由說，常盤井與潘宗周一樣，也是將阮元"惠棟校宋本"的表述奉若神明，同樣是被阮元錯誤表述牽着鼻子走而不悟的思維方式。常盤井比潘宗周進步的是，儘管他發現二者"往往有不符之處"，但能從大局着眼，不否定潘氏本即惠棟校宋本。至於常盤井爲"往往有不符之處"所做的解釋："然當惠棟對校時，或阮元《校勘記》引惠校時，皆容有筆誤，則不得因此等小異，遽斷潘氏本非惠氏所據。"竊以爲是皮相之論。謂予不信，請將常盤井所據四例稍加分析。

第一例："惠棟校宋本每卷末題'禮記正義卷第幾終'，而潘氏本僅作'禮記正義卷第幾'，無'終'字。"

呂按：常盤井此例，潘宗周《校勘記》已先言之："十三頁三行：禮記正義卷第一，阮校云：'惠棟校宋本此節以上爲第一卷，卷末標"禮記正義卷第一終"。'今此本無'終'字，可知非惠校本。"[①] 今按：檢視《影印南宋越刊八行本禮記正義》13頁3行，足利本、潘本皆無"終"字。此例之所以與潘本不符，蓋惠棟違

---

① 潘宗周《禮記正義校勘記（上册）》，3頁A面。

背對校法規則,① 以意妄補,非筆誤也。

第二例:"卷一'夫禮者'節正義'是决嫌疑者',《校勘記》云:'閩、監、毛本同,惠棟校宋本"嫌"下有"也"字,無"疑者"二字,是也。'而潘氏本同於閩、監、毛本,非如惠棟校宋本。"

呂按:常盤井此例,潘宗周《校勘記》已先言之。上文余已有辨,此不贅。此例之所以與潘本不符,蓋由於惠棟使用的校勘方法是他校與本校,并非是與宋本對校。此與筆誤毫不相涉。

第三例:"卷三'名子'節正義'各依文解之',《校勘記》云:'閩、監、毛本同,惠棟校宋本"依"作"隨"。'而潘氏本仍作'依'。"

呂按:阮元這條校勘記,只見于《清經解》本,不見於中華書局影印阮刻《十三經注疏》(附校勘記)本。這條校勘記,出得讓人莫名其妙。何者?阮元在與此條校勘記緊接着的前面出校云:"名子者節,惠棟云:'常語之中'至後頁注'無大小皆相名''相'字止,宋本闕。"說白了,就是缺一整頁。檢視《影印南宋越刊八行本禮記正義》52頁,可知足利本此頁不闕,作"各隨文解之";而潘本原闕此頁,據毛本鈔補,作"各依文解之"。阮元

---

① 陳垣《校勘學釋例》論述對校法云:"此法最簡便,最穩當,純屬機械法。其長處在不參己見。"上海書店出版社1997年版,118頁。惠棟則是參以己見也。

既知惠棟校宋本闕此頁，復出校勘記云"惠棟校宋本'依'作'隨'"，豈非無中生有？苟或惠棟本人既出校説明宋本闕此頁，復出"惠棟校宋本'依'作'隨'"之校，則形同兒戲，百詞難解！潘宗周《校勘記》亦指出："二十頁缺，鈔補。"① 此例之所以與潘本不符，蓋由於惠校或阮校無中生有、無事生非。

第四例："'凡進食之禮'節正義'末邊際置右右'，《校勘記》云：'惠棟校宋本作"左右"是也。'而潘氏本仍作'右右'。"

吕按：常盤井此例，潘宗周《校勘記》亦先言之："'右右'，阮本同。阮校引惠校宋本作'左右'是也。（潘氏）按：據此可見，此本不同惠校本。但惠校宋本殊誤，阮反以爲是，則阮之誤也。經言'右末'，故疏釋之云：'末，邊際。置右，右手取際，擘之便也。''置右'自爲句，'右手'字屬下句。文義甚明，安得作'置左'？"② 今按：潘校是也。足利本與潘本均作"右右"。（見《影印南宋越刊八行本禮記正義》57頁8行，可覆按也）惠校誤之在前，阮校盲從在後。此例屬於對校，對校之所以與潘本不符，蓋由於惠棟與阮元不辨句讀，以不誤爲誤。此與筆誤無涉。

以上四例，兩例屬於對校，本應合若符契，而結果却出乎意外。究其原因，一則妄補，一則妄改，導致與潘本不符。一例屬

---

① 潘宗周《禮記正義校勘記（上册）》，6頁B面。
② 潘宗周《禮記正義校勘記（上册）》，7頁A面。

於他校和本校，其與潘本不符是情理中事。一例屬於無中生有，無事生非。四例之中，有三例違規操作，令人驚詫，這未免讓讀者對"校讎是正，四百年來闕誤之書，犁然備具，爲之稱快"之語打上個小小的問號。

下面再看看《影印南宋越刊八行本禮記正義編後記》作者對"惠棟校宋本"的看法。《編後記》作者認爲"惠棟所據宋本即潘氏本"，并論證云：

> 潘氏舊藏本是否當年惠棟所校宋本？多年來不少學者表示懷疑，根本原因在惠校所言宋本文字與潘本不符。惠校文字與八行本不符，或當由於過錄者之失（例子另詳）。惠校文字，或爲惠校據宋本自爲筆記，并非照錄宋本文字（例子另詳）。惠校文字，亦當有惠棟據其他材料記錄異文之處（例子另詳）。惠校文字，亦當有惠棟據文義校定之處（例子另詳）。惠校文字，亦當有惠棟之備忘筆記（例子另詳）。右列諸例可知，所謂"惠棟校宋本"，内容頗雜，非皆宋本文字。近代以來學者，往往單純以爲凡《校勘記》言'惠棟校宋本'者，除容有傳寫訛字之外，悉皆惠棟所據宋本文字，因而無法理解其與潘本之差異，不得不認爲潘本當非惠棟所見宋本。[①]

《編後記》作者認爲"惠棟所據宋本即潘氏本"，這個結論我

---

① 《影印南宋越刊八行本禮記正義（下册）》，1708~1711頁。

完全同意。《編後記》作者説："多年來不少學者表示懷疑，根本原因在惠校所言宋本文字與潘本不符。"筆者則認爲，"根本原因"不是"惠校所言宋本文字與潘本不符"，而是阮元"惠棟校宋本"這一錯誤表述。正是這一錯誤表述誤導了不少學者，使他們費時耗力，做了大量無用功。《編後記》作者的説法，是顛倒了因果關係。《編後記》作者又説："近代以來學者，往往單純以爲凡《校勘記》言'惠棟校宋本'者，除容有傳寫訛字之外，悉皆惠棟所據宋本文字，因而無法理解其與潘本之差異，不得不認爲潘本當非惠棟所見宋本。"這是把板子打到近代以來學者屁股上，有失公允。挨板子的應該是阮元，阮元是製造麻煩的禍首。試問，不僅前代學者被誤導，後代學者亦被誤導，前仆後繼；不僅中國學者被誤導，日本學者也被誤導，中外一例。面對此種反常現象，我們還不該有所反思嗎？至於《編後記》作者所據五例，則別具隻眼，多有可取，茲逐例詳説之，兼以管見附焉。

例一："惠校文字與八行本不符，或當由於過録者之失。如《檀弓下》'晉獻公之喪'節，十行本分兩段，下段孔疏開頭標起止作'稽顙至遠利也'（卷九第十葉），而《校勘記》云：'惠棟校宋本無此六字。'今按八行本作'稽顙至利也'（卷十二第十二葉）。不難想象，當初惠棟在毛本'稽顙至遠利也'之'遠'字旁批注'宋本無',過錄者誤會惠棟原意,以爲宋本皆無此起止六字。"①

吕按:筆者基本上同意《編後記》作者的結論,需要修正的是,惠棟自言"今以北宋本校毛本",并非以北宋本校十行本,所以不需要把十行本扯進來。毛本卷九的十三頁 A 面六行正作"稽顙至遠利也",惠棟正是在毛本"稽顙至遠利也"之"遠"字旁批注"宋本無",過錄者誤會惠棟原意,以爲宋本皆無此起止六字。就惠棟而言,這是惠棟忠實于對校的一個典型例子。

例二:"惠校文字,或爲惠校據宋本自爲筆記,并非照錄宋本文字。如常盤井在三七年《校記》卷首中指出,各卷尾題'禮記正義卷第幾終'之'終'字當爲惠棟所加。"

吕按:此例不唯常盤井言之,潘宗周《校勘記》言之更早,上文已有論述。此例是惠棟使用對校法之例。陳垣論對校法云:"此法最簡便,最穩當,純屬機械法。其長處在不參己見。"② 惠棟違背對校法原則,參以己見,畫蛇添足,導致二本之不相合也。

例三:"惠校文字,亦當有惠棟據其他材料記錄異文之處。如《禮運》'五聲六律十二管還相爲宫'注'終於南吕',諸本皆如此,八行本(卷三十一第一葉,足利本原版,潘本補版)、十行本

---

① 以下五例,均見於《影印南宋越刊八行本禮記正義(下册)》,北京大學出版社 2014 年版,1710~1711 頁。
② 陳垣《校勘學釋例》論述對校法云:"此法最簡便,最穩當,純屬機械法。其長處在不參己見。"上海書店出版社 1997 年版,118 頁。惠棟則是參以己見也。

（卷二十二第六葉）亦然，而《校勘記》引'惠棟校宋本"吕"作"事"'。按此注，《釋文》作'南事'，孔疏云：'諸本及定本多作"終於南事"。'是惠棟據《釋文》、孔疏記異文，非錄宋本異文。"

吕按：此例，潘宗周《校勘記》亦有論説："吕，阮校惠校宋作'事'。按'事'字與《釋文》合，與《正義》不合，不得定其孰是。"①《編後記》作者云："是惠棟據《釋文》、孔疏記異文，非錄宋本異文。"誠然。然則是惠棟使用他校法也。實際上，孔疏此處已將作"吕"作"事"的來龍去脉交代得一清二楚，惠棟講不出什麽新的東西，徒記異文，有濫竽充數之嫌。

例四："惠校文字，亦當有惠棟據文義校定之處。如《月令》孟冬'大飲烝'注'燕謂有牲體爲俎也'，八行本（卷二十五第十二葉）、十行本（卷十七第十三葉，阮刻經挖改）皆如此，而《校勘記》引'惠棟校宋本作"烝"'。此處'燕'乃顯訛字，孔疏亦可證，惠棟自當校改，無須版本依據。"

吕按：《編後記》作者所論是也。今有所芹獻者，第一，此惠校據毛本，毛本作"燕"，見毛本卷十七之十八頁 A 面 8 行，不必牽扯十行本也。第二，此惠棟使用本校法也。陳垣論本校法云："本校法者，以本書前後互證而抉摘其異同，則知其中之謬誤。至

---

① 潘宗周《禮記正義校勘記（上册）》，49 頁 B 面。

於字句之間，則循覽上下文義，近而數葉，遠而數卷，屬辭比事，牴牾自見，不必盡據異本也。"① 毛本卷十七之十八頁 B 面 8 行孔疏徵引此條鄭注即作"烝"，不作"燕"，惠棟據之而出校也。

例五："惠校文字，亦當有惠棟之備忘筆記。如《禮運》'是謂合莫'注'《孝經説》曰上通無莫'，諸本皆如此，而孔疏云'正本"元"字作"無"'，八行本（卷三十第十三葉）、十行本（卷二十一第十八葉）皆同。《校勘記》引'惠棟校宋本"無"作"无"'。惠棟據孔疏，推論此處'元'訛'無'，乃由'元''无'形近，'无''無'相通而生，遂記一'无'字，實於宋本無關。"

吕按：《編後記》作者云："惠棟據孔疏，推論此處'元'訛'無'，乃由'元''无'形近，'无''無'相通而生，遂記一'无'字，實於宋本無關。"實是通達之論。唯爲了從理論上解決問題，與其訴諸某種具體現象，不如訴諸校勘方法。校勘方法有四，此例惠棟使用理校法也。陳垣先生云："段玉裁曰：'校書之難，非照本改字不訛不漏之難，定其是非之難。'所謂理校法也。遇無古本可據，或數本互異，而無所適從之時，則須用此法。此法須通識爲之，否則鹵莽滅裂，以不誤爲誤，而糾紛愈甚矣。故最高妙者此法，最危險者亦此法。"② 或曰：陳垣，近人也，以其

---

① 陳垣《校勘學釋例》，上海書店出版社 1997 年版，119 頁。
② 同上書，121 頁。

校勘四法繩諸惠棟，可乎？答曰：陳垣雖爲近人，而其所論校勘四法乃是對西漢劉向以來校勘方法之總結。故其論對校法則引劉向，論他校法則引北宋吴縝，論理校法則引清人錢大昕也，烏乎不可！

潘宗周、常盤井賢十、《編後記》作者，此三大家對"惠棟校宋本"的論述，筆者平議已畢。至此，竊以爲，我們可以對阮元"惠棟校宋本"這個表述做出如下總結：

第一，"惠棟校宋本"是個錯誤的表述。二百年來，《禮記》學界之所以對於"惠棟校宋本"與潘本的合與不合，一直糾纏不休。究其原因，乃阮元表述錯誤所致。假設當初表述作"惠棟校毛本"，不知將省却多少無謂的麻煩！子曰："必也正名乎！名不正則言不順，言不順則事不成。"① 豈虚言哉！

第二，在我們被錯誤表述牽着鼻子走，不得不去分析"惠棟校宋本"與潘本的合與不合時，切忌從微觀上逐例孤立地去認識，而應從宏觀上建立提綱挈領之法。這個提綱挈領之法，即陳垣總結的校勘四法。如果我們這樣做了，千變萬化的複雜現象就變得條理秩如。凡惠棟採用對校法者，皆與潘本合；凡惠棟採用本校法、他校法、理校法者，皆與潘本不合。這是通例。惠棟採用對校法而與潘本不合者，很少見，乃事出有因，這是特例。認識到

---

① 〔宋〕朱熹《四書章句集注》，中華書局1983年版，142頁。

上述通例與特例，可知所謂"惠棟校宋本"與潘本的合與不合皆是合情合理之事，毋庸詫異。而"惠棟校宋本"之宋本即潘本，亦毋庸置疑。

第三，惠跋云："校讎是正，四百年來闕誤之書，犂然備具，爲之稱快。"透露出惠棟對自己的校勘成果的自信與自豪。對此，我們要一分爲二。首先，肯定惠棟的校勘成績是巨大的；其次，惠校并非十全十美，失校、誤校者也有。對此，本文已經有所涉及，而潘宗周《校勘記》卷四十五一卷之中即指出惠棟漏校有九處。

最後，筆者對惠跋中"四百年來闕誤之書"一句大惑不解，籲請學界同仁有以教我。關鍵是"四百年來"四字，苦思不得其解。涉事的兩部書，一部是南宋本《禮記正義》，一部是毛本《禮記注疏》。南宋本《禮記正義》的問世時間已知是宋光宗紹熙壬子（1192），毛本《禮記注疏》的問世時間，據毛本書後的篆文牌記"皇明崇禎十二年歲在屠維單閼古虞毛氏繡鐫"，亦可確知。乾隆十四年，即公元1749。由此上推四百年，惠棟據毛本問世則是1349年。而1349年，是元武宗至正九年。由此可知，從惠棟校書的1749年往上推四百年，與宋槧《禮記正義》不沾邊。而從毛本問世的崇禎十二年（1639）到惠棟校書的乾隆十四年（1749），中間不過一百一十年，與"四百年來"之數亦不相符。無論怎樣算，都與"四百年來"對不上號。問題在哪裏？亟盼知者有以教我。

《五禮通考》庫本勝於味經窩刻本考辨

《儒藏精華》編纂工作啓動，彭林先生爲此部叢書禮類主持人。承蒙不棄，彭先生約我校點秦蕙田《五禮通考》，并徵詢我對底本採用的意見。我做了初步調查，知道《五禮通考》的傳世版本有四：一是清乾隆十八年秦氏味經窩刻本（簡稱"味經窩刻本"），上有清秦蕙田、盧文弨、姚鼐校，有王大隆跋，見《中國古籍善本書目》；二是清抄本，亦見《中國古籍善本書目》；三是文淵閣《四庫全書》本（簡稱"庫本"），見《四庫全書總目》；四是臺灣聖環圖書公司一九九四年據乾隆十八年秦氏味經窩刻本的照片影印本（簡稱"聖環本"）。據查，清抄本亦源出於味經窩刻本。這樣以來，實際上形成了兩個不同的版本系統，即味經窩刻本系統和庫本系統。出於對《中國古籍善本書目》的權威性的認可，出於對味經窩刻本錄有秦蕙田、盧文弨、姚鼐等大家手校的欣喜，正如聖環本《序言》所說："遍考文獻，輾轉得秦文恭公初刊本之照片影本，珍如拱璧。眉批有盧文弨、姚鼐等多人之親筆及秦蕙田之自校，允稱海內外唯一善本。"再加上我對庫本一向抱有成見，認爲庫本不好，對版本不講究，根本沒有資格作底本。（我相信，抱有這種成見的，絕非我呂某一人，而且也絕非自我呂某始。就拿《五禮通考》來說，聖環本的《出版說明》就說："《五禮通考》，通行者爲影印文淵閣《四庫全書》本。而《四庫全書》既經謄錄，訛奪不鮮。"）在上述思想指導下，我沒有再作更多的考慮，就答覆彭林先生說：我準備採用味經窩刻本作爲底本。由於味經窩刻本是宇內孤本，用來作底本，勢所不能。退而求其次，用聖環本作底本，效果是一樣的。庫本則作爲通校本。彭林先生出於對我的信任，認可了我對底本的選擇。

　　方案既定，就開始工作。豈料一開始就遇到了令人尷尬的局面：你不是說味經窩刻本如何如何地好嗎，你不是說庫本如何如何地不好嗎，現在怎麼情況恰恰相反呢？爲什麼味經窩刻本的訛脫衍倒問題那麼多？而庫本的同類問題則要少得多。尤其是凡是秦蕙田、盧文弨、姚鼐等人在味經窩刻本上批校需要改正之處，庫本都已經做了改正。這該怎樣解釋呢？譬如說，清季學者賀緒蕃在味經窩刻本卷一百九十七的末尾批校說："此本較後定本少附戴氏震《句股割圜記》五十三頁。"這五十三頁，折合庫本七十三頁。庫本每頁字數以六百計，即爲四萬多字。這可不是小問題。上述事與願違的尷尬局面，使我猛醒，我開始意識到我對底本的選擇是錯誤的。我需要把工作暫停下來，調整思路，對版本情況做更加細緻、深入的調查。

通過更加細緻、深入的調查，現在可以得出如下結論：

一、《五禮通考》味經窩刻本是初刻本，有待修訂之處甚多。而庫本則是修訂本，是出自定本。

二、味經窩刻本那麽多的訛脱衍倒，到了庫本，忽然全部改正了。這種現象的唯一合理解釋，就是上述第一條。

三、我最初對底本的選擇是錯誤的，需要立即糾正。校勘學上的所謂善本，指的是精加校讎，訛脱衍倒較少的版本。以此爲准，《五禮通考》的庫本最有資格作爲底本。正是在這個意義上我們說庫本勝於味經窩刻本。

四、這個例子教訓了我，原來的成見必須修正。原來認爲庫本是"洪洞縣内無好人"，現在認爲"洪洞縣内有好人"。庫本《五禮通考》就是一個"好人"。至於"洪洞縣内究竟有多少好人"，則需要作爲個案逐一地進行調查研究。

我對《五禮通考》的味經窩刻本和庫本的認識，在短短的兩個月内，發生了戲劇性的變化，原來認爲没有資格作底本的倒作了底本，而原來認爲有資格作底本的反被取消了資格。回想我一開始的認識，我感到内疚，它反映了我的粗疏的學風。其具體表現是，第一，在迷信權威和胸有先入之見的情况下，連《五禮通考》的有關序言都没有認真一讀就遽下結論；第二，版本之學，首先是要搜集前人的看法，看看前人是怎樣評價的；第三，要實際地進行比勘，避免犯耳食之誤。比較而言，後者更爲重要。俗話説："不怕不識貨，就怕貨比貨。"講的就是這個道理。前人即令講得天花亂墜，苟無實證，也不能盲從。在搜集前人看法上我已經失之在前，在實地進行比勘上我更是掉以輕心，如此不按照學術正規程式辦事，焉得不誤！

我把我在底本選擇上的錯誤，如實地通報了彭林先生，表示了歉意。彭林先生説：由北京大學《儒藏》編纂中心牽頭地這個項目叫做《〈儒藏〉編纂與研究》，版本研究應該也是題中應有之義，建議我把這個問題寫一寫。我接受了這個建議，於是乎有此文之作。苟有不當，歡迎批評。

（一）爲什麽説《五禮通考》的味經窩刻本是初刻本，而庫本則是出自定本？

第一，秦蕙田的《五禮通考自序》云："辛巳冬，爰始竣事。凡爲門類七十有五，爲卷二百六十有二。自甲辰至是，閱寒暑三十有八，而年亦已六十矣。"所謂"辛巳冬，爰始竣事"，也就是説，《五禮通考》的定本完成於乾隆二十六年（1761）。所謂"自甲辰至是，閱寒暑三十有八"，也就是説，從雍正二年（1724）到乾隆二十六年，歷時三十八年。這個《自序》，味經窩刻本不載，僅見於庫本。我們知道，《四庫全書》的編纂開始於乾隆三十七年

(1772)，《五禮通考》的定本想必曾作爲四庫底本，而此四庫底本今已不存，所以我們推斷庫本是出自定本。而味經窩刻本刊於乾隆十八年，自然是初刻本。

第二，味經窩刻本和庫本都有乾隆十八年蔣汾功序，蔣序云："少宗伯秦公，奮然繼起，合五禮而編次之，薈萃該洽，仍其名曰《通考》。今秋兒子和寧給假歸里，爰以授之而索予弁其首。予讀之，忻然莫逆於心也。"《中國古籍善本書目》著録味經窩刻本刻於乾隆十八年，大約就是依據蔣序。

第三，味經窩刻本與庫本每卷卷端的題名不同。味經窩刻本的題名是"内廷供奉禮部右侍郎金匱秦蕙田編輯"，而庫本的題名是"刑部尚書秦蕙田撰"。據《清史列傳》卷二十《秦蕙田傳》，秦蕙田任禮部右侍郎的時間是乾隆十年到十四年，這段時間恰在味經窩本刊刻之前。而秦蕙田開始任刑部尚書的時間，據上引《清史列傳》和《清史稿》本傳，是在乾隆二十三年，這個時間恰在味經窩本刊刻之後。乾隆十八年的蔣序稱秦蕙田爲"少宗伯"，與味經窩本之題名"禮部右侍郎"也恰好吻合。

第四，還有一個旁證。段玉裁《戴東原先生年譜》：

乾隆二十年乙亥，三十三歲。

蓋是年入都。

紀文達公《考工記圖序》曰："乾隆乙亥夏，余初識戴君，奇其書。金匱秦文恭公聞其善步算，即日命駕，延主其邸，朝夕講論《五禮通考》中《觀象授時》一門，以爲聞所未聞也。"文恭全載先生《句股割圜記》三篇，爲古今演算法大全之範，其全書往往采先生説。

這段記載很重要，它不僅涉及《五禮通考》的編者秦蕙田，還涉及《四庫全書總目》的實際作者紀昀。正因爲戴震乾隆二十年才入京，紀昀、秦蕙田等人始得與之結識，所以味經窩刻本没有收戴震《句股割圜記》三篇，而庫本則收了，也就得到合理的解釋。

（二） 爲什麽説庫本勝於味經窩本？

首先要説明，我們所説的"勝於"，是從校勘學的意義上説的，是從學術資料性的角度説的，不是從歷史文物性的角度説的。

味經窩本的訛脱衍倒現象非常嚴重，從學術資料性的角度來説，二者的懸殊非常之大。

我們把秦蕙田、盧文弨、姚鼐等人在《五禮通考》味經窩本二六二卷上的批校與庫本作了比勘，發現秦、盧、姚等人批校指出的種種錯誤，在庫本上基本都消失了。事實證明，庫本的學術資料性價值遠遠超過味經窩刻本。爲了取信於人，爲了給庫本實事求是地恢復名譽，我將我的比勘結果公之於眾。如果將此比勘報告全盤端出，字數太多。爲了避免煩瑣，我删去了大量的僅僅涉及一兩個字或兩三個字的訛脱衍倒的條目，只保留其犖犖大者。

下面就是我的比勘報告。

凡例：

1.（）中的文字，表示批校要求刪去的文字；〔〕中的文字，表示批校要求增添的文字。

2. 除了能夠指明何人批校外，統用"批校云"表示味經窩刻本上的批校。

3. 每一條批校，一般是出自一人。但也有這樣的情況，或是出自兩人，或是出自同一人的反復斟酌。諸如此類，本文儘量予以標出。

4. 卷次、頁碼表示法示例：如卷六之 p. 9，表示聖環本的第六卷第九頁。餘可類推。

1. 卷六之 p. 9："蕙田按：……舊本誤置下章之首，（今內府刊本），雖正其失，而以爲衡詩。"

批校云："今內府刊本"改爲"見館閣校本"。

按：庫本已改。

2. 卷八之 p. 30："蕙田案：北周郊丘之祭，大率（沿齊舊），而郊壇之制各異。"

批校云："'沿齊舊'，按：齊與周同時，不當云'沿'。分南郊、圜丘爲二，後魏已然，周齊俱沿之耳。此二字易爲'與齊同'何如？候定。"

按：此條批校顯然是另一校者給秦蕙田提的建議，秦蕙田接受了這條建議，所以庫本已經改正。

3. 卷一四之 p. 19："蕙田案：乾策二百一十，'六''七'爲誤字顯然。'每成高二十七尺'以下當有脫文。蓋每成二十七尺，三成則八十一尺，合九九之數。其合乾策者，乃陛級之數也，以是年所定方壇制度參考可見。"

批校云："照原文多四字，每行擠一字，要勻。"

按：此條"蕙田案"，基本上都是手寫體，故批校云"每行擠一字，要勻"。庫本已按照批校辦理。

4. 卷二〇之 p. 17："舊制：分獻用文武大臣及近侍官共二十四人，〔今定四人〕，法司官仍舊例不與。"

批校云："脫去'今定四人'句。"

按：庫本已補。

5. 卷二一之 p. 1："郊而後耕。〔疏〕鄭引《春秋傳》見襄七年《左傳》。"

批校云："鄭引《春秋傳》以下，係疏文，當於'耕'字下空一格，加'疏'字"。

按：庫本空一格，已補"疏"字。

6. 卷二三之 p. 3："前一日，諸祈官清（齊）於廟。"

批校云："'齊'，當作'齋'。《開元禮》各條或作'齊'，或作'齋'，參差不同，易混目，今宜改正。"

按：庫本皆改爲"齋"。

7. 卷二三之 p. 24："蕙田案：《通考》引《大戴禮》，傳注相雜，不分大小字，朱子集中論九爲《洛書》云：'頃讀《大戴禮》，又得一證據。鄭注明堂云象龜文，即指此注而言。'然（則《通考》所引其即康成之注與）？"

批校云："刊去'則《通考》所引其即康成之注與'十二字，改爲'注《大戴》者盧辯，非康成也，朱子亦誤記'十五字。"

按：庫本已改。

8. 卷三〇之 p. 10："酌皇帝獻酒。〔執事官五員，分獻官五員，亞終獻執事官五員〕。"

批校云："此下有脫簡，補刻十八個字。"

按：庫本已補刻"執事官五員，分獻官五員，亞終獻執事官五員"十八字。

9. 卷三一之 p. 19："蕙田案：永平以前，迎春舊制如此。劉昭以其不成禮典，故《祭祀志》中列永平之禮於前，而附此於下卷之末。今仍依次編入，庶使興廢之跡得有考焉。"

批校云："按語重刊。"

按：庫本已將按語改作"蕙田案：五時迎氣之禮定于永平，此所載迎春於東郊外，三時不迎者，乃縣邑所行之事，故不備禮。以志不書創始年月，故載於永平二年之前，而附著其説如此。"改動凡六十二字。

10. 卷三一之 p. 23:"盧植云:〔'東郊,八里之郊也。'賈逵云:'東郊,木帝太昊,八里。'許慎云:'東郊,八里郊。'鄭玄《孟春令》注云:〕'《王居明堂禮》曰:王出十五里迎歲,蓋殷禮也。'"

批校云:"'盧植云'下脫三十三字:'東郊,八里之郊也。賈逵云東郊,木帝太昊,八里。許慎云東郊八里郊。鄭玄《孟春令》注云。'斷不可脫,宜剷去一行補入。"

按:庫本已補。

11. 卷三五之 p. 16:"靈來下兮,進止委蛇。〔我涓我壇〕,我潔我俎。"

批校云:"脫去'我涓我壇'四字。"

按:庫本已補。

12. 卷三七之 p. 17:"蕙田案:……世儒不察,見郊社對舉,遂(謂祭社即祭地),誤矣。"

批校云:"末行重刊,以'以祭社當方丘之祭地'取代'謂祭社即祭地'。"

按:庫本已改。

13. 卷四六之 p. 15:"是孟月祭其宗,此月祭其佐也。"

大字批校云:"前孟冬是祭先嗇、神農,并祭五帝。但孟冬其文不具,則五帝爲宗,大臣句芒等爲佐,是孟月祭其宗,此月祭其佐。"

又小字批校云："似不補亦可。"

按：此兩可之辭，庫本未補。

14. 卷四六之 p. 19："陳氏曰：九州之山，槎木通道，已可祭告。"

批校云："'王氏樵曰：刊旅，舉始末以包中間。刊者，治水之始。旅者，功成祭告。'增王氏一條，小字。"

按：庫本已用小字增入"王氏樵曰"一條凡二十五字。

15. 卷五四之 p. 4："《後漢書》注司馬昭統駁曰。"

批校云："'《後漢書》注司馬昭統'，當作'《續漢志》注司馬氏彪'。"

按：庫本已改。

16. 卷五四之 p. 4："故於學者未盡喻也。（且類於上帝，即禮天也；望於山川，禜所及也）。"批校云："'且類'二句，文勢未了，不如删去。"

按：庫本已删去此十七字。

17. 卷五五之 p. 14："《魯頌》：'閟宮有侐，實實枚枚。'傳：'先妣姜嫄之廟，在周常閉而無事，……疏：孟仲子云是謂禖宮，蓋以姜嫄祈郊禖而生后稷，故名姜嫄之廟曰禖宮。"

批校云："朱子《集傳》：'閟，深閉也。宮，廟也。時蓋修之，故詩人歌咏其事以爲頌禱之詞。'低一格寫。傳、疏改刻小字。將朱子一條補入。"

按：味經窩刻本將傳、疏刻作大字，非。今庫本已將傳、疏改刻小字，并補入朱子一條二十四字。

18. 卷五七之 p. 29："《春秋》哀公二十四年《左氏傳》：公子荆之母嬖，將以爲夫人，使宗人釁夏獻其禮。注：宗人，禮官也。"

批校云："《春秋》哀公二十四年一條，文弨謹按：宗人釁夏，宗人，其官也；釁夏，其名也。獻其禮者，獻其立夫人之禮也。係誤采入，應將此兩行刪去。"

另夾簽批校云："盧駁極是，應删。"

按：庫本已删去《春秋》哀公二十四年《左氏傳》條。

19. 卷五七之 p. 29：批校云："擬補，俟定。王氏與之曰：'珥，當爲弭，如《小祝》所謂弭灾兵；祈，如小祝所謂祈福祥，非釁事也。蕙田案：王氏之説非是，當從康成注。"

按：庫本已增入"王氏與之曰"一條并蕙田案。

20. 卷六一之 p. 1："《書·顧命》：'牖間南嚮，敷重篾席。'疏：'牖謂窗也。間者，窗東户西，户牖之間也。

《周禮·司几筵》云：'凡大朝覲、大饗、射，凡封國命諸侯，王位設黼扆，扆前南向設席。彼所設者，即此坐也。户牖之間謂之扆。彼言扆前，此言牖間，即一坐也。又《覲禮》天子待諸侯，設斧依於户牖之間。彼在廟，此在寢，其牖間之坐則同。'"

批校云："自《周禮·司几筵》以下一條，當接上'户牖之間也'連寫。今另作一條，低一格寫，大誤，必要改正爲妙。"

按：庫本已改正。

21. 卷六一之 p. 17："《獨斷》：禮書俱作'寢廟奕奕'，《周禮》作'繹繹'。"

批校云："'《獨斷》禮書'以下十六字似當删。"

按：庫本已删。

22. 卷六六之 p. 27："《周禮·天官·凌人》：祭祀共冰鑑。（注：不以鑑往，嫌使停膳羞。）疏：'此云祭祀者，謂天地、社稷及宗廟之等，皆共鑑。（又曰冰若有鑑，則冰不銷釋，食得停久，故鄭云不以鑑往，嫌使停膳羞）。"

批校云："'注：不以鑑往'二句及疏'又曰'二十七字，乃'賓客共冰'之注，非注'祭祀'句，宜删。將'疏'加'賈氏公彥曰'，另行，分兩小行刊入。"

按：庫本已經删去"注"以下十字和疏中"又曰"以下二十七字，并將"疏"字改作"賈氏公彥曰"，并另行轉寫。

23. 卷七〇之 p. 1："吹笙擊鍾，鳥獸化德。"

批校云："此下'鐘'字甚多，或作'鐘'，或作'鍾'。今當俱改作'鐘'，以求畫一。"

按：庫本已俱改作"鐘"。

24. 卷七二之 p. 26："吳氏鼐曰：……《晉志》所引蕤賓用倍數，仍同《淮南》。陳氏《禮書》本《呂覽》、淮南王安建蕤賓重上生之議，鄭康成之説也。"

批校云："'仍同《淮南》'下，當連接陳氏《禮書》云云。皆是吳氏説，非《禮書》説也。末空一行，可加一小案：'蕙田案：觀吳氏説，足訂《呂覽》之文有誤。'共十五字。候定。"

按：庫本已按批校云處理，即將"陳氏《樂書》"云云緊連"仍同《淮南》"，并增加一條蕙田案。

25. 卷七六之 p. 32："相者東面坐，〔遂授瑟，乃降〕。"

批校云："增入'遂授瑟，乃降'五字。"

按：庫本已增。

26. 卷七六之 p. 32："相者皆左何瑟，面鼓，執越，内弦，右手相。(入，升自西階，北面，東上)。"

批校云："删去'入，升自西階，北面，東上'九字。"

按：庫本已删。

27. 卷七六之 p. 33："槐桑之木，其中實而不虛，不若桐之能發金石之聲也。〔蕙田案：郭無二十三絃之説，陳氏謂聶氏師用郭説，疑有誤〕。"

批校云："增入小字兩行。"

按：謂增入"蕙田案"以下二十三字。今庫本已增。

28. 卷七六之 p. 37："（之分定乙太簇之律清音均十二絃内第二絃下羽），……"

批校云："第三行全屬衍文，多二十字。"

按：庫本已刪。

29. 卷七六之 p. 37："要之，一調之中，濁音之十二絃，其一絃定某律，而六絃十一絃亦取某律某聲而爲某字，〔二絃定某律，其七絃十二絃亦取某律某聲而爲某字〕，三絃定某律，其八絃亦取某律某聲而爲某字。"

批校云："第六行'某字'下、'三'字上脱去'二絃定某律，其七絃十二絃亦取某律某聲而爲某字'共二十一字。此皆上板時寫者明知前行多寫二十字，故意於此脱下二十一字，以圖混眼耳。可即令重寫重刻，其管局之人，罰酒一席爲是。"

按：庫本已增此二十一字。其"罰酒"之說，表明彼時已有獎懲制度。

30. 卷七七之 p. 22："疏：《廣雅》云：'籈以竹爲之，長尺四寸，八孔，一孔上出寸三分。'《禮圖》云：'籈九空。'司農云'七孔'，蓋寫者誤，當云八空也，或司農別有所見。"

批校云："改《廣雅》云以下四十八字爲'籈八空，《禮圖》云九空。司農云七空，蓋寫者誤'十七字。"

按：庫本已改。

31. 卷七七之 p. 22："《禮記·月令》：'調竽笙竾簧。'《音義》：'竾，音池，本又作篪，同。'"

批校云："增入此條：大字九，小字十，雙行。"

按：大字，謂《禮記》經文；小字，謂《音義》。庫本已增入此條。

32. 卷七七之 p. 24：批校云：此頁內六'篪'字，俱要改作'箎'。

按：庫本已改。此正字例也。

33. 卷八〇之 p. 47："右五代廟制。"

批校云："此處應添一行：'蕙田案：以上後周。'"

按：庫本已添。

34. 卷八八之 p. 35："故獻皆曰酢。(薛氏士隆曰：朝踐三獻，饋食三獻，羨尸三獻，皆以諸臣終焉。此九獻)。"

批校云："'薛氏'以下删去。"

按：庫本已删去此二十六字。

35. 卷九〇之 p. 12：批校云："此頁要重寫重刊。"

又批校云："後要添一行。此處宜將'廟'字擠入前一行，讓出地方。"

按：因爲一個"廟"字占了一行，故有此批校語。要添的一行是"蕙田案：以上魏"六字。庫本已添。

36. 卷九八之 p. 17："蕙田案：諸儒以禘祫皆合祭，此聚訟所由起也。但胡氏（欲破古昔之昏昏而）仍主禘祫皆合祭，而馬氏（附會其說）又於《大傳》文諸侯（之）下添（一）祫字，強經從我，難協人心。"

批校云："删去十二字，以便添入一行。"

按：實乃刪去十四字。添入一行爲"又案：以上北魏"，凡六字。庫本已刪者刪、添者添。

37. 卷一〇五之 p. 3："既爲伯叔父母之後而父母之，則當降所生父母而伯父母之〔叔父母之〕昭昭然矣。"

批校云："'叔父母之'四小字添入'伯父母之'之下。"

按：庫本已添入。

38. 卷一一一之 p. 10："疏：食生人之法進輚，輚，骨之本，下，骨之末，進下者，以骨之末向神也。"

批校云："此條疏文，與今本疏全不同，疑是張氏爾岐之言，訛寫在此。"

另有批校云："照改。"

按：味經窩刻本確實是張冠李戴了。庫本已將"疏"字改作"張氏爾岐曰"，并提行另寫。

39. 卷一一四之 p. 10："故太師顏魯公祖廟有夫人〔殷氏、繼夫人〕柳氏。其流甚多，不可悉數。"

批校云："'夫人柳氏'，其上下疑當有脫落，再查。"

按：確實脫落"殷氏、繼夫人"五字，庫本已補。

40. 卷一二一之 p. 24："《元史·選舉志》：'憲宗四年，世祖在潛邸，特命修理殿廷。及即位，賜之玉斝，俾永爲祭器。'

《元史·太宗本紀》：'五年六月，詔以孔子五十一世孫元措襲封衍聖公。十二月，敕修孔子廟。八年三月，復修孔子廟。'

《闕裏志》:'太宗九年,奉旨,灑掃廟户依舊一百户,奉上差法,并行蠲免,不係州縣所管。'

批校云:"太宗在憲宗前,若將《太宗本紀》以下五行移置《元史·選舉志》之前,則先後不紊矣。"

按:庫本已按照批校所云處理。

41. 卷一三三之 p. 3:"《北魏書·前廢帝本紀》。"

批校云:刪"北魏書"三字。

按:庫本已刪。

42. 卷一四〇之 p. 4:"〔《册府元龜》〕:貞元七年十一月丁亥,日南至,不視朝。"

批校云:"脱'《册府元龜》'四字"。

按:庫本已補。

43. 卷一四一之 p. 2:"(《隋書·禮儀志》):隋儀如後齊制。"

批校云:"'《隋書·禮儀志》'五字刪去"。

按:庫本已刪。

44. 卷一四一之 p. 2:"皇后褘衣,深青織成爲之。爲翬翟之形,素質,五色,十二等。(按:'深青'以下十八字,原作雙行小字。)"

批校云:"'深青'以下十八字,當作'深青質,織成領袖,文以翬翟,五采重行,十二等',大字寫"。

按：庫本已改，并大字寫。

45. 卷一四六之 p. 1：《儀禮·喪服》末尾原有"敖氏曰：必支子者，以其不繼祖禰也"十四字，復被抹掉。

按：庫本已刪。

46. 卷一四八之 p. 5："櫛實於簞。注：'簞，笥也。'蒲筵二，在南。注：'筵，席也。'"

張氏爾岐曰："一爲冠子，一爲醴子也。在南，在三服之南，通指缺項、纚、笄、組、櫛等，不專言蒲筵。"疏："對下文'側尊一甒醴'在服北也。"

秦蕙田在以上三行的天頭批曰："疏云以下十四字應在'蒲筵二，在南'之下。"

又批曰："十四字刪去亦無妨。"

按："疏：對下文'側尊一甒醴'在服北也"實十二字，今庫本已刪去。

47. 卷一四九之 p. 13："《五禮新儀》：梁武帝天監十三年正月，冠太子于太極殿。"

批校云："《梁書·武帝本紀》：'天監十四年正月，皇太子冠，赦天下，賜爲父後者爵一級，王公以下頒賚各有差。停遠近上慶禮。'查原稿，有此一條，今刊本脫去，則與按語不相照應，當添入。或刪《五禮新儀》一條，以此補之。

按：庫本已照批校云處理。

48. 卷一五〇之 p. 30："《禮記·曲禮》：女子許嫁，笄而字。"

批校云："其下當補'黃氏震曰：字以尊名，男冠女笄，皆成人而字，惟君父之前則名'二十四字。"

按：庫本已補。

49. 卷一五一之 p. 7："疏：'《春秋》之例，吳女亦當云"夫人姬氏至自吳"，魯則諱其姬姓而不稱，（但去謂之吳孟子，是當時之言有稱吳也）。"

按：秦蕙田將疏文中的"但去謂之吳孟子，是當時之言有稱吳也"十六字用黑線抹去，并批校云："去十六字。"而庫本此十六字業已删去。

50. 卷一五一之 p. 29："疏：冕則祭服也。天子則袞冕，諸侯以下，各用助祭之服，故《士昏禮》'主人爵弁服'是也。《春秋公羊傳》説：天子至庶人，皆親迎。《左氏》謂：天子至尊無敵，無親迎之禮。諸侯有故，若疾病，則使上卿迎，上公臨之。許氏案：'高祖時，皇太子納妃，叔孫通制禮，以爲天子無親迎。'玄駁之云：'太姒之家，在渭之涘，文王親迎於渭，引此記爲証。然詩文王親迎之時，猶爲西伯。'鄭駁未定。此以答哀公所問，故解先聖爲周公。又魯得郊天，故云天地社稷之主。若《異義》所駁，則以先聖及天地，據天子。"

秦蕙田批校云："按此段節録疏文如此方明：'然詩'二字當

作'又詩説云';'以'字上加'此'字;'所駁'當作'駁所云'。"

按：秦校指出的三處需要校改處，庫本皆已校改。

51. 卷一五二之 p. 2："敖繼氏公曰：老，室老，大夫之貴臣。"

秦蕙田批校云："案敖氏一段宜删去。士無家臣，正與禮違，不如采疏文爲分明。〔疏〕大夫家臣稱老，是以《喪服》公食大夫以貴臣爲室老。士雖無君臣之名，云老，亦是羣吏中尊者也。"

按：今庫本已删去"敖繼氏公曰老室老大夫之貴臣"一段，而代之以"疏：'大夫家臣稱老，是以《喪服》公食大夫以貴臣爲室老。士雖無君臣之名，云老，亦是羣吏中尊者也。'"

52. 卷一五二之 p. 10"疏：加薑桂鍜治者曰脩，不加薑桂以鹽乾者曰脯。"

秦蕙田批校云："删去疏一段，代之以'《曲禮》疏：脯，搏肉無骨而曝之；脩，取肉鍜治而加薑桂，乾之如脯者。'"

按：庫本已删去疏一段，并代之以"《曲禮》疏"云云。

53. 卷一六一之 p. 6："注：西階西非主人，既對，不言反位，亦文省。"

批校云："此系敖説，誤引爲注，當依注云'既卒爵，賓將酢主人也，篚下篚南。'"

按：庫本已改。

54. 卷一六一之 p. 6："注：《燕禮》曰：'公答拜再拜。'此省文也。下不言者，皆如之。"

批校云："此亦敖説，誤引爲注，當刊去。"

按：庫本已刊去。

55. 卷一六一之 p. 12："疏：《鄉射》三耦立于司射西南，東面北上。《大射》三耦俟於次北，西面北上。"

批校云："疏誤引，當云'《鄉射》先立於所設中之西南，乃誘射，此則誘射卒，始來就位'。"

按：庫本已改。

56. 卷一七八之 p. 12："陳氏澔曰：'類、宜、造，皆祭名。後章言天子將出征，則此出爲巡守也。（諸侯則朝覲會之出歟？）'"

批校云："'諸侯則朝覲會之出歟'九字删。"

按：庫本已删。

57. 卷一八二之 p. 24："蕙田案：《周禮·馮相氏》掌二十八星之位，則以二十八宿分天位，其來久矣。此漢初所定赤道宿度，宿皆整度，《後漢志》四分歷北方豆七宿又有餘分四之一，想《前漢志》北方七宿亦當有餘分，或略而未載與？"

盧文弨批校云："'四分度之一'當在'北方豆二十六'之下。"

又批校云："此條俟定。"

又有批校者將"此條俟定"四字塗掉。

另有一人（未署姓氏，推測是戴震）批駁盧校云："考《後漢志》，西南東七宿亦皆整度，惟北方斗七宿，或進或退，有餘分四之一。盧所云亦未明晰，照下改處刊正可也。"

按：看來，秦蕙田沒有接受盧文弨的意見，而接受了另一批校者的意見。今庫本採用的文字與另一批校者的意見同。

58. 卷一八六之 p. 18："如《大統曆》，康熙庚午冬至，癸卯日卯初三刻，〔《授時》則丑初三刻〕。查《時憲書》乃是巳初一刻。(《大統》《先天》一十四刻)。"

批校云："'《授時》則丑初三刻'七字添'查'上，大書。刪去'《大統》《先天》一十四刻'八字。"

按：庫本已經衍者刪，脫者補。

59. 卷一九三之 p. 3："左右攝提各三星。"

批校云："左右攝提圖，中間兩豎應刊去。"

按：庫本已刊去。

60. 卷一九三之 p. 13："鼈十四星。"

批校云："鼈象一黑星，宜挖之使空。"

按：庫本已挖之使空。

61. 卷一九三之 p. 29："鈇鉞三星。"

批校云："星圖內三直行當刊去。"

按：庫本已刊去。

62. 卷一九五之 p. 4："江氏永曰：本輪半徑〔減去均輪半

徑〕，其餘三分之二。"

批校云："'其餘'上脱六字：'減去均輪半徑。'"

按：庫本已補。

63. 卷一九六之 p. 1："太陽平行朔策。"

批校云："'望策一十四日七六五二九六五。江氏永曰：小餘十八小時二十二分一秒三十七微有奇'。（凡三十五字），添在'太陽平行朔策'之前。"

按：庫本已添。

64. 卷一九七之 p. 16："五禮通考卷一百九十七"卷末。

賀緒蕃批校云："'此本較後定本少附戴氏震《句股割圜記》五十三頁。'光緒乙亥八月五日賀緒蕃記。"

按：此五十三頁，折合庫本爲七十三頁。庫本每頁字數以六百計，即爲四萬多字。今庫本已補。

65. 卷一九九之 p. 5："緹先見者也。〔何以謂之？小正以著名也〕。"

批校云："'何以謂之？小正以著名也'十字，添'先見者也'之下。"

按：庫本已添。

66. 卷一九九之 p. 5："蕙田按：……校書者誤編入於此，（其說極確，今芟去）〔未知是否，今仍載之，以俟考〕。"

批校云："'其說'七字，可改云'未知是否，今仍載之，以俟考'"。

按：庫本已改。

67. 卷二一五之 p. 19："内史十六，〔外史十六〕，御史十六。"

批校云："'外史十六'，脱四字，要添入。"

按：庫本已添。

68. 卷二一七之 p. 5："列侯所食縣曰國，（改令長曰相），皇太后、皇后、公主所食曰邑。"

批校云："《漢書》無'改令長曰相'此五字。"

按：庫本已删。

69. 卷二一八之 p. 23："天禧初，〔以三館爲〕額，置檢討、校勘等員。"

批校云："'以三館爲'四字增入，則'額'字方有着落。"

按：庫本已補。

70. 卷二一九之 p. 22："蕙田案：明代中書舍人有三，其直文華、武英殿者，率（多舉能書）〔取善書畫〕者充之。"

批校云："'多舉能書'，改刻'取善書畫'四字。"

按：庫本已改刻。

71. 卷二二五之 p. 21："《元史·順帝本紀》：至正二十八年，明兵襲應昌府，皇孫布尼雅實哩及后妃（并寶玉）皆被獲。"

小字批校云："去三字，可另出一行，增'右明'二字。"

又大字批校云:"此下宜加'右明'二字。"

按:庫本已按批校辦理。

72. 卷二三〇之 p. 4:"疏:下文君使卿進使者,乃入。"

批校云:"當作'下文君臣皆朝,列位,乃使卿進使者,使者乃入'。"

按:庫本已改。

73. 卷二三〇之 p. 19:"由馬前各繞牽馬者之後,在人東、馬西而受之。牽馬者自前西行而出之。"

批校云:"當作'由馬前各適牽馬者之前,還遶其後,適牽馬者之東、馬西而受之'。"

按:庫本已改。

74. 卷二三〇之 p. 19:"擯者曰:寡君從子,雖將拜,起也。"

批校云:"此下脱注兩行:'注:此禮固多有辭矣,未有著之者,是其志而焕乎,未敢明說。'"

按:庫本已補。

75. 卷二三〇之 p. 43:"不禮。注:'辟正主也。(古文禮作醴)。'"

批校云:"'古文禮作醴'句,諸本皆應删。"

按:庫本已删。

76. 卷二三二之 p. 6:"疏:此亦燕見賜爵法。"

批校云:"'此亦燕見',當作'此亦燕見而君客之'"。

按：庫本已改。

77. 卷二三六之 p. 2："師古曰：個，枚也。胄，兜鍪也。冠胄帶劍者，著兜鍪而又帶劍也。（羸，謂擔負也）。"

批校云："刪上注一句。"

按：謂刪去"羸，謂擔負也"句。庫本已刪。

78. 卷二四〇之 p. 4："蕙田按：斬牲之禮，行于京師；都試之法，行于郡國。"（其下模糊不清）

按：上述"蕙田案"被塗掉，旁另批校云："蕙田案：劉昭注《續漢志》引《魏書》：漢承秦制，十月會五營士，爲八乘進退，名曰乘之，《晉志》亦曰都講。"

天頭又批校云："案語另改，較原本多三字，可擠入。"

按：庫本之"蕙田案"已改。

79. 卷二四〇之 p. 50："〔《太祖本紀》〕：二十四年五月戊戌，漢衛穀慶寧岷六王練兵臨清。

二十五年二月戊午，靖寧侯葉昇等練兵於河南及臨鞏。閏月戊戌，馮勝爲總兵官，傅友德副之，練兵山西、河南。

二十六年三月辛亥，長興侯耿炳文練兵陝西。

三十年秋八月甲午，李景隆爲征虜大將軍，練兵河南。"

批校云："二十四年至三十年四條，繫《太祖紀》語，誤連《兵志》寫下。可於'二十四年'上，加'太祖本紀'四字，另爲一條。"

按：庫本正按批校辦理。

80. 卷二四九之 p. 35："《安帝本紀》：永初四年正月，詔以三輔比遭寇亂，人庶流冗，除三年〔逋租〕、過更、口算、芻稿。元初元年十月，詔除三輔三歲〔田租〕、更賦、口算。"

批校云："'三年''三歲'下不加'逋租''田租'等字，則與更賦連屬讀，失漢家過更之法。今從《漢書》改正。"

按：庫本已補。

81. 卷二五〇之 p. 23："勸民出粟得十五萬斛，益以官廩，〔隨所在貯之〕。"

批校云："脫'隨所在貯之'五字。"

按：庫本已補。

82. 卷二五二之 p. 2："移之於經記每條之下焉。"

批校云："此句下添'疑亦鄭康成爲之'"。

按：庫本已添。

83. 卷二五三之 p. 3："疏：慈母非父胖合，故次後也。"

批校云："此句下當補'云如母者，亦生禮死事，皆如己母'。"

按：庫本已補。

84. 卷二五五之 p. 4："蕙田案：疏及諸家皆主在國者言，盛氏〔依虞喜〕主去國者言，則與下文舊君無別，〔故〕盛説（不是）〔不載〕。"

批校云:"補添'依虞喜''故',改'不是'爲'不載'。"

按:庫本已按批校改正。

85. 卷二五五之 p. 8:"疏:曾祖中兼有高祖,是以兼云曾孫、玄孫服同也。"

批校云:"當作'曾祖中既兼有高祖,是以云曾孫玄孫各爲之齊衰三月也'。"

按:庫本已改。

86. 卷二五六之 p. 1:"疏:小功者對大功是用功細小。"

批校云:"當作'其言小者,對大功是用功細小'。"

按:庫本已改。

87. 卷二五六之 p. 15:"疏:謂亦得與女君同故也。"

批校云:"當作'謂亦得與女君期者,亦是與己子同故也'。"

按:庫本已改。

88. 卷二五七之 p. 12:"疏:(長是其年長)假令弟妻年大……。"

批校云:"'娣姒二字,皆以女爲形,以弟爲聲,則據二婦互稱,年小者爲娣,年大者爲姒',此段添入'疏'字下。"

按:庫本已添入。

89. 卷二五八之 p. 1:"但〔繰纓者〕以灰澡治布爲纓,〔與冠別〕。"

批校云:"六字要添。"

按：庫本已添。

90. 卷二六〇之 p. 2："蕙田案：敖氏以脯醢醴酒爲四物，是以醴酒并用也。以下《記》'若醴若酒'之文證之，此奠止有三物，敖説非。"

批校云："'敖説非'，當作'故敖説不載'。"

按：庫本已改。

91. 卷二六一之 p. 19："疏：士尋常乘棧車，〔不革鞔而〕漆之。"

批校云："'漆之'上脱'不革鞔而'四字。"

按：庫本已補。

92. 卷二六二之 p. 6:："疏：少牢〔大夫禮〕十一飯，諸侯十三飯，天子十五飯〔故云九飯士禮也〕。"

批校云："'少牢'下脱'大夫禮'三字；'十五飯'下脱'故云九飯士禮也'七字。"

按：庫本已補。

《四庫全書總目提要》總序、小序簡注

壬午孟春，余承乏權攝校讎學教授事。張之洞《輶軒語》有云："今爲諸生指一良師，將《四庫全書提要》讀一過，即略知學問門徑矣。"校讎學之爲用，大矣哉。將《提要》全部讀一過，愧尚未能；姑先將《提要》總叙、小叙讀一過，則吾能之。歷時一旬，粗讀一過。爲便初學，時複略加注解。蓋急就之章，必多有不逮，苟有匡我者，餘則受賜多矣。

經部總叙：拘者，拘泥也。雜者，不純也。悍者，蠻橫也。黨者，朋黨也。肆者，隨心所欲也。瑣者，煩瑣也。"啖趙"：啖助、趙匡也。皆唐人，其學術可參看陸淳《春秋集傳纂例》等書。"王柏、吳澄"：王柏，朱熹三傳弟子，《四庫全書》收其《書疑》《詩疑》等書，蓋勇於"刪削經文"者也。吳澄，元人，有《易纂言》《書纂言》《禮記纂言》等書，亦"好爲點竄"經書者也。"許謙疑之"云云，見許謙《詩集傳名物鈔》提要。

易類小叙："蓋猶大卜之遺法"，按：《周禮·春官·大卜》有云:"掌《三易》之法:一曰《連山》,二曰《歸藏》,三曰《周易》。"又,"京焦":京房、焦贛(延壽)也。京房有《京氏易傳》,焦延壽有《易林》。"陳邵",陳搏、邵雍也。《總目》著錄陳搏之書有二種,皆偽托。"兩派六宗",按:兩派,謂象數派和義理派。六宗,謂象數派的三個流別和義理派的三個流別。象數派的三個流別是:一、西漢初年的易家,如施讎、孟喜、梁丘賀;二、西漢中期以後以焦贛、京房為代表的專主陰陽侯灾變的象數派;三、以陳搏、邵雍為代表的摻有道家思想的先天象數派。義理派的三個流別是:一、三國王弼等人以老、莊說《易》;二、北宋胡瑗、程頤等人以儒理說《易》;三、南宋李光、楊萬里等人參證史事以說《易》。詳張善文《周易詞典》。"夫六十四卦《大象》皆有'君子以'字,其爻象則多戒占者",按:如《乾卦·大象》云:"君子以自强不息。"《坤卦·大象》云:"君子以厚德載物。"此類是也。"爻象",謂小象,即解釋每爻爻象的文字,如《坤卦·六四》:"象曰:'括囊無咎,慎不害也。'"是告戒之語也。"聖人之情",按:謂聖人據卦象、爻象以說《易》之本意也。

書類小叙:"朱彝尊"云云,見《經義考》卷七十四末尾。"吴澄"云云,見《書纂言》提要。

詩類小叙:"其中高子、沈子之說"云云,參《春秋公羊傳注疏》提要。"程大昌之妄改舊文",參《詩論》提要。"王柏之横删聖籍",參《詩疑》提要。

禮類小叙："《儀禮》難讀"，按：韓愈《讀〈儀禮〉》云："余嘗苦《儀禮》難讀。"阮元《儀禮校勘記序》云："《儀禮》最爲難讀。"又，"考《大司樂》章先見於魏文侯時"云云，見《漢書·藝文志》樂類叙。"節文"，蓋謂規矩也。

春秋類小叙："猶誅鄧析用竹刑也"，參《左傳》定九年。"吉網羅鉗"，吉，謂吉温；羅，謂羅希奭。二人皆酷吏，《新唐書》卷二零九有傳，謂之"羅鉗吉網"。呂案：吉網羅鉗之語，蓋爲孫復《春秋尊王發微》而發。"用夏時則改正朔"云云，蓋謂胡安國《春秋傳》也。"用夏時"，語出《論語·衛靈公》，謂以建寅之月爲正也。其事，可參《春王正月考》之提要、《春秋質疑》提要。《春秋》時或稱"王"而不稱"天王"，人或以爲貶之。

孝經類小叙："陳騤、汪應辰皆疑其偽"，按：陳、汪皆宋人，而此語出處不詳，待考。"一百三十一篇中"，按：謂《漢志》禮類中之"《記》百三十一篇"也。"中間孔、鄭兩本，互相勝負"云云，按：謂孔安國注之古文《孝經》和鄭玄注之今文《孝經》，兩本在唐代之爭，詳《唐會要》卷七十七"論經義"。"當以黃震之言爲定"，按：可參看《提要》"宋黃震《日鈔》有曰"以下一段。

五經總義類小叙："韓嬰治《詩》兼治《易》"，事見《漢書·儒林傳》。"而采劉勰《正緯》之語"云云，按：《正緯》有"春秋之末，群經方備"之語。呂案：余嘉錫《四庫提要辨證》於此小叙有説，可參看。

四書類小叙："其懸爲令甲，則自元延祐複科舉始"，按：據《元史·選舉志》，仁宗皇慶二年十一月下詔，恢復科舉考試，從延祐元年開始，考試程式規定，第一場考試，在《大學》《論語》《孟子》《中庸》中出題，并用朱熹章句集注。"梁武帝《義疏》以下"，按：此謂《隋志》禮類著録之梁武帝《中庸講疏》一卷也。實則《隋志》尚著録宋散騎常侍戴顒《禮記中庸傳》二卷。

樂類小叙："沈約"云云，見《宋書·樂志》云："及秦焚典籍，《樂經》用亡。""漢初制氏所記"云云，見《漢書·藝文志》"《雲》《韶》"，按：黄帝之樂名《雲門》，舜之樂名《韶》，《雲》《韶》并稱，代表正統的雅樂。

小學類小叙：此叙易懂。

史部總叙："淖方成禍水之語"，謂趙飛燕姊妹也，見《通鑒》卷三十一成帝鴻嘉三年。"張彖冰山之語"，謂楊國忠也，見《通鑒》卷二百一十六天寶十一年。"張師棣《南遷録》"云云，可參看《南遷録》提要。《碧雲騢》一書謗誣云云，可參看《東軒筆録》提要。

正史類小叙：吕案：其叙二十四史由來頗可觀。今有以《清史稿》當二十五史者，殊乏史學？

編年類小叙：吕案：此叙易懂。

紀事本末類小叙：吕案：《通鑒紀事本末》之提要值得一讀。

別史類小叙："猶大宗之有別子"云云，大宗，謂嫡長子也；別子，謂嫡長子以外之庶子也。然則，正史爲大宗，別史爲別子也。吕案：《隋志》無別史類，故《東觀漢紀》與範曄《後漢書》俱入正史類。《四庫提要》有別史類，《東觀漢紀》即改入別史類。

雜史類小叙：吕案：此類中之《國語》《戰國策》提要後所附案語值得一讀。

詔令奏議類小叙："記言記動"云云，《漢書·藝文志》："古之王者，世有史官，君舉必書，所以慎言行、昭法式也。左史記言，右史記事。"《漢書補注》引王應麟曰："《玉藻》'動則左史書之，言則右史書之。'與此不同。""涣號"，謂帝王發布號令也。《易·涣卦》："九五，涣汗其大號。"《周易集解》引《九家易》曰："謂五建二爲諸侯，使下君國，故宣布號令，百姓被澤，若汗之出身，不還反也。"

傳記類小叙："紀事始者"云云，"事始"，疑爲書名，待考。吕案：傳記類之書頗夥。

史鈔類小叙："帝魁以後書"云云，按孔穎達疏《尚書序》云："鄭作《書論》，依《尚書緯》云：'孔子求書，得黄帝玄孫帝魁之書迄于秦穆公，凡三千二百四十篇，斷遠取近，定可以爲世法者百二十篇。'""又有《三史略》二十卷"，按《隋志》，《三史略》二十九卷。《通鑒總類》，見《總目》。《十七史詳節》，見《總目》。《史漢精語》，《總目》未見，《宋志》亦未見。《兩漢博聞》，見《總目》。"韓愈所稱記事提要之義"，按韓愈《進學解》："記事者必提其要，纂言者必鈎其玄。"《三國志文類》，據《總目》，此書名爲《三國文類》。

載記類小叙："五馬南浮"云云，按《晉書·元帝紀》："太安之際，童謠云：'五馬浮渡江，一馬化爲龍。'是歲（吕案：謂永嘉中），王室淪覆，帝與西陽、汝南、南頓、彭城五王獲濟，而帝竟登大位。"

時令類小叙："《堯典》首授時"云云，按：《尚書·堯典》開始有"敬授人時"語（"人"，當作"民"，蓋唐人避諱改）；《舜典》有"以齊七政"語。"孔子考獻徵文"云云，按：《禮記·禮運》："孔子曰：'我欲觀夏道，是故之杞，而不足征也，吾得夏時焉。'鄭玄注：'得夏四時之書也。其書存者，有《小正》。'"按：《夏小正》一篇，在今《大戴禮》中。"《豳風》《月令》"，按：《豳風》，謂《詩經·豳風·七月》一詩；《月令》，謂《禮記》中的《月令》一篇。

地理類小叙："《璿璣圖》"，按：《璿璣圖》，東晉蘇蕙（字若蘭）撰，其事首見《晉書·蘇蕙傳》。吕案：地理書名，往往以古稱爲名。如《淳熙三山志》，三山，謂福州也；《嘉定赤城志》，赤城，謂台州也。應注意。

職官類小叙：吕案：此類所收《官箴》一卷，其《提要》云："書首即揭清慎勤三字，以爲當官之法，其言千古不可易。"錢大昕《十駕齋養新錄》卷十八"清慎勤"條已指出，把"清慎勤"三字當作作官之法，始于晉武帝，見《三國志·李通傳》裴注，并說："今人謂清慎勤三字出於呂氏《官箴》，由未讀裴松之《三國志注》也。"

政書類小叙："《隋志》載《漢武故事》"，按：《漢武帝故事》二卷，《隋志》載于史部舊事類。此書内容，多荒誕不經，故云"濫及稗官"也，《四庫提要》入之小說家類。"《唐志》載《魏文貞故事》"，按：見《新唐書·藝文志》的史部故事類。魏徵，謚文貞。"以符《周官》故府之遺"按：《周官》春官有太史，負責掌管檔案文書。《左傳》定西元年有"視諸故府"之語，楊伯峻《春秋左傳注》云："故府，蓋藏檔案之所。"《小叙》此句略嫌含混，可參看《隋志》史部舊事類小叙的前半部。"錢溥《秘閣書目》"云云，按：錢書見《總目》史部目錄類存目。

目錄類小叙："胡應麟《經義會通》"云云，按：疑當作《經籍會通》。"《隋志》曰……但記書名而已。"按：引文見《隋志》史部簿錄類小叙，此處引文有脱誤，用時當核原文。

史評類小叙："而先黃老，後六經……班固複異議焉"，按：詳見班固《漢書·司馬遷傳》贊。倪思，宋人，有《班馬異同》。"晉元帝不復牛姓"，謂晉元帝生父姓牛也，事見《晉書·元帝紀》。

子部總叙："以上二家，皆小道之可觀者也"，按：《論語·子張》："雖小道，必有可觀者焉。"邢疏云："小道，謂異端之說，百家語也。""《詩》取多識"，按：《論語·陽貨》："子曰：《詩》可以興，可以觀……多識於鳥獸草木之名。""《易》稱制器"，按：《易·繫辭上》："以制器者尚其象。""愈於博弈"，按：《論語·陽貨》："不有博弈者乎？為之猶賢乎已。"又，《左傳》成公九年："雖有絲麻，無棄菅蒯。"其意蓋謂，即令已經有了上等原料，下等原料也不要拋棄。參楊伯峻注。

儒家類小叙："王通教授河汾"云云，按：《新唐書·王通傳》："通，隋末大儒也，聚徒河、汾間，仿古作《六經》，又為《中説》以擬《論語》，不為諸儒稱道。"另見《舊唐書》本傳。"金溪、姚江之派"，按：今溪，謂陸九淵；姚江，謂王守仁。此以籍貫名其學派也。詳見《宋元學案》與《明儒學案》。另，《提要》云："案：八儒三墨，見於《荀子》；《非十二子》，亦見於《荀子》，是儒術構爭之始矣。"按：八儒三墨，見於《韓非子·顯學》，此云"見於《荀子》，殆誤也。"《顯學》云："世之顯學，儒墨也。儒之所至，孔丘也。墨之所至，墨翟也。自孔子之死也，有子張之儒，有子思之儒，有顏氏之儒，有孟氏之儒，有漆雕氏之儒，有仲良氏之儒，有孫氏之儒，有樂正氏之儒。自墨子之死，有相裏氏之墨，有相夫氏之墨，有鄧陵氏之墨。故孔墨之後，儒分為八，墨離為三。"

兵家類小叙："然《風后》以下"，按：《風后》十三篇，注云"黄帝臣，依托也。"見《漢志》兵家。"其間孤虚、王相之說"云云，按：《漢志》術數略五行家有《風后孤虚》二十卷。"王相"，亦陰陽五行家之説，可參看《漢語大詞典》"王相"條。

法家類小叙："曾鞏所謂"云云，待考。又，《疑獄集》之得名，按《尚書·舜典》有"疑獄惟輕"之語（對拿不准的案子要從輕發落），蓋取義於此。又，《棠陰比事》之得名，蓋取義於召公奭在甘棠樹下聽訟決獄之事，詳《詩經·周南·甘棠》。又，"虞廷欽恤"，按《舜典》有云："欽哉！欽哉！惟刑之恤哉！"

農家類小叙：按：陳振孫《直齋書錄解題》農家類叙云："農家者流，本于農稷之官，勤耕桑以足衣食。神農之言，許行學之，漢世野老之書，不傳於後。《唐志》著錄，雜以歲時月令及相牛馬諸書，是猶薄有關於農者。至於《錢譜》《相貝、鷹、鶴》之屬，于農何預焉？"（晁公武亦有此說，見《通考·經籍考》農家類）《四庫提要》農家類小叙實有取於此。又，"因耕而及《相牛經》"云云，按：《相牛經》《相馬經》《相鶴經》《鷹經》《相貝經》《錢譜》，均見《新唐書·藝文志》農家類；《香譜》，見《宋史·藝文志》農家類；《蟹譜》（按：非《蟹錄》），見陳振孫《直齋書錄解題》農家類。《圃史》，未見，待考。《竹譜》，見《新唐書·藝文志》農家類；《荔枝譜》，見《直齋書錄解題》農家類。《橘錄》（非《橘譜》）、《梅譜》《菊譜》，見《書錄解題》農家類。《唐昌玉蕊辨證》，參《提要》。《揚州瓊花譜》，參《提要・瓊花譜》。《茶經》《酒譜》（非《酒史》。《提要》又《酒史》）見《宋志》農家類。《糖霜譜》，見《書錄解題》農家類。《蔬食譜》，未見，待考。《易牙遺意》，參《提要》。《飲膳正要》，參《提要》。《四民月令》，後漢崔寔撰，見《隋志》農家類。《田家五行》，明婁元禮撰，見《中國叢書綜錄》。《救荒本草》，見《提要》。"不失《豳風》《無逸》之初旨"，按：《豳風》，朱熹《詩集傳》云："武王崩，成王立，年幼不能蒞阼，周公旦以冢宰攝政，乃述後稷、公劉之化，作詩一篇以戒成王，謂之《豳風》。"《無逸》，《尚書》篇名，其文有云："先知稼穡之艱難。""龍團鳳餅之事"，按：龍鳳團餅，又叫龍鳳團茶，宋時著名貢茶，產于福建，餅狀，其上帖有金色龍鳳花紋。參王辟之《澠水燕談錄・事志》。又按：農家類小叙，宜與子部之譜錄類小叙對照來看，這樣才能更明白些。

醫家類小叙："觀元好問《〈傷寒會要〉序》，知河間之學與易水之學爭"，按：《〈傷寒會要〉序》，見《遺山先生文集》卷三十七，唯題作《〈傷寒會要〉引》。《傷寒會要》的作者李杲是易水學派創始人張元素的學生，元好問的引對《傷寒會要》大加贊美。河間之學，謂金名醫劉完素之學，劉蓋河間人也。劉的醫學著作，可參《提要》。易水之學，謂金名醫張元素之學，張蓋易州人，故稱。張的醫學著作，可參《提要》。二家之爭，可參看《總目・景岳全書》提要所引許衡之論。"觀戴良作朱震亨傳"云云，按：所謂"朱震亨傳"，實謂"丹溪翁傳"，蓋世人尊稱朱震亨爲丹溪翁也。《丹溪翁傳》，見戴良《九靈山房集》卷十。《傳》云"時方盛行陳師文、裴宗元所定大觀二百九十七方（按：即《校正太平惠民局和劑局方》，宋徽宗大觀年間由太醫陳師文、裴宗元所定，其内容可參看《提要》）"，而朱震亨不以爲然。朱震亨事，另參看《提要》。"明制，定醫院十三科"，按：《明史·職官志·太醫院》："太醫院掌醫療之法。凡醫術十三科：曰大方脉，曰小方脉，曰婦人，曰瘡瘍，曰針灸，曰眼，曰口齒，曰接骨，曰傷寒，曰咽喉，曰金鏃，曰按摩，曰祝由。"又按：元陶宗儀《南村輟耕録》卷十五"醫科"條："醫有十三科，考之《聖濟總録》：大方脉，雜醫科，小方脉科，風科，産科兼婦人雜病科，眼科，口齒兼咽喉科，正骨兼金鏃科，瘡腫科，針灸科，祝由科則兼通言。""今悉删除"，按：謂删除房中、神仙二家。《太素脉法》，見《提要》。

天文演算法類小叙："容成造術，顓頊立制"，按：《世本》記載，容成作曆。容成，傳説爲黄帝時的大臣。又，《史記·曆書》："顓頊受之，乃命南正重司天以屬神，命火正黎司地以屬民。"蓋所謂"顓頊立制也。"又，"測星紀閏，多述帝堯"，按：《尚書·堯典》有"日中星鳥"及"以閏月定四時成歲"等語，故云。"洛下閎"，漢代天文學家，改《顓頊曆》爲《太初曆》，見《史記·曆書》。利馬竇，參《乾坤體義》提要。"天元"，謂天體運行規律，語出《史記·曆書》。"梅文鼎"，清初天文學家，《四庫全書》子部天文演算法類收其《曆算全書》等，可參看。"若夫占驗機祥，率多詭說。鄭當再火，裨竈先誣，舊史各自爲類，今亦別入之術數家"，按："鄭當再火，裨竈先誣"，事見《左傳》昭公十八年，鄭國大夫裨竈根據天象警告執政子產曰："不用吾言，鄭又將火。"而子產認爲："（裨）竈焉知天道？"沒有接受裨竈的建議，而鄭國也沒有再發生火災。又，《提要》於"術數類一"卷尾加案語云："占天本以授時，而流爲測驗灾祥，皆末流遷變，失其本初。故占候之與天文，名一而實則二也。"可與此數語參看。

術數類小叙："不出乎陰陽五行，生克制化"，按：董仲舒《春秋繁露·五行相生》："天地之氣，合而爲一，分爲陰陽，判爲四時，列爲五行。東方者木，木生火。南方者火，火生土。中央者土，土生金。西方者金，金生水。北方者水，水生木。"其《五行相勝》云："金勝木，水勝火，木勝土，火勝金，土勝水。"相勝，即相克。又，"星土雲物，見於經典"，按：《周禮·春官·保章氏》："保章氏掌以星土辨九州之地，所封封域，皆有分星，以觀妖祥。以五雲之物（五種日旁雲氣之色），辨吉凶、水旱降、豐荒之祲象。"又，"史志總概以五行"，按：此句蓋謂《隋志》《唐志》《宋志》《明志》也。上述史志之子部皆有五行類。又"今參驗古書，旁稽近法，析而別之者三……不切事而近理"，按：此言術數類又細分爲六子目（不計占候）：一曰數學，謂《太玄經》一下十六部；二曰占候，謂《靈台秘苑》一下二部；三曰相宅相墓，謂《宅經》以下八部；四曰占卜，謂《靈棋經》以下五部；五曰命書相書，謂《李虛中命書》以下十四部；六曰陰陽五行，謂《太乙金鏡式經》以下五部；六曰雜技術，謂《太素脉法》以下六部。每一子目後都有案語，值得一讀。

藝術類小叙："六書"，"六書"一詞，最早見於《周禮·地官·保氏》，而六書的細目，據許慎《説文解字叙》，爲指事、象形、形聲、會意、轉注、假借。六書屬於文字學。"八法"，漢字書寫的八種筆劃，詳有關詞典"八法"條。八法屬於書法範疇。又，"左圖右史，畫亦古義"，謂古人的藏書圖史兼備，表明圖畫自古也是著述。"左圖右史"，語見《新唐書·楊綰傳》，原意是置身圖書包圍之中。"丹青金碧"，謂用各種顔料作畫。丹青，指丹砂和青臒。金碧，指泥金、石青和石緑。"琴本雅音，舊列樂部"，按：《漢志》《隋志》，皆列琴于經部樂類。雅音者，正音也，高尚之音也。又，"非復《清廟》《生民》之奏"，不再是典雅的廟堂之樂。《清廟》是《詩經·周頌》的第一篇，《文王》是《詩經·大雅》的第一篇。"摹印本六體之一"，按：據許慎《説文叙》和《漢志》小學類韋昭注，摹印爲八體之一。"自漢白元朱"，不詳，或當檢《印典》等書。

譜錄類小叙：吕案：此叙之前半（從"劉向《七略》"到"遂不能該"），尤其值得一讀，蓋目録學亦當與時俱進，不可以不變應萬變也。

雜家類小叙："班固所謂'合儒墨，兼名法'也"，按：《漢志》雜家類作"兼儒墨，合名法"。又按：雜家類雜學末尾的案語值得一讀，蓋與班固所謂"某家出某"之説唱反調也。又按：雜家類著録者凡七卷，存目者十一卷，兩處相加，計十八卷，可謂夥矣。

類書類小叙："《皇覽》始于魏文，晉荀勖《中經簿》分隸何門，今無所考"云云，按：《皇覽》是我國最早的類書，姚振宗《隋書·經籍志》考之備矣（見《二十五史補編》）。按：《隋志·總叙》曰："魏秘書郎鄭默，始制《中經》，秘書監荀勖，又因《中經》，更著《新簿》，分爲四部。三曰丙部（即後之史部），有史記、舊事、皇覽簿、雜事。"姚振宗注云："案：皇覽簿者，載《皇覽》之目録也。魏《中經》以次爲丙部中之一類，晉《新簿》仍之。"然則，《皇覽》在《中經新簿》的歸類，非無所考也，在《中經簿》丙部皇覽類也。"明胡應麟作《筆叢》"云云，按：胡應麟《少室山房筆叢》卷二十二："類書，集也，而稱子。"

小説家類小叙：按：《虞初周説》之作者，據顏師古注，乃洛陽人，然則亦中州之熔也。"而《漢志》所載《青史子》五十七篇，賈誼《新書·保傅》篇中先引之"云云，按：胡應麟《少室山房筆叢》卷十三："《青史子》云：'古禮男子生而射天地四方，其文云：東方之弧以梧，梧者，東方之草，春木也。南方之弧以柳，柳者，南方之草，夏木也。中央之弧以桑，桑者，中央之木也。西方之弧以棘，棘者，西方之草，秋木也。北方之弧以棗，棗者，北方之草，冬木也。'是木亦可稱草也。《青史子》，《漢志》五十三篇，今存者，《胎教》一篇而已。其首曰：'古者胎教之道，王后有娠端，七月而就蔞室，太師持銅而御户左，太宰持升而御户右。此三月者，王后所求聲音非禮樂，則太師撫樂縕瑟而稱不習；所求滋味非正味，則太宰荷豆倚升而不敢煎調'云云。其文義古雅。嗚呼，古書之不傳者何限，惜哉！右見楊用修《丹鉛錄》。按《青史子》，班氏所列小説家，其文義傳者乃如此。（胡氏自注云：用修所引《青史》，見賈誼《新書》，作者青史氏）。"呂案：胡氏所引《青史子》文，見賈誼《新書》之《胎教》篇，《提要》稱"《保傅》篇中先引之"，誤矣。

釋家類小叙："《魏書》已稱《釋老志》"，按：今《魏書》有十志，《釋老志》是十志之一。

道家類小叙：《神仙傳》，葛洪撰，見《提要》。《道教靈驗記》，杜光庭撰。又，"《鴻寶》有書，燒煉入之"，按：《漢書·劉向傳》："上復興神仙方術之事，而淮南有枕中《鴻寶苑秘書》，書言神仙使鬼物爲金之術。"後人因以《鴻寶》爲談燒煉之書的代稱。又，"張魯立教，符籙入之"，按：《後漢書·張魯傳》有"造作符書，以惑百姓"之語。"北魏寇謙之"云云，按：寇謙之事，首見《魏書·釋老志》，可參看。

集部總叙："集部之目，《楚辭》最古"，按：《提要》著錄《楚辭章句》云："劉向裒集屈原《離騷》《九歌》……，是爲總集之祖。"可參看。又，"故武帝命所忠求相如遺書，魏文帝亦詔天下上孔融文章"，按：前一事，見《史記·司馬相如列傳》；後一事，見《後漢書·孔融傳》："魏文帝深好融文辭，每嘆曰：'楊、班儔也。'募天下有上融文章者，輒賞以金帛。"又，"蘭亭、金谷，悉觴咏于一時"，按：蘭亭觴咏事，見《晉書·王羲之傳》；金谷觴咏事，見石崇《金谷詩序》，載劉孝標《世説新語·品藻》"謝公云"條注。又，"《漢上題襟》《松陵》唱和"，按：《唐志》集部載《漢上題襟集》十卷，蓋段成式、温庭筠等人唱和之作。又載《松陵集》十卷，注云："皮日休、陸龜蒙唱和。"《松陵集》今存，參《提要》。又，"《丹陽集》惟録鄉人，《篋中集》則附乃弟"，按：《唐志》集部著録殷璠《丹陽集》一卷，不知是此書否，待考。《篋中集》，唐元結撰，參《提要》，集中收有元結之弟元融之作，故云。又，"履霜有漸"，謂防患於始也。《易·坤》初六："履霜堅冰至。"孔疏："於履霜而逆以堅冰爲戒，所以防漸慮微，慎終於始也。"又，"八病四聲"，按：八病，謂作詩（五言）時在聲律上應避免的八種弊病。四聲，謂平上去入四種聲調。八病四聲説，源出"永明體"作家，其代表人物是沈約、謝朓等人。《南史·陸厥傳》："（沈）約等文皆用宫商，將平上去入四聲，以此制韻，有平頭、上尾、蜂腰、鶴膝。五字之中，音韻悉異，兩句之内，角徵不同，不可增減，世呼爲'永明體'。"又據《南史·鐘嶸傳》，"嶸嘗求譽于沈約，約拒之。"等到沈約死後，鐘嶸在其《詩品》中將沈約的詩列爲中品，以報復沈約。又據《南史·劉勰傳》，劉勰將其所撰《文心雕龍》送給沈約看，深得沈約欣賞，謂"深得文理，常陳諸幾案"。以上事實，可以幫助瞭解《提要》所謂"觀同一八病四聲也……繼爲推闡"數句。又"《冷齋》曲附乎豫章，《石林》隱排乎元祐"云云，案：《冷齋》，謂《冷齋夜話》作者釋惠洪也。豫章，謂黃庭堅也，黃有《豫章黃先生文集》。《冷齋夜話》中的評詩之語，多借重黃庭堅之說，故云。可參看《冷齋夜話》提要。《石林》，謂《石林詩話》作者葉夢得，葉氏出自蔡京之門，在評詩時，往往抑壓反對王安石變法的元祐黨人，故云。可參看《石林詩話》提要。"周柳蘇辛"，謂周邦彥、柳永、蘇軾、辛棄疾。又"然如艾南英以排斥王、李之故"云云，按：艾南英，《明史·文苑》有傳。傳云"排斥王（世貞）、李（攀龍），不遺餘力"，餘事則不詳，可參看《弇州山人四部稿》之提要。錢謙益《列朝詩集》云云，待考。按《總目·卷首》所載乾隆四十一年十一月十七日上諭："如錢謙益，在明已居大位，又復身事本朝，而金堡、屈大均則又遁跡緇流，均以不能死節，靦顔苟活，乃托名勝國，妄肆狂狺，其人實不足齒，其書豈可復存，自應逐細查明，概行毀棄，以勵臣節，而正人心。"又據英廉等《全毀抽毀書目》，不但錢謙益本人的所有著作均應銷毀（包括《列朝詩集》在內），而且他人著作中凡有涉及"錢謙益"文章及字眼者，亦應抽毀。職此之故，《四庫總目》中無其書也。

楚辭類小叙："哀屈、宋諸賦，定名《楚辭》，自劉向始也"，按：漢王逸《楚辭章句序》云："逮至劉向，典校經書，分爲十六卷。"又"隋志"楚辭類小叙云："……蓋以（屈）原楚人也，謂之楚辭。"又，"晁補之、朱子皆嘗續編"云云，按：《書録解題》卷十五著録晁補之《續楚辭》二十卷，《變離騷》二十卷，後佚。朱熹《楚辭集注》中有《楚辭後語》，據朱熹序，就是"以晁氏所集録《續》《變》二書刊補定著，凡五十二篇。"

别集類小叙："荀況諸集，後人追題也"，按：《隋志》别集類有《荀況集》一卷、《宋玉集》三卷，等等，"後人追題"，即謂此也。"其自製名者，則始張融《玉海集》"，按：張融，南朝齊人。《隋志》别集類著録《七録》著録有張融《玉海集》十卷。别集的通例是作者姓名名集，此不稱《張融集》而稱《玉海集》，故云"自製名"。又，"其區分部帙……其體例均始于齊、梁"云云，均見《隋志》集部别集類，惟獨沈約之《集略》三十卷，《隋志》納入總集類，且爲二十卷。又，"文章公論，歷久乃明"云云，有味之言也，當仔細玩味。注意：别集類收書最多，著録于文淵閣者二十六卷，存目者十二卷，凡三十八卷，是最大最多的一類。

總集類小叙："以摯虞《流別》爲始"，按：《晉書·摯虞傳》："摯虞又撰古文章，類聚區分爲三十卷，名曰《流別集》，各爲之論，辭理愜當，爲世所重。"《隋志》總集類首載《文章流別集》四十一卷，摯虞撰。姚振宗《隋書經籍志考證》云："嚴（可均）氏《全晉文》編摯虞《文章流別論》今見於《北堂書鈔》《藝文類聚》《太平御覽》者存凡一十二條。"又，"至宋真德秀《文章正宗》，始別出談理一派"云云，按：真德秀，《宋史·儒林》有傳。《書錄解題》卷十五著錄《文章正宗》二十卷，自序云："'正宗'云者，以後世文詞之多變，欲學者識其源流之正也。自昔集錄文章，若杜預、摯虞諸家，往往湮沒不傳。今行於世者，唯梁《昭明文選》、姚鉉《文粹》而已。由今視之，二書所錄，果得源流之正乎？故今所集，以明義理、切世用爲主，其體本乎古而旨近乎經者，然後取焉；否則，辭雖工亦不錄。"真德秀將所選文章分爲四類，曰辭命，曰議論，曰叙事，曰詩賦，《通考·經籍考》載有四類之序，可參看。另參《文章正宗》之提要。呂案：《文選》之類，屬於論文一派，重在辭藻；《文章正宗》，屬於談理一派，重在義理。此之謂"總集遂判兩塗"。又，"明萬曆以後，儈魁漁利，坊刻彌增，剽竊陳因"云云，按：試觀《漢魏名文乘》之提要，可知一斑。

詩文評類小叙："《典論》其首也"，按：《典論》，實謂魏文帝《典論·論文》也，見《文選》卷五十二。此後，西晉陸機有

《文賦》，亦爲評詩論文之作，見《文選》卷十七。所謂"五例"，即一曰劉勰《文心雕龍》，二曰鍾嶸《詩品》，三曰唐皎然《詩式》，四曰唐孟棨《本事詩》，五曰詩話。

詞曲類小叙："詞曲二體，在文章、技藝之間，厥品頗卑"云云，按：這是落後的觀點，衛道者的腔調，請注意。

試論中國最早的推薦書目《六經》

中國最早的推薦書目是漢武帝的表章《六經》。《漢書·武帝紀贊》曰："漢承百王之弊，高祖撥亂反正，文、景務在養民，至於稽古禮文之事，猶多闕焉。孝武初立，卓然罷黜百家，表章《六經》。"師古曰："百家，謂諸子雜說，違背《六經》。《六經》，謂《易》《詩》《書》《春秋》《禮》《樂》也。"

這是一個面向全國的推薦書目。"表章《六經》"，其實際意義不亞於"推薦《六經》"。推薦的目的，按照《漢書·儒林傳序》的說法是："古之儒者，博學乎《六藝》之文。《六藝》者，王教之典籍，先聖所以明天道，正人倫，致至治之成法也。"師古曰："《六藝》，謂《易》《禮》《樂》《詩》《書》《春秋》。"

而漢武帝之所以能做出"罷黜百家，表章《六經》"的決策，則是受到董仲舒對策的啟發。《漢書·董仲舒傳》："及仲舒對冊，推明孔氏，抑黜百家，立學校之官，州郡舉茂材孝廉，皆自仲舒發之。"（校點本冊八，頁2525）

這個推薦書目，對後世的影響，非常巨大，非常深遠，即以漢代而論，就有影響如下：

首先，導致人材輩出。《漢書·公孫弘、卜式、兒寬傳贊》："孝宣承統，纂修洪業，亦講論六蓺，招選茂異，而蕭望之、梁丘賀、夏侯勝、韋玄成、嚴彭祖、尹更始以儒術進，劉向、王褒以文章顯，將相則張安世、趙充國、魏相、丙吉、于定國、杜延年，治民則黃霸、王成、龔遂、鄭弘、召信臣、韓延壽、尹翁歸、趙廣漢、嚴延年、張敞之屬，皆有功跡，見述於世。"（校點本 2634 頁）

其次，確立了通過考核經學成績的優劣而甄別用人的選舉制度。《漢書·儒林傳》："弘爲學官，悼道之鬱滯，乃請曰：'古者政教未洽，不備其禮，請因舊官而興焉。爲博士官置弟子五十人，復其身。太常擇民年十八以上儀狀端正者，補博士弟子。郡國縣官有好文學，敬長上，肅政教，順鄉里，出入不悖，所聞，令相長丞上屬所二千石。二千石謹察可者，常與計偕，詣太常，得受業如弟子。一歲皆輒課，能通一蓺以上，補文學掌故缺；其高第可以爲郎中，太常籍奏。即有秀才異等，輒以名聞。其不事學若下材，及不能通一蓺，輒罷之，而請諸能稱者。臣謹案詔書律令下者，明天人分際，通古今之誼，文章爾雅，訓辭深厚，恩施甚美。小吏淺聞，弗能究宣，亡以明布諭下。以治禮掌故以文學禮義爲官，遷留滯。請選擇其秩比二百石以上及吏百石通一蓺以上補左右内史、大行卒史，比百石以下補郡太守卒史，皆各二人，邊郡一人。先用誦多者，不足，擇掌故以補中二千石屬，文學掌故補郡屬，備員。請著功令。它如律令。'制曰：'可。'自此以來，公卿大夫士吏彬彬多文學之士矣。"（校點本3594頁。個別地方，尚須參考王先謙《漢書補注》，續修四庫全書本270册）《漢書·儒林傳贊》曰："自武帝立《五經》博士，開弟子員，設科射策，勸以官禄，訖於元始，百有餘年，傳業者浸盛，支葉蕃滋，一經説至百餘萬言，大師衆至千餘人，蓋禄利之路然也。"師古曰："言爲經學者則受爵禄而獲其利，所以益勸。"（校點本3620頁）這裏説的還只是漢代。實際上，恐怕此後兩千年的選舉制度，雖然形式有變化，但溯本求源，都是發端於此。

《六經》中的《易》《詩》《書》《春秋》《禮》五經，還需要指出，漢武帝表彰的是此《五經》中的今文經學。例如，《詩經》，是指齊、魯、韓三家，不是指《毛詩》；《禮》指的是《儀禮》，不是《周禮》和《禮記》（而唐代《五經》中的《禮》則是指《禮記》）；《春秋》，指的是《公羊傳》（後來可能增入《穀梁傳》），但不是《左傳》。這一點，要根據《史記·儒林傳》《漢書·儒林傳》及《藝文志》，一一分辨清楚。

《漢書·武帝紀》："建元五年，置《五經》博士。"（中華書局校點本，159頁）要把這個博士問題説明白。參考資料，已知的有王國維《觀堂集林·漢魏博士考》、沈文焯《宗周禮樂文明考論》中的

《從漢初今文經的形成説到兩漢今文〈禮〉的傳授》和《黃龍十二博士的定員和太學郡國學校的設置》（浙江大學出版社 1999 年版）。

2010 年 5 月 13 日星期四草畢

《七録輯證》序

屈指算來，與中州（河南）文獻打交道已有二十多年了。2004年，中州古籍出版社出版了我們歷時十年編寫的《中州文獻總録》。這本書，換個説法，就是帶有解題的《河南省藝文志》。此書出版後，我就想接着編一部醞釀已久的此書的姊妹篇，叫作《中州文獻鈎沉》。顧名思義，就是把散佚的隋唐以前的中州文獻統統輯録出來。爲什麽只輯隋唐以前？因爲隋唐以前的中州文獻學術價值高。所謂高，就是在當時的全國範圍内處於執牛耳的地位，起着導向作用。空口無憑，讓我們看幾個例子。

一、《子夏易傳》。子夏，即卜商，孔子弟子，以文學著稱，是所謂"十哲"之一，河南温縣人（此據《史記·仲尼弟子列傳》司馬貞《索隱》）。按照傳統目録學的排列順序，此書總是坐第一把交椅。《四庫全書總目》所收的第一種書就是《子夏易傳》十一卷。儘管此書的真僞尚有争論，但研究《周易》，誰也繞不開它。

二、戰國蘇秦《蘇子》三十一篇,《漢書·藝文志》著錄,後佚。蘇秦是縱橫家的鼻祖,而此書乃《漢志》縱橫家領銜之作。或曰:君言差矣,縱橫家之鼻祖乃蘇秦之師鬼谷子,《隋志》子部著錄之《鬼谷子》三卷始爲縱橫家領銜之作。答曰:誠如君言,然則鬼谷子乃潁川陽城(今河南登封)人,《鬼谷子》仍然是中州文獻。

三、陸德明《釋文叙錄》著錄漢代鄭興《周官解詁》、鄭眾《周官解詁》,這是注釋《周禮》的開山之作。鄭興、鄭眾是父子,開封人。鄭玄注《周禮》,引用二鄭之説特多。

四、漢末應劭《漢書集解》二十四卷和服虔《漢書音訓》一卷,《隋志》史部著錄,後佚。應劭,汝南南頓(今項城)人;服虔,滎陽人。此二書是注解《漢書》的開山之作。顏師古《漢書叙例》:"《漢書》舊無注解,唯服虔、應劭等各爲音義,自別施行。"可證。

五、西晉荀勖《晉中經》十四卷。荀勖,潁川潁陰(今許昌)人。此書始見《隋書·經籍志》著錄,兩《唐志》著錄同。後佚。這部書的學術價值在於,它開創了傳統目錄學的四分法。錢大昕説:"四部之分,實始於此。"(《潛研堂文集》卷十三《答問》)劉壽曾《揚州藝文志商例》:"自荀氏創立四部,沿承至今。"

再舉兩個小例子。

其一,在杜甫、蘇軾、黃庭堅三家的詩中,"吏隱"一詞不止一次地出現。綜觀古今注家，無不這樣作注："《汝南先賢傳》：'鄭欽吏隱於蟻陂之陽。'"按：《汝南先賢傳》，三國魏周斐撰，《隋志》著錄。後佚。周斐，汝南人。我們輯出了《汝南先賢傳》，方知上述注釋大謬不然。第一，鄭欽此人，當作"鄭敬"。宋人趙次公爲杜詩作注時，由於避宋諱——宋太祖趙匡胤的祖父名敬，遂改"敬"爲"欽"。後人不知就裏，也就一路以"鄭欽"相稱。第二，説"鄭欽吏隱於蟻陂之陽"，是子虛烏有之事。究其致誤的原因，蓋誤讀《汝南先賢傳》所致。輯本《汝南先賢傳》："鄭敬去吏，隱居於蟻陂之陽，以漁釣自娱，彈琴咏詩，常方坐於陂側。"（見《類聚》四、《類聚》九、《御覽》七十二引《汝南先賢傳》）"去吏"者，辭官也。鄭敬何嘗吏隱！

其二，中華書局校點本《漢書・王貢兩龔鮑傳》云："漢興有園公、綺裏季、夏黄公、甪里先生，此四人者，當秦之世，避而入商雒深山，以待天下之定也。"顏師古注曰："四皓稱號，本起於此，更無姓名可稱知。……至於後代皇甫謐、圈稱之徒，及諸地理書説，競爲四人施安姓字，自相錯互，語又不經。"（册十，頁 3056）

按："皇甫謐、圈稱之徒"，當作"圈稱、皇甫謐之徒"。爲什麽？因爲我們根據《隋志》知道，圈稱是漢代人，著有《陳留風俗傳》；皇甫謐是晉代人，著有《高士傳》。我們知道圈稱是陳留人，因而輯出《陳留風俗傳》，從而知道圈稱曾經爲四皓"施安姓字"。按照時代先後,自當圈稱在前,皇甫謐在後。顔師古這樣一顛倒順序不打緊,導致後代的學者也跟着説了錯話。陳直先生在其《史記新證》中説:"施安姓氏,則出於晉以來之記載。"便是受顔注誤導之例。實際上應該説:"施安姓氏,則出於漢以來之記載。"

爲了做《中州文獻鈎沉》,我曾經做過調查統計:先秦兩漢魏晉南北朝時期,中州文獻的總數是821種,其中現存者74種,散佚者747種,分別占總數的9%强、91%弱。前人有輯本者177種,待輯者570種,分別占散佚總數的23%强、77%弱。

根據上述調查,擬定了三種工作方案。第一,前人已有輯本且比較完善者。這種情況極少。對於這種情況,我們要做的工作,就只是整理工作,即標點、分段、校勘。第二,前人已有輯本但脱漏、訛誤甚多者(這種情況不在少數)。對於這種情況,我們要做的工作,首先是補其脱漏,正其訛誤,然後才是整理工作。第三,前人尚無輯本而須要從頭做起者。這種情況是大多數。對於這種情況,我們要做的工作,首先是輯佚,然後才是整理工作。

這是一項不小的工程,初步估計,不下300萬字。這項工程,非我一人所能了。我非常希望有後起之秀能夠參加進來,同心協力,做好這一很有意義的工作。天從人願,本書作者任莉莉女士就是我所希望的後起之秀之一。莉莉女士是河南師範大學歷史文獻學碩士，華東師範大學古典文獻學博士，專業功底深厚。

《隋書·經籍志》著録《七録》十二卷，阮孝緒撰。《舊唐書·經籍志》《新唐書·藝文志》亦著録。《宋志》不載，蓋佚于宋。阮孝緒，南朝梁陳留尉氏人，《梁書》《南史》有傳。《七録》在目録學上的價值，不亞於我們經常翻檢的《隋書·經籍志》。姚名達《中國目録學史·分類篇》有"《隋志》者，《七録》之子"之説。《〈七録〉輯證》的出版，填補了我國目録學史上的一處空白。可以預料，在未來的歷史長河中，《〈七録〉輯證》將是研究《七録》的基本資料和新的起點。《〈七録〉輯證》由兩部分組成：《七録序目》箋注和《七録》輯證。這兩部分都很見功力。我們知道，《隋書·經籍志序》中的很多内容是源於《七録序》的。《七録序》，舊無注。而《隋書·經籍志序》雖有注，但不當之處頗多。今得《七録序目》箋注，就能夠從源頭上予以澄清。例如，《隋志序》云："（李）充遂總没眾篇之名，但以甲乙爲次。"某先生注云："總，匯總。没，淪落，遺留。是説李充最後總匯這些淪落遺留下來的篇籍，又編新目。"原意殆不如是。此書箋注云："據姚名達《中國目録學史·分類篇》，這兩句話的意思是'有部無種'。所謂'有部無種'，是説李充仿效荀勗的作法，對圖書的分類，只有甲乙丙丁四部，而每一部之下，就不再分類。"兩相對比，孰是孰非，自有公論。

《〈七録〉輯證》可以視爲《中州文獻鈎沉》中很有分量的一

種，它的出版，我自然是非常高興。作者邀我作序，我也一口應允。因略叙始末，是爲序。

呂友仁寫于庚寅年端午節前三日

三

考 證 卷

《文獻通考·刑考》（宋代部分）考證（上）

馬端臨《文獻通考·刑考》凡十二卷（《文獻通考》簡稱《通考》），記南宋嘉定末年以前歷代刑法制度。本文所涉及的，只是《刑考》的宋代部分。

《四庫全書總目提要》稱《通考》"所載宋制最詳，多《宋史》各志所未備"，這個說法，大體是對的。但有一點《提要》未曾講到，即元人所修《宋史》各志，其中也頗掇拾《通考》有關門類的舊文。拿《刑法志》來說，有些內容就是取自《刑考》。其後，明人邱濬所著《大學衍義補》，清代編纂的《古今圖書集成》《續通典》，這些書的刑制部分，也都和《刑考》淵源頗深。除此以外，爲了探求故實而征諸《刑考》的就更多了。從這個意義上說，《刑考》的宋代部分是源、是本。

對於《文獻通考》這部書，向來有褒貶不同的兩種評價。這本來是個可以作爲專題討論的題目，本文只是對其《刑考》一門的考證，也勢難以偏概全。必不得已的話，我認爲顧炎武的話比較公允，他說：："宋人書如司馬溫公《資治通鑑》、馬貴與《文獻通考》，皆以一生精力爲之，遂爲後世不可無之書。而其中小有舛漏，尚亦不免。"如果我們進一步地考慮到，修史之難，無出於志，而《通考》恰是典章制度的總會；司馬光修《資治通鑑》時，既有朝廷的支持，又有專家的協助，而馬端臨身當宋亡之後，只能依靠自己私家之力。這樣，我們就會感到"小有舛漏"，確是情理中事。這篇考證文字，雖然也免不了說長道短，但意在拾遺補闕、實事求是，充其量也不過是"小有舛漏"的一部分而已，而和痛詆《通考》爲"類書之學""嘔啞嘲哳之曲"者有別。

訂正《刑考》謬誤之作，就我所見，《通考》浙江書局刊本之後附有考證，但有關宋事者僅數條；鄧廣銘先生《宋史刑法志考正》一文，溯本求源，多所訂正。凡此，本文一般不再涉及。今將存在的問題粗爲條理，分爲四個部分，一曰取材不慎，二曰會通之失，三曰因襲之病，四曰編次和紀時之誤。

本篇所考文字，以校勘後的文字爲准。對校所用的版本有，元至元又五年余謙補修本，明正德十六年慎獨齋劉洪刊小字本，明嘉靖四年馮天馭刊小字本，清乾隆十二年武英殿本和光緒二十二年浙江書局刊本。其中以殿本爲底本。有的地方，爲了減少頭緒、避免煩瑣，就干脆用考證後的文字爲准了。

一、取材不慎

馬端臨在自序中説："凡叙事則本之經史，而參之以歷代會要以及百家傳記之書，信而有證者從之，乖異傳疑者不録，所謂文也。凡論事則先取當時臣僚之奏疏，次及近代諸儒之評論，以至名流之燕談，稗官之紀録，凡一話一言，可以訂典故之得失，證史傳之是非者，則采而録之，所謂獻也。"表明了作者對取材的慎重態度。有的學者也以此稱揚馬氏采摭精審。我實地考查了一下，就《刑考》來説，自序的這段話如果是對不包括宋代部分的其他各代的取材而言，那是完全符合實際的。至於説到宋代部分，情形就兩樣了。

所謂"本之經史"的"史"，按照《通考》全書的義例，就宋代來説，當是指宋代的國史，具體到《刑考》，當是指宋代國史中的《刑法志》。但宋代原來的國史已不存在，所以也無從核比查考。今本《宋史》雖有《刑法志》三卷，但并非國史刑志舊文。而且《通考》成書在前，《宋史》修成在後，馬端臨既無從得見《宋史》，因而《刑考》宋代部分的所出，也就不可能是今本的史志。二者固然有不少相同之處，但此種相同，乃是由於史志剿取《刑考》所致。凡此，鄧廣銘先生已早有論證，此處不煩贅述。因此，如果是以今本史志爲依據來探討《刑考》的取材問題，無疑是本末倒置，未見其可。好在傳世的官方史册當中，還有《宋會要輯稿》（簡稱《宋會要》）可資參證。另外，宋人私家史乘尤多，一些國史《刑法志》的片斷還散見其中，可資探討。私家著述之中，李燾的《續資治通鑒長編》（簡稱《長編》）尤爲上乘。其書不但於北宋事詳贍可取，而且是考諸實錄、正史而成書，因而又具有信的特點。宋代國史原書雖亡，賴《長編》而存者正自不少。我藉助於這些書去探索，其結果，在今天還只能得出這樣的看法，即《刑考》宋代部分的取材，在若干地方是違背自序所說的取材原則的。之所以這樣說，是因爲有些內容是國史、會要原本有的，但作者舍而未取，迻錄的却是筆記、私史中的記載，而這些記載又不盡可信。下面我就舉例來說明這一點。

　　太宗興國五年，涇州言，定縣婦人怒夫前妻之子婦，斷其喉而殺之。下詔曰："刑憲之設，蓋厚於人倫；孝慈所生，實由乎天性，矧乃嫡繼之際，固有愛憎之殊。……自今繼母殺傷夫前妻之子及姑殺婦者，并以凡人論。"（卷一七〇）

　　按：《刑考》此節文字見於宋人袁褧所著《楓窗小牘》卷下，二者無一字之差，後者當即《刑考》之所出。《長編》卷一八也載此事，《宋大詔令集》卷二百載有此詔，《宋史》卷四太宗紀也略書此事。以上三書所載與《刑考》頗異，以文多，不錄，唯辨其謬誤以明之。按《刑考》此節之誤有三：紀時誤，記事誤，地理誤。《長編》《宋大詔令集》和《宋史》均繫此事于興國二年五月丙寅，而《刑考》乃繫興國五年，是紀時誤。《刑考》"自今繼母殺傷夫前妻之子及姑殺婦者"一句，《長編》和《宋大詔令集》均作"自今繼母殺傷夫前妻之子及其婦"。史紀作"繼母殺子及婦者"，語雖略簡，其實與《長編》和《詔令集》是一樣的。總而言之，三書俱與《刑考》不同。按《宋刑統》卷六《名例》："其嫡、繼、慈母若養者，與親同。"律意蓋謂嫡母、繼母、慈母、養母在法律上與親母地位相等。太宗懲於涇州之繼母殺子婦事，因下詔破此五母皆同之舊條，特地爲繼母一母立法，使不與其他四母地位相等。今《刑考》作"及姑殺婦者"，則是非獨繼母而已，如果其他四母有犯，也都將以凡人論處。顯然，這樣一來，不但悖於禮律，就在人情上也是説不過去的。是紀事誤。《刑考》云"涇州言定縣"。按宋無定縣。據《太平寰宇記》卷三二關西道涇州載，"安定郡，今理保定縣。……天寶元年改爲安定郡，乾元元年復爲涇州，皇朝爲彰化軍節度。" "領縣三：保定、靈台、良原。"從知《刑考》之作"定縣"，當爲"保定縣"之誤。《長編》作"安定縣"，亦非是。據同上書，"保定縣，本漢安定縣也"，"唐至德二年，改爲保定縣。"至宋沿而未改。《長編》用至德二年以前舊名相稱，顯然不妥。《刑考》以上三誤，俱承《楓窗小牘》。《宋史》卷二百《刑法志》亦載此事，其紀時、記事之誤與《刑考》同。其地名作"安定"則與《長編》同，是亦未之詳考。

慶曆間，宵州童子年九歲，毆殺人，當棄市。帝以童孺爭鬥，無殺心，止命罰金入死者家。開封民聚童子教之，有因榎楚死者，爲其父母所訟。府上具獄，當民死。宰相以爲可矜，帝曰："情雖可矜，法亦難屈。"命杖脊舍之。（卷一七）

按：此節文字亦見《楓窗小牘》卷下，二者文字全同，唯《楓》書在"舍之"下尚有"九重之上，乃能究極民情如此"十二字，當爲《刑考》省去。《宋會要》刑法六之一一亦載此事，爲見其異同，特迻錄如下：

仁宗天聖元年十一月十六日，宵州民龐張兒特貸死，罰銅百二十斤與龐惜喜家。審刑院斷張兒毆龐惜喜死，當極刑。張兒年九歲，童稚爭鬥，無殺心，特矜之。四年二月二十四日，開封府教學人董可道特貸死，杖脊十七，放。可道笞學生死，宰臣曰："據法合死，然原其情理，教道童孺，不施榎楚，無以訓習，故《禮》稱家塾、黨庠、術序，乃閭裏就學之所。"帝曰："情雖可矜，法亦難屈。"知府王臻亦言，父母無他子，頗甚悲苦。特有是旨，以慰父母之心。

可以看出，二者不但詳略懸殊，而且紀時亦異。據《會要》則當作"天聖中"而非"慶曆間"。《宋史》卷三〇二《王臻傳》僅載其仁宗朝有權知開封府事，具體時間不詳。檢《長編》，知王權開封府始於天聖二年七月庚子，至天聖四年三月壬午，始命權知開封府王臻權御史中丞，分見該書卷一〇二和一〇四。可證《會要》記時爲得。

神宗即位，大赦。詔曰："夫赦令，國之大恩，所以蕩滌瑕穢，納于自新之地，是以聖王重焉。中外臣僚多以赦前事掯撼吏民，興起獄訟，苟有註誤，咸不自安，甚非持心近厚之誼，使吾號令不信於天下。其申詔内外言事、按察官司，毋得依前舉劾具按取旨，否則科違制之罪。"

知諫院司馬光上言："竊惟……御史之職，本以繩按百辟，糾摘奸邪之狀，固非一日所爲。……萬一有奸邪之臣，朝廷不知，誤加進用，御史欲言則違今日之詔，若其不言，則陛下何從知之。臣恐因此言者得以鉗口偷安，奸邪得以放心不懼。……請追改前詔，刊去'言事'兩字。"（卷一七三）

按：此節亦見於《楓窗小牘》卷下，文字幾于全同。神宗詔，他書不獲，僅見於《楓》書。司馬光上言，又見《溫國文正司馬公集》卷三八《論不得言赦前事劄子》，但與此節頗有不同。例如：

	《溫公集》	《楓》書、《刑考》
1	溫公集繩按百僚	繩按百辟
2	糾摘奸邪。奸邪之狀固非一日所爲	糾摘奸邪之狀，固非一日所爲
3	言者得以藉口偷安	言者得以鉗口偷安

第一項猶爲可說，其餘兩項均當以《溫公集》爲正，《楓》書與《刑考》之誤，不待辨説。《刑考》之承襲《楓》書由此得到

證明。不但如此，二書以司馬光爲"知諫院"，亦誤。按《東坡七集》正集卷三《司馬光行狀》，知司馬光在神宗即位之前已不在諫院任職。《長編》卷二〇六治平二年十月庚寅條載，"天章閣待制呂公著、司馬光爲龍圖閣直學士兼侍讀。光自言在諫職凡五年，前未有如此之久者……願賜哀矜，收還新命，許臣以待制知河中府，或襄、虢、晉、絳一州。詔不許，但免公諫職而已。"可知神宗即位時司馬光確已不任知諫院。《楓》書與《刑考》於此時不當稱司馬光爲"知諫院"。《宋史》刑志亦作"知諫院"，同誤。

《楓窗小牘》，《四庫全書總目》入之小説類。小説一類，雖然説是街談巷議、道聽途説者之所造，但寸有所長，其間也不乏能夠證誤補闕的材料，問題在於要慎加抉擇，明於去取，不使舛謬者濫登假冒。從以上幾節可以看出，作者捨棄了國史、會要，反而取材於《楓窗小牘》，這種作法，是違背"凡叙事則本之經史，而參以歷代會要"的説法的。取其書而又踳駮如此，這與"信而有證者從之，乖異傳疑者不録"的説法也不盡符合。有的錯誤，由《楓》書而《刑考》，由《刑考》而《宋史》，以訛傳訛。由此看來，取材問題，極宜慎重。袁褧自序其書説："余迫猝渡江，僑寓臨安山中，父書手定，都爲烏有，第日對窗西烏桕，省念舊聞，得數十事，録之以備遺忘。"可知其書大抵是回憶之作，而且無書檢對，所記本來就不足征信。例如書中有"先三老碑"一條，本是專爲考證其先祖袁良而作。按袁良，漢武帝時以功封侯，食遺鄉六百戶，事見班固《漢書·田廣明傳》。而袁書却說"考之東漢先人列傳，方知此事在范書《田廣明傳》"云云，可以說是連自己祖宗的事也搞不清楚了。

《刑考》宋代部分，有些是取材于私史。跡狀較爲明顯的是取材于陳均所撰《皇朝編年備要》（簡稱《編年備要》）一書。例如：

元符元年，置看詳元祐訴理局。

元祐初，嘗置訴理所，申理冤濫。至是，中丞安惇言："陛下未親政時，奸臣置訴理所，凡得罪于熙、豐之間者，咸爲除雪，歸怨先朝，收恩私室。乞取公案，看詳從初加罪之意，復依原斷施行。"時章惇猶豫未應，蔡卞即以"相公二心"之言迫之。惇懼，即日置局，命蹇序辰同安惇看詳案內文狀陳述，及訴理所看詳於先朝言語不順者，具名以聞。自是，已申雪復改正或重得罪者八百三十家。（卷一六七）

按：《刑考》此節與陳均《編年備要》卷二五所載全同，當爲陳書所出。《宋會要·刑法》三之二一，《長編》卷四九九元符元年六月壬寅亦載此事，但均與此節行文不一，詳略有別，明非取此二書。按依陳書所記，置看詳元祐訴理局事乃安惇首倡，其實不然，首倡者乃蹇序辰。《長編》記此事時，尚有"序辰先有是請，上難之，於是惇復建白"數語。李燾注引曾布自序云："此論本出序辰。"《宋史·安惇傳》也說他是"踵蹇序辰初議，閱訴理書牘，被禍者七八百人。"這說明陳書的敘事，在原始要終這方面是有欠妥之處的。

宣和七年五月，赦山東、河北。（卷一七三）

按：此節與《編年備要》卷二九所載全同。"山東"，《宋史·徽宗紀》作"京東"。《宋大詔令集》卷二一六有《曲赦京東河北路制》。按之《宋史·地理志》，有京東路，無山東路。明陳書與《刑考》誤。

至和二年八月，赦京輔。

先是，正月已降德音，知諫院範鎮言："京輔歲一赦，而去歲再赦，今歲三赦。又在京諸軍，歲再賜緡錢。姑息之政，無甚於此。……請自今罷所謂一赦，以摧奸猾而使善良得以立也；罷兵士之特賜，以均內外而使民得以寬也。"（卷一七三）

按：此節所載與《編年備要》卷一四所載全同。又按"赦京輔"，《宋史》仁宗紀作"減畿內、輔郡囚罪一等"，《長編》卷一〇八與《宋史》同，唯"減"字作"降"，其實是一個意思。而陳書以"赦"字書之是錯誤的。因爲"赦"與"減（降）"不是一個概念。《唐律疏議》書後附王元亮釋文："赦則罪無輕重，降則減重就輕。"說得很明白。範鎮上言，又見於《國朝諸臣奏議》卷一百，題爲《上仁宗不可數赦疏》，較陳書所載更詳，明非《刑考》之所據，文長，不錄。又，本節記事既然屬於減、降，而按照《刑考》錄赦宥的義例，大抵是錄赦而不錄減降，所以收錄此節是自壞其例。又，記事屬於減降，但所錄範鎮的議論却是爲赦而發，這就造成了論事與記事的不一致，有點文不對題。

紹聖四年，治同文館獄。

章惇、蔡卞用事，既再追貶呂公著、司馬光及謫呂大防等過嶺，意猶未快，……最後起同文館獄，將悉誅元祐舊臣。時太府寺主簿蔡渭奏："臣叔父碩，嘗于邢恕處見文及甫元祐中所寄恕書，具述奸臣大逆不道之謀。及甫，彥博子也，必知奸狀。"詔翰林承旨蔡京，吏侍安惇同究問。初，及甫與恕書，自謂："畢禪當求外，入朝之計未可必，聞已逆爲機阱，以榛塞其途。"又謂："司馬昭之心，路人所知。"又云："濟之以粉昆，朋類錯立，欲以眇躬爲甘心快意之地。"及甫嘗語蔡碩，謂司馬昭指劉摯，粉昆指韓忠彥，眇躬，及甫自謂，蓋俗稱駙馬都尉爲"粉侯"，人以王師約故，呼其父堯臣爲"粉父"，忠彥乃嘉彥之兄也。及甫除都司，爲劉摯論列，又摯嘗論彥博不可爲三省長官，故止爲平章重事。及彥博致仕，及甫自權侍郎以修撰守郡，母喪除，與恕書請補外，因爲躁忿訛毀之辭。及置對，則以昭比摯如舊，眇躬乃以指上，而粉昆乃謂指王岩叟面如傅粉，故曰粉，熹字况之，以况爲兄，故曰昆，斥摯將謀廢立，不利於上躬。京、惇言："事涉不順，及甫止聞其父言，無他證佐，望別差官審問。"詔中書舍人賽序辰審問，仍差内侍一員同往。蔡京、安惇等共治之，將大有誅戮，會星變，上怒稍息，然京、惇極力鍛煉不少置，……帝曰："摯等已謫遐方，朕遵祖宗遺制，未嘗殺戮大臣，其釋勿治。"（卷一六七）

按：此節也是取自《編年備要》。自"章惇、蔡卞用事"到"將悉誅元祐舊臣"，見陳書卷二五，文字全同。自"太府寺主簿蔡渭"到"仍差内侍一員同往"凡三百四十三字，見陳書卷二四，文字全同。自此以下，亦見於陳書，只不過馬端臨在臨文銜接之處，用詞略有小異。按同文館獄，是宋代最大的一次文字獄，株連者廣，牽動者大，所以史傳多載其事。記此事最詳備的，首推《長編》，分見該書卷四九〇、四九一和四九八。陳均書記此事差詳，即《刑考》此節所本。通過下面幾處的核比，這一點會更清楚一些。陳書"人以王師約故，呼其父堯臣爲粉父"句，"堯臣"，《長編》卷四九〇作"克臣"，是。王辟之《澠水燕談》卷一："英宗治平中，燕國惠和公主下降王師約，……是時，師約父克臣爲開封府判官。"可證。此其一。陳書"而粉昆乃謂指王岩叟面如傅粉，故曰粉，燾字況之，以況爲兄，故曰昆"，《長編》卷四九〇作"而粉昆指王岩叟、梁燾。岩叟面如傅粉，燾字況之，以況爲兄也。"二者行文不同，可置不論，要在陳書書法有不當處。按照史筆的通例，必姓名先出而後方可單書其名。陳書上文既無"梁燾"字，此處何得徑書燾名。此其二。陳書"望別差官審問"

句，《長編》卷四九一作"欲望別差官赴所同行審問"，聯繫下文，可知《長編》行文爲得。因爲蔡京等并不是要脱身而去，而是自覺事體重大，想要朝廷加員共同按問。此其三。又同文館獄，《宋史》刑志亦載。上述未穩處，史志多有，當是剿取《刑考》所致。

陳均《編年備要》是私史。根據馬端臨自序，參照《通考》全書的體例，在取材問題上，很自然的應該是先後有序、主次分明。所要采擇的內容，如果是國史、會要有的，理應首先入選，然後輔之以私家著作，或補遺，或證誤，以求文獻的翔實可信。從以上的幾個例證來看，作者没有完全這樣做，出現了讓私史躐等而上的情况，這和自序所説是不相符的。馬端臨在自序中又説："自念業紹箕裘，家藏墳典，插架之收儲，趨庭之問答，其于文獻，蓋庶幾焉。"可知作者既承辟呋之教，復有琳琅之藏。但是爲什麽却在有些地方束國史、實録、會要於高閣，反取私史以相代？清人趙翼説："宋朝國史記載本散布於民間，如李燾作《通鑒長編》，徐夢莘作《北盟會編》之類，若非得國史原本，憑何撰述。可知日曆、實録、士大夫家有其書也。"這話説得是，宋人自己就説，本朝實録，"皆有成書流傳，人間頗有其本"，"國朝信史與夫名公巨儒所纂諸書，并行於世，家傳人頌"。宋代雖然嚴禁國史、實録外流，但始終没有禁得住，這些要籍還是通過各種途徑被散布出去。馬端臨，故相馬廷鸞之子，據《宋史》本傳，廷鸞又嘗迭居史職，故家有國史、日曆、實録、會要等書，信非難事。況且馬端臨在撰《經籍考》時，就已談到過《宋史·藝文志》，採錄了《四代史志》，在撰寫《象緯考》時使用了《兩朝史志》和《中興史志》，這也證明其家中是確實藏有國史的。關於《編年備要》的成書，陳均自己說過："均之幼也，侍從祖丞相正獻公，獲觀國朝史錄諸書及眉山李氏《續通鑒長編》，意酷嗜之，獨患篇帙之繁，未易識其本末，則欲刪煩撮要爲一書，以便省覽。……又以出入當世名流之門，得盡見先儒所撰次，若司馬文正公之《稽古錄》，侍郎徐公度之《國紀》，以及《九朝通略》等書，無慮十數家，博考而互訂之，於是輯成此編。大綱本李氏，而其異同詳略之際，則或參以他書。"可知陳書大體蛻自李燾《長編》。我們知道，《長編》是根據國史、實錄編纂的，儘管如此，究竟和原始的國史、實錄有別。而陳均的書又是"取李氏之目而頗加節文"。這樣一來，就使得原來的國史、實錄一變再變，遞加損益，在某種程度上必然會失去其本來面目。當然，國史、實錄也未必都可信，但這又是另外的問題了。在這裏我們是按照自序提出的取材原則去要求。陳振孫評《編年備要》說，此書"去取無法，詳略失中，未爲善書"。從以上舉例來看，陳氏所論不能說沒有一些道理。爲什麼馬端臨會從《編年備要》中有所取材呢？可能是由於此類書的記事是按年月先後編次，又號稱是"刪煩撮要"，因而醒目便覽，這對於以會通爲宗旨的纂輯之家來說，當然就便於采摭；而不像國史、實錄那樣重沓煩複，也不像會要乃至《長編》那樣太詳過繁，因而就艱於搜集和難於爲功。

　　統觀《刑考》宋代部分的取材，上面説到的兩種情況還是屬於少數。就其大多數内容來説，大抵都可以從《宋會要》《長編》及《建炎以來繫年要録》諸書中找到，只不過文字相同的很少，和這些書中散見的《刑法志》片斷相同的尤其少，大多數屬於或者是行文不一，或者是詳略有別。這種情況的産生，是由於馬端臨掇輯時的筆削呢，還是他所根據的是另外的書，現在還難下斷語。儘管文字不同的多，但因爲内容基本一致，無妨於信，所以，姑且不妨認作是和自序的話相符合。

《文獻通考·刑考（宋代部分）》考證（中）

二、會通之失

《通考》的製作，既然是以會通爲宗旨，這就要求它對於典章經制的記述能夠融會錯綜，原始要終，使人們對典章經制的沿革損益、變通張弛有個比較清楚的認識。在這方面，《刑考》的記述固然有很多精到之筆，但不夠的地方也是有的。例如說，對於某條法令的設置、某項制度的確立，在采撼有關材料時，或是闕頭去尾，或是中有隔越，或是事出一時者得見，或是著爲久制者不書。凡此，都在某種程度上有損於會通的宗旨。下面我就舉例來說明這一點。

（咸平）六年，詔：“有盜主財者，五貫以上，杖脊、黥面、配牢城；十貫以上，奏裁。勿得私黥涅。”（卷一六六）

按：宋代關於僮僕盜主財的法令，此咸平六年詔既非初制，亦非定制，僅僅是一時的處分。《宋刑統》卷一九載建隆三年敕節文："其隨身并女僕偷盜本主財物，贓滿十貫文足陌處死；不滿十貫文，決脊杖二十，配役三年；不滿七貫文，決脊杖二十，配役二年；不滿五貫文，決脊杖十八，配役一年；不滿三貫文，決脊杖二十；一貫文以下，量罪科罪。如是伏事未滿二周年偷盜者，一準凡人斷遣。"這是初制。咸平六年詔，也見於《長編》卷五四，此詔比起建隆敕雖然有所末減，但施行的時間短，首尾不過三年，很快就被新的敕條所代替了。《長編》卷六〇載景德二年六月壬寅詔："自今僮僕盜主財，五貫配本州牢城，十貫配五百里外，二十貫以上奏裁。改咸平六年之制，慮其淹繫也。"此後不見再有變動，此景德詔書當是定制。宋代敕令屢經修定，以新代舊，以後冲前的情況極多。關於盜主財的詔令，孤立地錄此咸平六年詔，是不足以說明問題的。又，《宋史》卷二〇一《刑法志》載真宗詔云："盜主財者，杖脊黥面配牢城，勿私黥之。十貫以上，配五百里外；二十貫以上，奏裁。"尋繹其文，好象是牽合上述咸平、景德兩次詔書而成。證以本節和《長編》所載，史志"盜主財者"句下宜有"五貫以上"四字。否則，就成了只要是盜主財，不計多少，一概要處以"杖脊黥面配牢城"。這在情理上是說不過去的，就是用最嚴厲的建隆敕來量罪也不致如此。

（大中祥符）四年，詔："自今決杖令眾者，舊十日減爲三日；半月以上，勿過五日，暑月免之。（卷一六六）

按：令眾之制，此節所載真宗祥符四年詔也只是一時處分。《長編》卷一〇四載仁宗天聖四年四月辛未詔云："罪人當令眾者，自五月盡七月全免之。"王栐《燕翼貽謀錄》卷三："祖宗謹重用刑，苟可以施忠厚者，無所不用其至。……令眾人，自五月一日至八月一日免，則天聖四年四月辛未詔也。列聖相承，莫敢不遵。"可證祥符四年詔書的規定已為天聖四年的新制所代替，但是實際上，仁宗天聖四年詔也非定制，所以還談不上"列聖相承，莫敢不遵。"《長編》卷一一二明道二年六月戊戌，仁宗又下詔："罪人令眾者，自五月盡七月，十一月盡正月，特免之。"此明道詔書才算真正成為定制，南渡以後猶遵行不輟。《慶元條法事類》卷七三《刑獄門》："諸罪人應令眾者，遇寒暑并免。"注云："寒謂自十一月至次年正月終，暑謂自五月至七月終。"可證。

（大中祥符）七年十月，御史台鞫殺人賊。獄具，知雜王隨請臠割之，上曰："五刑自有常制，何必為此！況此賊本情已見，一死足矣。"入內供奉官楊守珍使陝西督捕盜賊，因請"擒獲強盜至死者，望以付臣凌遲，用戒後來。"詔："所捕賊送所屬，依法論決。"

馬端臨按語云："以此二則觀之，則知法外凌遲之刑，祖宗時未常用也。"

今按：馬端臨按語不確。《宋文鑒》卷四二錢易《請除非法之刑》云："死刑者二焉，大斬小絞，後者以首領猶全，故分二等，百代奉之，以爲常法，有司承式，罔敢增變。竊見近代以來，非法之刑，異不可測，不知建於何朝、本於何法，律文不載，無以證之，抑累代法吏不敢言而行之於今日。或行劫殺人，白日奪物，背軍逃越與造惡逆者，或時有非常之罪者，不從法司所斷，皆支解臠割，斷截手足，坐釘立釘，懸背烙筋及諸雜受刑者，身具白骨而口眼之具猶動，四體分落而呻痛之聲未息，置之闤闠，以圖示眾。十五年前杭州妖僧爲變，數歲前蜀部兩回作亂，事敗之後，多用此刑。亦恐仁聖之朝，不能除之，則永爲訛法。今蓋已死之刑，復加臠截割斷，此即古之五虐之刑不酷於今矣。"趙汝愚《國朝諸臣奏議》卷九九也載有此疏。據《宋史》和《隆平集》卷十四《錢易傳》，知易上此疏，在真宗咸平中，時通判蘄州，較之《刑考》此節所載兩事均早，從知在"祖宗時"州縣已經施行法外凌遲之刑了。又，《長編》卷八四祥符八年五月辛巳條："刑部員外郎兼侍御史知雜事王隨言：'准詔劾榮王元儼宮遺火事，本元儼侍婢韓盜賣金器，恐事發，遂縱火，其知情干連人，悉具以聞。'詔韓氏斷手足，令眾三日，凌遲處死。"可知真宗本人也已經施行凌遲之刑了。

又按：此節所載內官楊守珍事，其時間并不在祥符七年十月，據《宋大詔令集》卷二〇三和《長編》卷八五所載此事，知道時間是祥符八年九月己未，也就是說，凌遲處死韓氏以後四個月才有不許楊守珍凌遲處死強盜之詔。總而言之，真宗時，無論是地方上，或者是朝廷上，都有用"法外凌遲之刑"的事。另外，據《宋史》卷四七〇侯莫陳利用傳載："京西轉運副使宋沆籍利用家，得書數紙，言皆指斥切害，悉以進上。太宗怒，令中使簪殺之。"這是太宗施用凌遲之刑的一個例子。由於馬端臨没有原始要終地做考查，所以得出了不可靠的結論。錢大昕《潛研堂文集》卷三一《跋渭南文集》云："今法有凌遲之刑，蓋始於元明，而不知其名之所自。考《宋史·刑法志》，載真宗時内官楊守珍使陝西督捕盜賊，請'擒獲强盜至死者付臣凌遲，用戒凶惡'。詔'捕賊送所屬，依法論決，毋用凌遲'。然則宋初已有凌遲之名而當時未嘗用也。"錢氏"未嘗用"之説是由於誤信《宋史·刑志》，但根子還在《刑考》此節上，因爲史志的這一段是從《刑考》抄録來的。又，錢氏所謂"凌遲之刑，蓋始於元、明"之説，也是不正確的，其説爲學術界沿用至今。因爲此點和本節關係不大，這裏就不多説了。至於《宋史·刑志》卷二百所載"若凌遲、腰斬之法，熙寧以前未嘗用於元凶巨蠹"的説法，這裏順便辯明一下。腰斬之法無考，凌遲之法在太宗、真宗朝已被施用，如上述，至於仁宗，史書上也有記載。天聖九年五月壬子，詔："如聞荆湖殺人祭鬼，自今首謀若加功者，凌遲、斬。"見《長編》卷一一〇。同書卷一一一明道元年十二月戊午，"詔：'獲劫盜而情涉巨害者，毋得擅行凌遲。'初，盧、壽、光等州都巡檢使梁紹熙言，獲累行劫盜者六，凌遲處死，故條約之。"可知史志"熙寧以前未嘗用"的説法也是不成立的。

（熙寧）三年，編修中書條例所請委諸路提點刑獄司，歲于冬夏上旬檢舉，牒州長吏勿留獄，牒訖奏聞。祖宗故事，每歲冬夏降詔恤刑，帝遵行之。自委各路提點刑獄，自是不復降詔。（卷一六七）

按：《長編》卷四四三元佑五年六月己未，范祖禹上言："臣近准中書省錄黃節文，尚書有檢准《元佑敕》，獄暑月五日一次湯刷枷杻，其罪人以時沐浴，奉聖旨令刑部遍下諸路、開封府界，今後每歲暑月以上條施行者。臣檢會祖宗舊制，每歲冬夏降詔恤刑，自太宗皇帝雍熙三年以來，累聖遵行，未之有改。至熙寧三年，編修中書條例所奏委諸路提點刑獄司，每歲於四月、十月檢舉，牒諸州長吏訖奏。臣竊惟祖宗欽恤庶獄，特從朝廷降詔。蓋當盛暑大冬之月，使溥天之下，至於海隅，狴牢囹圄之中，皆知聖主深居九重而憫念及之，此所以爲仁恩也。今令刑部遍下諸路，雖重於提刑司檢舉，然州縣奉承宣布及書之史冊，猶未若恤刑之詔，臣竊惜之。欲乞依祖宗舊制，令學士院每歲冬夏降詔，仍自今年十月爲始，以副陛下仁恤刑獄之意。於是詔中書省每歲四月（按："四月"下當有"十月"二字，原書脫文）上旬檢舉降詔"。從知熙寧三年改祖宗舊制，以冬夏恤刑事委諸路提刑檢舉，而《元祐敕》又改熙寧之法，又以其事責歸刑部，至祖禹上言論其情弊，於是又恢復祖宗舊制，復由朝廷降詔。因此，此節所說"自是不復降詔",不盡得實。北宋制度,大抵神宗時爲之一變,繼而元祐變熙寧之法,紹聖復熙寧之政,以後冲前,此類事至多,此節所載冬夏恤刑事的迭次更張即其一例。《刑考》此節似乎忽略了這一點。而神宗熙寧三年新法的復行,據《長編》卷四八五載,是在紹聖四年四月壬辰:"詔恤刑條制,依《元豐令》,提點刑獄司歲於四月、十月上旬檢舉,下諸州長官行訖奏聞。"此後才真正成爲定制,南宋時仍然遵行。《慶元條法事類》卷一六:"諸恤刑條制,提點刑獄司歲於四月、十月上旬檢舉下諸州長官行訖以聞。"可證。

(元祐)五年,詔:"諸路兵官及使臣有罪,自樞密院以下所屬鞫治者,奏案申樞密院取旨。"又詔刑部:"命官犯罪,事干邊防軍政,文臣申尚書省,武臣申樞密院。"(卷一六七)

按:此節所載二詔,都是一時處分,不是常法。《長編》卷四五五元祐六年二月己亥,詔:"'文武官有犯同案,事干邊防軍政者,令刑部定斷,申尚書省,仍三省,樞密院同取旨'。從蘇轍爲御史中丞時所請也。"可知此法行之未幾即改。同書卷四五三元祐五年十二月丁巳條載轍疏云:"臣竊見大理寺、審刑院舊制,文臣吏民斷罪公案并歸中書,武臣員弁人并歸密院,而中書、密院又各分房。逐房斷例,輕重各不相知。所斷既下,中外但知奉行,無敢擬議。及元豐五年,先帝改定官制,知此情弊,遂指揮,"凡斷獄公案,并自大理寺、刑部申尚書省上中書取旨,自是斷獄輕重比例始得歸一，天下稱明。……臣竊詳前件五項條貫（按：其中兩項即《刑考》此節所載二詔）不唯斷獄不歸一處，其間必有罪同斷異，令四方疑惑，失先帝元豐五年改法本意。兼事干邊防軍政，文臣歸尚書省，則雖樞密院本職必有所不知，武臣歸樞密院，則自節度使充經略、安撫有所廢黜，雖三省亦有不自知者。事之不便，莫大於此。臣今欲乞依先帝改法之舊，應斷罪公案，并歸三省，其事干邊防軍政者，令樞密院同進呈取旨而已。"

又按：蘇轍此疏敘述此事之原委極明。元祐執政大臣，對於熙豐新法，必欲盡除之而後甘心，也不管其利弊如何，此節二詔即其一例。有識者就不如此，轍疏即其一例。《刑考》此節孤立地載此二詔，沒有多大意義，説明不了什麼問題。如果按照自序"凡論事則先取當時臣僚之奏疏，次及近代諸儒之評論……凡一話一言可以訂典故之得失，證史傳之是非者，則采而錄之，所謂獻也"的説法，蘇轍此疏還是很應該採錄的，因爲它不但能使本節記事首尾具備，而且還能讓人看出"變通張弛之故"。

> 建炎元年，大理正、權刑部郎官朱瑞友言："舊例，以絹計贓者，千三百爲一匹。今所在絹直高，合議增估。"乃詔自今以絹定罪者，并以二千爲准。

按：《刑考》此節所載以絹計贓的規定也只是一時的處分，既非初制，也非久制，更非定制。據《長編》卷·八興國二年六月己未條"絹上等，舊匹一千，今請估一千三百"的記載，可知絹匹一千，是興國二年以前的計贓規定。但絹價由匹一千改爲千三百的規定并沒有實行到朱瑞友上言的建炎元年，而是實行到徽宗大觀元年就停止了。《宋會要·刑法》三之四載大觀元年閏十月二十日詔云："計贓之律，以絹論罪。絹價有貴賤，故論罪有重輕。今四方絹價增至兩貫以上，而計絹之數猶循舊制，以一貫三百足爲率。計價既低，抵罪太重，非仁民恤獄之意。可以一貫五百足定罪。"可知建炎元年以前實行的是匹絹價一貫五百的計贓辦法。但此節所載的絹匹二千的計贓規定也沒有實行多久，紹興三年九月，就又改爲以三千爲一匹來計贓，見《宋會要·刑法》三之五至六和《繫年要錄》卷六八。而到了孝宗乾道六年，"復詔權以四千爲一匹，迄今遂爲定制"，見《兩朝綱目備要》卷七、《建炎以來朝野雜記》甲集卷六《建炎至嘉泰申嚴贓例之禁》。《刑考》此節記錄的不夠確實且不說，問題是從會通的要求來看，對於有宋一代以絹計贓的制度，僅僅錄此不前不後的一條有什麼特別意義呢。遇到此類情況，史家往往有追叙之法，將某事原始要終地加以簡要叙述。馬端臨也是長用此法的，可惜的是有些該用的地方而未用。

> 太宗太平興國三年，改司寇參軍爲司理參軍，以司寇院爲司理院。……太平興國時，始用士人爲司理判官。

按：此節所記二事繫年均誤，這裏暫不說它。問題在於其叙事有舉細略重取末舍本之病。既然採錄了司寇參軍改司理參軍事，那麼，爲什麼不提及司寇參軍的由來呢？因爲前者只是名稱的改變，而後者却是實質的改變。既然記錄了用士人爲司理判官事，那麼，爲什麼不提及用士人爲司理參軍事呢？因爲司理判官只不過是司理參軍的副貳。要回答這兩個問題，都用得着《長編》卷一四開寶六年七月的一條記事："先是，諸道州府任牙校爲馬步軍都虞侯及判官斷獄，多失其中，秋七月壬子朔，詔罷之，改馬步院爲司寇院，以新及第進士、九經、五經及選人資序相當者爲司寇參軍。"《燕翼貽謀錄》卷一也說："今之司理參軍，五代之馬步軍都虞侯判官也，以牙校爲之。州鎮專殺，而司獄者輕視人命，太祖皇帝開寶六年七月壬子，詔州府并置司寇參軍，以新及第九經五經及選人資序相當者充。其後改爲司理參軍。"由五代時的由牙校充任的馬步軍都虞侯改爲由士人充任的司寇參軍，這是宋太祖加强中央集權的一項重要措施。因爲事關重大，所以史傳多有記載，除以上兩書外，還見之于《宋史·太祖紀》《澠水燕談》《事物紀原》、羅願《新安志》和《玉海》，這些書的記事有個共同的地方，就是沿革分明，由五代的馬步軍都虞侯到司寇參軍，由司寇參軍到司理參軍。《刑考》此節的記事是遜于以上諸書的。

（元豐）七年七月，御史黃降言："朝廷修立敕令，多用舊文損益，其去取意義，則具載看詳卷，藏之有司，以備參照。比者議法之官，于敕令文意有疑，或不敢看詳舊卷參照，多以臆見裁決。請申敕攸司，自今申明敕令及定奪疑義，并

須參以看詳舊卷，考其意義所歸，庶幾法定於一，無敢輕重，本台亦得據文考察。"從之。(卷一六七)

按：《宋會要·刑法》一之二亦載此節文字，但在"本台亦得據文考察"句下尚有"詔下刑部。本部言：'元豐敕令格式看詳卷共二百二十册，難以頒降。乞自今官司定奪疑義及申明敕令須看詳卷照用者，聽就所掌處抄錄"數句，接下才是"從之"二字。《長編》卷三四七所載與《宋會要》同。從知所謂"從之"者，是從刑部之言，非從黃降之請。按照黃降的建請，勢必要頒降全部看詳舊卷，而刑部認爲看詳卷卷帙繁重，難以頒降，因而提出折衷的建議，要用的可以"就所掌處抄錄"。由於《刑考》此節的脫漏，事實就搞錯了。

(熙寧二年)……又命權御史台推直官張景直鞫前知明州、光祿卿苗振於越州。(卷一六七)

按：《宋會要·刑法》三之六五也載此事，但在此節之下尚有"景直以親嫌辭，命職方員外郎徐九思代之。二十二日，命崇文院校書張載劾苗振事。初，遣九思未行，故改命載"一段。王明清《揮麈前錄》卷三所載與《會要》略同。《東都事略》卷七六《祖無擇傳》："有知明州、光祿卿苗振，監司亦由觀望發其罪，朝廷遣崇文院校書張載按治。"可知鞫苗振一案，張景直初雖受命而不果行，最後還是由張載審理。《刑考》把張載的事記到張景直的身上，是原始而未要終的結果。

（乾道）六年，秘書少監、權刑部侍郎汪大猷等重修敕令格式百二十二卷，存留照用指揮二卷，詔以《乾道重修敕令格式》爲名。（卷一六七）

按：關於宋代修立敕令格式的記述，《刑考》截止於此節的《乾道重修敕令格式》。至於孝宗淳熙七年成書的《淳熙條法事類》、甯宗慶元四年成書的《慶元重修敕令格式》以及嘉泰二年成書的《慶元條法事類》等就不曾述及，這實在是個疏失。按照《通考》的斷限，參照《刑考》對歷次敕令格式修立的記述，根據宋代法制的特點，上述幾部法書都是不應該被漏掉的。每隔若干年，對敕令格式的內容做一次修訂，這是宋代法制的一個特點，有宋一代三百餘年，除個別在位時間短的皇帝，歷朝如此。有的皇帝甚至一修、再修、三修，務使法令之書符合自己的需要。"前主所是著爲律，後主所是疏爲令"，杜周這句話在當時只不過反映了執法者對人主意旨的迎合，到了宋代，由於敕令格式的不斷修定，法律本身就已經被改造得具有這種仰承當時皇帝鼻息的功能了。因此，以上幾部法書是不應漏掉的。況且從敕令格式的編修形式來說，先是太祖的單獨編敕，後是神宗的統編敕令格式，再後是孝宗的條法事類。而條法事類這種形式恰恰因爲漏掉上述幾部法書而不見了。

《文獻通考·刑考》（宋代部分）考證（下）

三、因襲之病

《通考》薈萃群書，主以綴輯，原書間有疏失，率多因循，極少匡正。取材一節，已略及之。下面再舉幾條稍費辭說的作爲例子，至於某字脱、某字誤之類，本來就是綴輯之作的通病，煩不勝舉，可直入校勘記，此處皆略而不録。

法令之書，其別有四，敕、令、格、式是也。神宗聖訓曰："禁于未然之謂敕，禁于已然之謂令，設於此以待彼之至謂之格，設於此使彼效之謂之式。"（卷一六七）

按：《刑考》稱引此節見《容齋三筆》卷一六。"禁于未然之謂敕"，《長編》卷三四四元豐七年三月乙巳條注引《刑法志》作"禁于已然之謂敕"；"禁于已然之謂令"，《長編》作"禁于未然之謂令"。《宋會要·刑法》一之一二和《玉海》卷六六所載神宗云云與《長編》相同，從知敕令的定義，以上諸書與本節迥異，"未然""已然"適爲顛倒。《宋史》卷一九九《刑法志》所載和本節相同。《通考》是專講典章經制的，《宋史》是正史，兩書影響較大，所以關於敕令的定義，後人多從本節所說。現代學者，更有撰文專爲《刑考》《宋史》辨者。是特未成聚訟，實則二說并存。鄧廣銘先生《宋史刑法志考正》一文首據《長編》諸書駁正《刑考》《宋史》，今點校本《宋史》繼而從之。

今按：鄧先生所斷極是。因爲定義事大，而且承誤者衆，所以在此不妨更覓旁證，稍折以理，略爲定讞之助。《朱子語類》卷二二八《法制》："或問敕令格式如何分別。曰：此四字乃神宗朝定法時綱領。本朝止有編敕，後來乃命群臣修定。元豐中，執政安燾等上所定敕令，上喻燾曰：'設於此而逆彼之至謂之格，設於此而使彼效之謂之式，禁于未然之謂令，治其已然謂之敕。修書者要當知此。……'神廟天姿絶人，觀此數語，直是分別得好。格，如五服制度，某親當某服，某服當某時，各有極限，所謂'設於此而逆彼之至'之謂也。式如磨勘轉官，求恩澤封贈之類，只依个樣子寫去，所謂'設於此而使彼效之'之謂也。令則條令，禁制某事，某事違者有罰之類，所謂禁于未然者。敕則是已結此事，依條斷遣之類，所謂治其已然者。格令式在前，敕在後，則有教之不改而後誅之底意思。"又云："敕是令格式所不行處，故断之以敕。"按朱熹所説，不但敕、令的定義和《長編》等書一致，而且繹析亦頗詳盡，因而不失爲有力的佐證。又神宗關於敕、令的界説，實際上也是律、令的界説。宋代律與敕并行，不但敕的作用和律相同，即都是用來正刑定罪的，而且敕的編修形式也和律一樣。宋代的律，指的是《宋刑統》，其書現在；宋代作爲法書的敕，今已不存。但從《宋史·刑法志》上所説："凡入笞杖徒流死，自《名例》以下至《斷獄》，十有二門，麗刑名輕重者，皆爲敕。"可知敕的編寫形式也是仿照《宋刑統》的。因此，如果我們再來稍爲考查一下古書中關於律、令的界説，對於解決本節敕、令界説的問題也是有幫助的。《周禮》："士師之職，掌國之五禁之法以左右刑罰。"鄭玄注："左右，助也。助刑罰者，助禁民爲非也。"孫詒讓《周禮正義》説得更明白："五禁及刑罰皆禁民爲非，但刑罰治之於麗罪之後，五禁則豫設條目，遏之於未犯之前。"古代的五禁已亡，宋令也只能片斷散見，但從上邊的話可知，宋代的令和古之五禁是性質相似的，即都是禁于未然的。《史記·太史公自序》："夫禮禁未然之前，法施已然之後。"律、法可以互訓，見《唐六典》卷六。《鹽鐵論·刑德篇》："令者所以教民也，法者所以督奸也。"又《詔聖篇》："春夏生長，聖人象而爲令；秋冬殺藏，聖人則而爲法。故令者教也，所以導民人；法者刑罰也，所以禁强暴也。"《太平御覽》卷六三八引杜預《律序》："律以正罪名，令以存事制。"《唐六典》卷六："律以正刑定罪，令以設範立制。"詳味以上關於律與令的區別,實質上和神宗所謂"禁于已然之謂敕,禁于未然之謂令"的說法是完全一致的。這不但說明了《長編》諸書所載者爲是,而且表明了神宗關於敕與令的界說,并不是獨出心裁,自我作古,而是效法古人的遺意。

（紹興）二十七年十月,盜發烏江縣尉王公衮母冢,有司釋之。公衮手殺盜。事聞,其兄佐爲吏部員外郎,乞納官以贖公衮之罪,詔令給舍議。時給舍楊椿等大略謂："發冢開棺者律當絞。公衮始獲盜,不敢殺而歸之吏,獄成而吏出之,使揚揚出入閭巷,與齊民齒,則地下之辱,沉痛鬱結,終莫之伸。爲人子者,尚得自比於人！椿等謂公衮殺掘冢法應死之人爲無罪,納官贖罪之請當不許,故縱失刑,則有司之罪宜如律。"上是之。……紹興府當職官皆抵罪。（卷一七〇）

按:《刑考》此節亦見《繫年要錄》卷一八〇,唯後者繫時在紹興二十八年,當從。

又按："紹興府當職官皆抵罪"是冤枉的。爲什麽?因爲紹興府當職官并沒有"故縱失刑","獄成而吏出之,使揚揚出入閭巷,與齊民齒"。王公衮復仇殺盜事,當時論者頗多,當職官究竟怎樣斷結此案,有的說法和此不同。時人王十朋是贊美王公衮的復仇行動的,他有一首《贈王吉老縣尉詩》,說的就是這件事。詩云:"臣子大節孝與忠,父母仇讎天不同。賢哉會稽王孝子,感慨有古烈士風。松楸一夕盜破冢,親獲鼠輩聞之公。有司守法貸其命,孝子銜恨無終窮。"（見《梅溪王先生文集》後集卷三）"有司守法貸其命"，這是一說。周密《齊東野語》卷九："王宣子尚書母葬山陰獅子塢，爲盜所發。……其弟待次烏江縣尉，居鄉，物色得之，乃本村無賴嵇泗德者所爲。遂聞於官，具服其罪，止從徒斷，黥隸他州。"這又是一說。《談藪》："王公袞，字吉老，宣子尚書之弟，先墓在會稽西山，爲掌墓人奚泗所發，公袞訴之郡，杖之而已。"這又是一說。加上《繫年要錄》所載共四說。其中《談藪》所謂"杖之而已"，最不足信。《四庫全書總目提要》論其書爲"殆書賈抄合舊文，詭立新目，售僞於藏書之家者"，大抵不錯。而且成書亦稍後，余嘉錫《四庫提要辨證》引陳景雲語云："其書必嘉定以後作。"最可信者，首推王十朋詩。汪應辰《文定集》卷二三有《王十朋墓誌銘》，稱十朋"紹興二十七年策進士于廷"，高宗親擢爲第一，"欲試以民事，尚待遠缺，可特添差紹興府簽判"。可知此案發生時，王十朋適在紹興府任職，故其說最爲可信。《宋史》本傳還說他上任以後，"或以書生易之，十朋裁决如神，吏奸不行"。因此，很可能王十朋就是審理本案的當職官之一。王詩所謂"有司守法貸其命"，并不是說釋而不問，如此節所說之"獄成而吏出之，使揚揚出入間巷"，如果是這樣的話，也就稱不得"有司守法"。"貸命"是宋代首立的刑名，《通考》卷一六八解釋"貸命"說："其後坐特貸者，方決杖、黥面、配遠州牢城。……蓋其制將以宥死罪，合三爲一，猶爲生刑。"《齊東野語》

所說的"止從徒斷，黥隸他州"，實際上說的就是"貸命"，是和王詩的說法一致的。對於死罪犯人，宋代往往採取"貸命"的做法，南渡後尤其如此。所以紹興府當職官對盜墓者處以"貸命"，談不上是"故縱失刑"，而是"守法"的，是按照法令辦事的。再說，盜墓者是平民，墓主是仕宦之家，紹興府當職官有什麼必要對盜墓人"故縱失刑"而開罪於仕宦之家呢？王公衮不滿意貸命的判決而私自殺人，這是要得罪的。爲了回護王的擅殺，減輕王的罪過，紹興府的原斷就被歪曲了。

殿中侍御史常同入對，論私販刑名太重。其略曰："《紹興敕》：'私有鹽一斤徒一年，三百斤配本城，煎煉者一兩比二兩。'"（卷一六七）

按：此節所載《紹興敕》的內容，與《繫年要錄》卷六九所載相同，但與《宋會要·食貨》二六之一九、《慶元條法事類》卷二八所載大異。"私有鹽一斤徒一年"，後二書作"諸私有鹽一兩，笞四十，二斤加一等。二十斤徒一年，二十斤加一等"，其不同如此。按《宋會要·食貨》二三之一九載太宗興國二年鹽法云："據斤兩定罪。一兩以上，決杖十五。一斤以上，決杖二十。二十斤以上，杖脊十三。"又同書《食貨》二三之三七載仁宗景祐元年鹽法云："舊條一兩杖八十，十斤杖一百，二十斤徒一年，二百斤加役流。今以一兩杖八十，二十斤杖一百，四十斤徒一年。……以犯者眾，稍寬其禁。"從知歷朝鹽法，容有異同，但大抵都是以斤兩論罪。上至五代，也是如此。本節所載《紹興敕》，唯注言煎煉者一兩比二兩，而於私有鹽之規定，只言斤而不言兩。法貴周密，不當疏漏如此。注文是說明正文的。注文中言兩而正文中沒有兩的規定，也恰恰說明正文有脫漏。此其一。又上引興國制、景祐制與《宋會要》和《慶元條法事類》所載《紹興敕》，四者所立刑名大致相近，而與本節所稱懸殊頗大。即以私有鹽二十斤爲例，興國制處以脊杖十三，景祐舊條處以徒一年，《宋會要》和《慶元條法事類》所載《紹興敕》也是處以徒一年。宋代實行決杖的制度，所謂徒罪決而不役，興國制的決脊杖十三折合起來，恰與徒一年之刑相等。因此，四處所載，其實完全一樣。如果按照本節所稱科罪，私有鹽一斤就要徒一年，比起上述二十斤徒一年的規定，相差何止倍蓰。《紹興敕》是南渡後所修的第一部法書，對於北宋法令，以"無所偏徇，善者從之"著稱，怎能峻酷如此？此其二。《紹興敕》的編修，其中以承襲仁宗法度最多。《通考》卷一六七載建炎三年詔："自今并遵用嘉祐條法内擬斷刑名，嘉祐與見行條法輕重不等，并從輕。""又詔重修敕令所，應仁宗法度，理合舉行"，"紹興初，張守等上對修嘉祐、政和敕令格式一百二十二卷及看詳六百四卷，詔以《紹興重修敕令格式》爲名。"這就是《紹興敕》的由來。仁宗時期的法度是比較寬平的，上引景祐舊制、新制即可爲證。根據宋代編修敕令的慣例，景祐制當亦包含在《嘉祐敕》内，其後又爲《紹興敕》所吸收。《宋會要》與

《慶元條法事類》所載《紹興敕》關於鹽法的規定與景祐舊制相同，也是一個證明。本節所載之《紹興敕》刑名過於峻厲，則和舉行仁宗法度的説法大相徑庭。此其三。要之，當以《宋會要》和《慶元條法事類》所載《紹興敕》爲是，《繫年要錄》與《刑考》均有脱誤。

　　紹興元年正月，上在越州，大赦，改元。（卷一七三）

　　按：此赦非大赦。《繫年要錄》卷四一："改元紹興。德音：降諸路雜犯死罪以下囚，釋流以下。"《宋史·高宗紀》作："下詔改元，釋流以下囚。"這兩書的記載是一致的，即赦宥的規格是德音，不是大赦。《宋史·刑法志》把二者的區別説得很清楚："凡大赦，及天下，釋雜犯死罪以下，甚則常赦所不原罪，皆除之。""凡德音，則死及流罪降等，餘罪釋之，間亦釋流罪，所被廣狹無常。"又岳珂《愧郯錄》卷一五《赦宥之數》："高宗在位三十六年，大赦一，郊及明堂、皇太子生、復辟、星變、復河南、母后不豫、梓宫來歸之赦十九，常赦四，德音十七。"按岳珂所説"大赦一"，當指建炎元年高宗登基之赦。《宋史·高宗紀》記此赦説："大赦，常赦所不原者咸赦除之。"甚至連張邦昌等人也一概置而不問。由此可知，本節書"大赦"於紹興改元是錯誤的。劉時舉《續宋編年資治通鑒》也作"大赦"，或即《刑考》此節所本。

　　（慶元）三年十月，以冬雷，赦。

　　按：此赦的原因不是"以冬雷"。據《宋史·甯宗紀》，乃是

"以太皇太后違豫"而赦。《建炎以來朝野雜記》甲集卷一"憲聖慈烈吳皇后"條及《兩朝綱目備要》卷五所載與《宋史》同。《宋史·高宗吳皇后傳》亦稱："三年十月，后寢疾，詔禱天地、宗廟、社稷，大赦天下。"可知此赦爲人事而非爲天變。《續宋編年資治通鑑》作"癸酉，雷。丙申，赦"，雷與赦二事連書，但在劉書猶是互不相關的兩件事，大概是輯錄者沒有詳察，誤把前事作爲後事的原因了。

四、編次和紀時之誤

《通考》以會通爲宗旨，所以無論是紀事或載言，都用編年體，使讀者雁行魚貫，皎然可尋。這是好的。但是，由於編次欠審，所以先後乖序、昭穆失倫的現象也往往有之。有時論議和記事鑿枘，文不切題，也是編次不慎之病。在紀時方面，如果和杜佑《通典·刑考門》相比，杜典多不繫年，而《通考》的《刑考門》則力矯其弊，大抵以年相繫。可惜的是舊弊雖革而新弊轉生，紀時不確的問題也就來了。由於《通考》是按年月先後編次的，所以紀時的錯誤往往又導致編次的錯誤。編次和紀時的關係如此相關，所以這裏就撮爲一編。

（建隆）三年，定折杖法。（卷一六六）

按：定折杖法，是宋代首創的刑制，史傳多載其事。張方平

《樂全集》卷二四《請減刺配刑名》、孫奭《律音義》、高承《事物紀原》卷十"折杖"條，均繫建隆四年。《稽古錄》卷一七、《長編》卷三系乾德元年三月。又按：建隆四年十一月改是年爲乾德，所以以上各書紀年實際一樣。《刑考》系此年誤。

太宗太平興國三年，改司寇參軍爲司理參軍。是歲，命有司取國初以來敕條，纂爲《太平興國編敕》十五卷行於世。太平興國時，始用士人爲司理判官。（卷一六六）

按：改司寇參軍爲司理參軍事，李燾《長編》卷二〇、李埴《皇宋十朝綱要》卷二、《宋史全文》卷三上均系太平興國四年十二月，《刑考》繫年誤。纂修《太平興國編敕》，據《宋會要·刑法》一之一、《玉海》卷六六，知在興國三年六月，《刑考》本不誤，唯其事附于改司寇參軍事下，則所謂"是歲"就不再是三年而是四年。要之，宜重爲編次。"始用士人爲司理判官"，《長編》卷二七和《宋史·刑法志》均系雍熙三年，是。《長編》卷二四興國八年八月甲辰詔："諸道州府司理判官，比來悉以牙校爲之，在其本部，必有親黨，自今各於鄰近州府選强明曆事者充。尋詔仍舊。"注："尋詔仍舊，乃十一月辛巳，今并書。"可知終太平興國之世，司理判官都是由牙校一類武人充任的。

是年春，京西、江、浙大饑，民多相率持杵棒投券富家取其粟，坐强盗棄市者甚衆。"（卷一六六）

按：《刑考》將此節事編次於上文淳化三年事下，則所謂"是年”，當也是淳化三年。《宋史·太宗紀》《編年備要》卷五均系此節事於淳化五年，《刑考》附三年事下，誤。

真宗咸平三年，判大理寺王欽若言："本寺公案常有五七道云云。"

按："三年"，據《長編》卷四五、《宋會要·刑法》一之六二、《玉海》卷六七、《皇宋事實類苑》卷三引《澠水燕談》，當作"二年"。

（天聖）五年，陝西旱災，因詔："民持杖劫人倉庫，非傷主者減死，刺隸他州，非首謀者又減一等。"

知諫院司馬光言："臣竊聞降敕下京東、京西災傷州軍，如人戶委是家貧偷盜斛豆因而盜財者，與減等斷放，未知虛的。若果如此，深爲不便。……今歲府界、京東、京西水災極多，嚴刑峻法以除盜賊，猶恐春冬之交，饑民嘯聚，不可禁御，又況降敕以勸之。"（卷一六七）

按：此節記事的繫年和論議的編次俱誤。所謂天聖五年詔，《宋史》仁宗紀、《長編》卷一〇三均系天聖三年。又《長編》同卷三年八月丙寅詔："陝西旱災州軍，免今年租稅。"可證本節降詔事確在天聖三年。本節記事記的陝西旱災，所附司馬光的論議却是講的京東、京西水災，是所謂文不切題。司馬光言，見於《司馬溫公文集》卷一八，題爲《言除盜劄子》，下注"治平元年十月十日上"；又見於《國朝諸臣奏議》卷一〇六，題爲《上英宗論災傷除盜疏》，下注："治平元年十月上，時知諫院。"司馬光治平元年時知諫院，《長編》卷二〇三和二〇六、其文集卷三四《辭龍圖閣學士第二狀》可證。此處以治平元年所上之疏附出於天聖三年事下，編次失當。據清顧棟高所編《司馬光年譜》，天聖三年，司馬光才七歲，其時也不可能有知諫院上疏的事。《宋史·刑法志》蹈襲了此節的不當處。

（天聖六年）又自定折杖之法，杖之長短廣狹皆有尺度而輕重無准，官吏得以任情。至是有司以爲言，詔毋過十五兩。是歲，改強盜法。……又詔："京城持仗竊盜，得財爲錢四千亦刺爲兵。"又詔："如聞荊湖殺人祭鬼，自今首謀若加功者，凌遲、斬。"（卷一六七）

按：《刑考》此節在天聖六年下繫二事：定杖輕重和改強盜法。接下又繫"又詔"二。計凡四事，實則四事俱不在天聖六年。定杖輕重，據《長編》卷一〇八，則在天聖七年七月。改強盜法，《宋史·仁宗紀》、《稽古錄》卷一九、《長編》卷一一七、《宋大詔令集》卷二〇二俱繫景祐二年八月。前"又詔"，《長編》卷一一七、《宋史·刑法志》也都繫于景祐二年，次於改強盜法之後。後"又詔"，見《長編》卷一一〇，但繫於天聖九年五月。《刑考》此節的紀時既誤，編次也就紛錯雜揉。又按：《通考》是綴輯之作，書中所謂的"是年"，往往失實，使用時宜稍留心。錢大昕《十駕齋養新錄》卷十"凌遲"條嘗稱引《刑考》此節，其紀時之失誤，就在於信"是年"爲天聖六年。

　　神宗熙甯元年，開封府請以京朝官分治左右廂，凡鬥訟，杖六十以下情輕者，得專決。從之。（卷一六七）

按：《宋會要·職官》三七之九、《長編》卷二一一繫此節事于熙寧三年五月，并謂"從知開封府韓維之請也"。復按《宋史·韓維傳》："熙寧二年，遷翰林學士、知開封府。明年，爲御史中丞，以兄絳在樞府，力辭之。安石亦惡其言保甲事，使復爲開封。始分置八廂，決輕刑，轂下清肅。"可知事在三年，非元年。《刑考》於此節下又曆叙二年事，因而又導致編次亦誤。

　　（熙寧七年）四月，設置律學。（卷一六七）

按：神宗置律學，據《長編紀事本末》卷七五、《玉海》卷一一二、《宋史·神宗紀》及卷一五七《選舉志》，當爲熙寧六年之四月，此繫七年，誤。

　　（紹興）十八年，撫州、泉州誤決重囚，官吏各置重憲。

　　大理寺丞石邦哲上疏曰："伏睹《紹興令》，決大辟皆於市，先給酒食，聽親戚辭訣，示以犯狀，不得窒塞口耳，蒙蔽面目，及喧呼奔逼。而有司不以舉行，視爲文具，無辜之民，至是强置之法。如近年撫州獄案已成……，又如泉州獄案已成……欲望申嚴法禁，否則以違制論。"從之。（卷一六七）

按：泉州誤決死囚事，據《宋會要·刑法》四之八二是在紹興十一年，而撫州事更早於泉州事。又《繫年要錄》卷一四〇紹興十一年五月庚申："知泉州富直柔提舉臨安府洞霄宮。先是州之錄事參軍誤以流罪囚陳翁進爲死罪囚，陳翁進既論決矣，直柔乃自劾。"可證泉州事確在十一年。石邦哲疏，《宋會要》刑法四之八三亦見，其繫時爲紹興十八年，因悟《刑考》此節係將石上疏之年誤作誤決重囚之年。

（嘉泰）四年，詔頒湖南、廣西刊印檢驗正背人形圖于諸路提刑司。（卷一六七）

按：《宋史》卷二百《刑法志》《宋會要·刑法》六之七俱繫此節事於嘉定四年，此誤。

真宗咸平三年，先是，江浙、荊湖、廣南遠地應強盜及持仗不死者，并部其屬至京師，多殣于道路，乃詔自今止決杖，黥面，配所在牢城。（卷一六八）

按：《宋會要·刑法》四之三、《長編》卷四九均記此事在咸平四年七月。此誤。

吳充建請："流人冬寒被創，上道多凍死。請自今非情理巨蠹，遇冬月停留役本處，至春遣之。"（卷一六八）

按：《刑考》附此事于熙寧六年，而《宋史·神宗紀》《長編》卷二二七均記此事在熙寧四年十月，此誤。

開寶五年，御史臺上言云云。（卷一六八）

按：《宋會要·刑法》四之一、《長編》卷八俱記此事在乾德五年二月,《刑考》誤。

　　端拱二年,詔免嶺南流配人荷校執役,又令婦人有罪至流者免配役。(卷一六八)

按:此節所載二事,他書不獲,僅見于《宋會要・刑法》四之三。據《會要》,前一事繫淳化三年八月,後一事繫淳化四年七月。

　　宋太祖皇帝開寶三年,詔諸道州府,應大辟罪論決,錄其案,朱書格律、斷辭、禁勘月日、官典姓名以聞,委刑部復視。(卷一七〇)

按:《稽古錄》卷一七、《隆平集》卷三、《長編》卷三均繫此事於建隆三年,此誤。

　　四年,詔:"臨安府四至州郡,犯罪合配之人,毋得配本府,候回鑾日如舊。"(卷一六八)

按:《刑考》將此節繫於建炎之四年,誤。據《宋會要・刑法》四之四四、《慶元條法事類》卷七五所載,當是在紹興之四年。且建炎四年,迫于金兵南侵,高宗一行或流離海上,或淒止會稽,足跡不曾一至臨安,揆其勢,建炎四年亦不得下此儼然之詔。

　　宋太祖皇帝開寶四年,大理正高繼申上言云云。(卷一七一上)

按:《宋會要・刑法》一之一、《長編》卷七、《宋史・刑法志》三都記此事在乾德四年。此誤。

詔:"兩京諸道,自後犯竊盜不得預郊祀之赦,所在長吏當告諭下民,毋令冒法。"是後將祀郊丘,必申此詔。(卷一七三)

按:《刑考》繫此詔于乾德元年十一月,誤。據《宋史·太祖紀》《長編》卷一二、《古今合璧事類備要外集》卷二五,當在開寶四年十月。

九月,詔:"自今京朝幕職州縣,并須習讀律令格式,秩滿至京者,當加試問。其全不明習者,量加殿罰。"(卷一六六)

按:《刑考》繫此詔于太平興國十年之九月,但興國無十年,九年十一月丁巳已改元雍熙。如此折算,是繫雍熙二年,但還是不對。據《宋大詔令集》卷二百、《燕翼貽謀錄》卷三,當是雍熙三年。

"清廉"從對做官者的要求之一進而成爲第一要求的歷史考察
——從《紅樓夢》的"官箴"談起

《紅樓夢》第九十九回的回目是"守官箴惡奴同破例　閱邸報老舅自擔驚"。其中的"官箴"當作何解？竊以爲説者多不了了。中國藝術研究院《紅樓夢》研究所的注文是："官箴，本指古代百官規勸帝王過失的箴辭，後來成爲對官吏箴言誡辭的泛稱。箴，勸誡。"所有有關《紅樓夢》的詞典的解釋也與之雷同。私意認爲，上述解釋失之浮泛，没有説到點子上，當然也不可能解決讀者的疑問。其實，這裏所説的"官箴"并非"泛稱"，而是具體得很，説起來也不過三個字，即"清、慎、勤"。換言之，這就是清代皇帝爲百官欽定的座右銘。何以見得呢？

首先，《四庫全書總目·史部·職官類》："《官箴》一卷，宋吕本中撰。此書多閱歷有得之言，可以見諸實事。書首即揭清、慎、勤三字爲當官之法，其言千古不可易。王士禛《古夫於亭雜錄》：'上嘗御書清、慎、勤三大字，刻石賜内外諸臣。案此三字，呂本中《官箴》中語也。（按：此説有誤，詳後）是數百年後尚蒙聖天子采擇其説，訓示百官，則所言中理可知矣。"今檢吕氏《官箴》，全書共三十三條，其首條就是："當官之事，唯有三事，曰清、曰慎、曰勤。"與《四庫提要》所説相合。王士禛，順治進士，官至刑部尚書，康熙四十三年罷官歸里，康熙五十年去世。《古夫於亭雜録》是他罷官後所作，其書卷一説："清、慎、勤三大字，士禛二十年前亦蒙賜。"由此可知，他所説的"上嘗御書'之"上"乃是指康熙皇帝。這説明，清代把"清、慎、勤"三字當作欽定的官箴是始於康熙。四庫館臣稱贊此三字"千古不可易，固有官者之龜鑒"，而《四庫提要》乃乾隆欽定之書，這又説明在乾隆時仍是遵行祖制，以此三字爲官箴。趙翼是位乾嘉學者，他在《陔余叢考》卷二十七"清慎勤匾"條中説："各衙署公堂，多書清、慎、勤三字作匾額。"這更是一條有力的證據。我們知道《紅樓夢》的時代背景正是所謂康乾盛世，這種時代的吻合，説明曹雪芹筆下的"官箴"絶非浮泛之詞。順便説一下，以此三字爲官箴大約一直迄于清季，所以梁啓超在《新民説·論公德》中説："近世官箴，最膾炙人口者三字，曰清、慎、勤。"

其次，可以從本回書中求之。這一回寫的是賈政由工部郎中的京官外放江西糧道，上任伊始，賈政"一心做好官"，但做起事來，"樣樣不如意"。問起下人李十兒是何緣故，李十兒就講了一通"哪個不想發財"的道理。賈政便説："據你一説，是叫我做個貪官嗎？送了命還不要緊，必定將祖父的功勳抹了才是？"十兒答道："老爺極聖明的，沒看見舊年犯事的幾位老爺嗎？這幾位都與老爺相好，老爺常說是個做清官的，如今名在哪裏？"這不正扣着"官箴"中的"清"字嗎？所謂"守官箴"者，實際上就是要守住這個"清"字。

　　細考起來，"清、慎、勤"三字并非平列關係，其中，"清"乃第一要緊之字，"慎、勤"猶在其邊。這又何以見得呢？首先，雍正皇帝曾這樣說過："大臣不廉，無以率下，則小臣必污。小臣不廉，無以治民，則風俗必壞。層累而下，誅求不已，害必加于百姓。欲冀太平之治，不可得矣。"（《人臣儆心錄》）把清廉的重要性提到了無以復加的高度。其次，從某些封疆大吏對部屬的告誡來看。例如尹會一，雍正進士，乾隆時官河南巡撫，他在《飭戒貪婪》的布告中說："居官首重維清，察吏莫嚴於守，操守實立身之根基，而持廉乃計吏之先務。"（《撫豫條教》）"居官首重維清"，這不啻是在爲"官箴"中的"清"字作注。最后，從對官員的考核來看。據《清史稿·選舉六》記載，清代以"八法"考核爲官。所謂八法，一曰貪，二曰酷，三曰不謹（按：即不慎），四曰罷軟（按：即不勤），五曰浮躁，六曰才力不足，七曰年老，八曰有疾。三年一考核，"京官曰京察，外官曰大計"。不謹、罷軟者革職，浮躁、才力不及者降調，年老、有疾者休致、貪、酷者特參。特參很厲害，掉頭抄家的可能都有，所以賈政才説"送了命還不要緊，必定將祖父的功勛抹了才是？"考核有三個等級，其中最優秀者叫做"卓異"。"卓異"的指標很少，一般爲十五取一。而考核等級爲"卓異"者，必須"以清廉爲本"。換言之，清廉是具有一票否決權的主要條件。從"八法"的先後順序，從對貪、不謹、罷軟的輕重不同的處理，從考核進入"卓異"的最主要的條件，不難看出"清、慎、勤"三字孰輕孰重。據以上三點，筆者認爲"清"乃官箴中第一要緊之字，換言之，清廉是對做官者的第一要求。

如果這個結論不誤，那麽下面的問題便是：清代如此，清代以前又如何呢？

官箴，因其勸誡物件的不同可以分爲兩類。一類是臣箴其君的，《左傳》襄四年所載的《虞人之箴》是其例；一類是君箴其臣的，《尚書·伊訓》所載的"十愆"是其例。前一類官箴不屬於我們考察的範圍，姑置之。後一類官箴，包括與官箴性質相近的銘、訓之類，不僅不是每個朝代都有，而且即令有，其内容也不盡相同。今僅就其可比者而言，大體上可以得出這樣一個結論：宋代以前，清廉只是對居官者的諸多要求之一；而宋代以後，升級了，清廉成爲對居官者的第一要求。爲了證明這一結論，讓我們作一簡略考察。《伊訓》的"十愆"，也就是做官者的十不准。哪十不准呢？一曰恒舞，二曰酣歌，三曰貪貨，四曰貪色，五曰恒遊，六曰恒畋，七曰侮聖言，八曰逆忠臣，九曰遠耆德，十曰比頑童

（後兩條等於說遠君子、親小人）。十條之中，只有第三條說的是清廉問題。漢制，各州刺史每年八月都要巡行所轄郡國，根據皇帝頒布的六條標準對官吏進行考察。六條之中，只在第六條中才提到一句是否"通行貨賂"（蔡質《漢儀》）。魏武帝曹操在《求賢令》中說："此特求賢之急時也，若必廉士而後可用，則齊桓何以霸世？"意謂非常時期，只要你能幫我奪得天下就是人才，廉潔與否，可置毋論。

王隱《晉書》引李秉《家誡》云："昔侍坐於先帝（按：謂晉文帝司馬昭），時有三長吏俱見。臨辭出，上曰：'爲官長當清、當慎、當勤，修此三者，何患不治乎！'并受詔。既出，上顧謂吾等曰：'相'敕正當爾否？'侍坐眾賢莫不稱善。上又問曰：'必不得已，於此三者何先？'或對曰：'清固爲本。'次復問吾，吾對曰：'清、慎之道，相須而成，必不得已，慎乃爲大。'上曰：'卿言得之耳。然天下之至慎，其唯阮嗣宗乎！每與之言，言及玄遠，而未曾評論時事，臧否人物，可謂至慎矣。'"（《三國志·李通傳》注引）這段話可以說明兩個問題。第一，"清、慎、勤"三字的原始出處在此，王士禛和四庫館臣等人以爲出自呂本中《官箴》，那是誤流爲源了。關於這一點，錢大昕《十駕齋養新錄》卷十八已經指出。第二，晉文帝說得很明白，三字之中，"慎"是第一要緊之字，而阮籍則被譽爲能慎的模範人物。唐武則天作《臣軌》十章，一曰同體，二曰至忠，三曰守道，四曰公正，五曰匡諫，六曰誠信，七曰慎密，八曰廉潔，九曰良將，十曰利民。就"清、慎"二字來説，置"廉潔"於"慎密"之後，似乎仍是司馬昭之遺風。宋太宗以"爾俸爾禄，民膏民脂。下民易虐，上天難欺"四句話誡諭百官，且御筆親書，責令各地刻石立於官衙，謂之《戒石銘》。（洪邁《容齋續筆》卷一）這四句話和"清、慎、勤"三字中的任何一個似乎都可以掛上鈎，但主旨何在却很難説。倒是在宋代士大夫的言論中，這個問題被表述得非常清楚，而且屢見不鮮。

　　吕本中的《官箴》自不必説了，陳襄所撰的《州縣提綱》是講做州縣官的要領的，全書共計一百二十條，其頭一條便是"潔己"。他説："居官一陷貪墨，終身不可洗滌，故爲官者當以廉爲先。"施德操《北窗炙輠録》云："有官君子最忌二事，在己則貪，在公家則聚斂。它罪猶可免，犯此二者，終身不可齒士大夫之列。"真德秀任湖南宣撫使時，以四事戒飭下屬："律己以廉，撫民以仁，存心以公，蒞事以勤。"并解釋説："凡名士大夫者，萬分廉潔，只是小善一點，貪污便爲大惡，雖有他美，莫能自贖，故以此爲四事之首。"（《西山政訓》）岳飛也有一句膾炙人口的名言："文臣不愛錢，武臣不惜死，天下太平矣。"（《宋史》本傳）可見在宋代已經形成這樣一種共識：做官者要首先重視清廉。隨着商品貨幣經濟的發展和宋明理學在思想領域主導地位的確立，這種共識遂成爲不可逆轉之勢。《明史·循吏傳》説，明太祖"重繩貪吏，置之嚴典"。《明史·選舉志》記載，朝廷以八條考核百官，"曰貪，曰酷，曰浮躁，曰不及，曰老，曰病，曰罷，曰不謹"。八條之中，"貪"居首位。換言之，考核官員的第一條就是清廉與否。可以這樣說，清代考核官吏的一套做法，實際上是因襲明制。由於清廉成爲對做官者的第一要求，因此形成一種風氣，"士大夫廉恥自重，以掛察典爲終身之玷"。耿定向在《從政遺規》中倡言："居官而廉，猶之爲女而貞。"就是這種風氣的一個反映。

馬克思說："無論是政治的立法或市民的立法，都只是表明和記載經濟關係的要求而已。"皇帝的箴誡，朝廷的考核，都屬於封建社會的立法形式。在這些立法形式中，基本上從宋代開始，清廉從對居官者的諸多要求之一進而成爲第一要求，當然也"只是表明和記載經濟關係的要求而已"，它實際上反映了一種令人不安但又不得不予正視的事實，即宋代以後，貪官增多，貪風加劇。中國人家喻戶曉的包拯就說："今天下郡縣至廣，官吏至衆，而贓污摘發，無日無之。"(《孝肅包公奏議·乞不用贓吏疏》) 正因爲如此，所以朝廷才以重典懲治貪吏，才把清廉作爲第一要求來勸誡百官和考核百官。這樣做的效果如何呢？應該說，官箴起到了一定的勸誡作用，考核起到了一定的鞭策作用，重典起到了一定的震懾作用，否則，爲什麼賈政一聽說要叫他做貪官便心裏發毛呢！但儘管如此，貪官如毛、貪風如熾的現象并未得到根本解決。原因何在？一兩句話也說不清楚，容另文討論吧。

《書目答問》正誤一則

——所謂孫希旦《禮記集解》"蘇州新刻本"與"瑞安孫衣言編刻《永嘉叢書》本"的真相

張之洞《書目答問》經部禮記類著録有孫希旦《禮記集解》六十一卷，張之洞注云"蘇州新刻本"，范希曾《補正》云："孫書，瑞安孫衣言編刻《永嘉叢書》本。"① 由於《書目答問》在學術界享有盛譽，所以整理和研究孫希旦《禮記集解》者，莫不奉張、范二氏之説爲圭臬。例如，中華書局 1988 年 10 月出版了孫希旦《禮記集解》的點校本，點校者沈嘯寰先生在其《點校説明》中説："本書的整理，以最通行的咸豐庚申瑞安孫氏盤谷草堂本爲底本。據《書目答問補正》，此書尚有蘇州新刻本及《永嘉叢書》本兩種。前者遍查北京圖書館、科學院圖書館、首都圖書館、北京大學及中華書局圖書館，均未見。後者即《盤谷草堂》本的後印本，并非另雕新版。"沈嘯寰先生查找此蘇州新刻本不可謂不

---

① 〔清〕張之洞、範希曾《書目答問補正》，上海古籍出版社 2001 年版，24 頁。

力，而之所以勞而無功者，蓋受張、范二氏之誤導，本來就是子虛烏有之事，怎麼能查找得到呢。或曰：這樣説的根據何在？

答曰：張氏所謂"蘇州新刻本"，當作"溫州新刻本"。一字之誤①，誤人如此！何者？第一，以當時刻書慣例言之，一地所刻之書，一般來説，必爲本地鄉賢所作，蓋爲鄉邦文獻張目也。孫希旦既非蘇州籍，蘇州人何得突發奇想，爲一溫州籍學者刻書？此理之必無者也。此其一。作爲南方人文薈萃的學術中心，蘇州本地尚有許多一流學者的著作待刻，恐怕也不會顧及彼時尚無多大名氣的孫希旦吧。此其二。第二，只有作"溫州新刻本"，這五個字才有着落，才能得到合理的解釋。孫希旦是浙江瑞安縣人，而瑞安在清代屬溫州。孫鏘鳴（孫希旦族子）所刻之《禮記集解》首刻本即刻於溫州。如此，是"溫州"二字有了着落。張之洞《書目答問》刊行於光緒二年（1876），而孫希旦《禮記集解》的首刻本，據孫鏘鳴《序》："庚申（1860）六月開雕，中更寇亂，迄同治戊辰（1868）三月始成。"後者比前者僅僅早八年，故張氏謂之"新刻本"也。"新刻本"者，近刻本也。第三，沈嘯寰先生的大力查找，爲我的這個看法提供了反證。試想，天地間本來就没有什麽"蘇州新刻本"，所以任憑你"上窮碧落下黄泉"，你也找不到呀。

---

① 此"一字之誤"，疑手民之誤，非張之洞原作之誤。

范希曾氏所謂"孫書，瑞安孫衣言編刻《永嘉叢書》本"，我認爲是草率立言，貽誤後人。爲什麽這樣説呢？檢視《中國叢書綜録》，孫衣言在同治、光緒間所輯《永嘉叢書》，收書凡十二種，其中大多數爲鄉賢文集，而孫希旦的《孫太史稿》二卷亦在其中。十二種之中，何嘗有什麽六十一卷之《禮記集解》？此套叢書尚存，可覆按也。沈嘯寰先生大約是受范氏《補正》之誤導，乃云："《永嘉叢書》本，即《盤谷草堂》本的後印本，并非另雕新版。"實際上，根本就没有什麽"《永嘉叢書》本"。誤聽誤信之誤人以至於此！

《演説文》成書時代訂正

——兼談《隋書・經籍志》的"梁有"[1]

《隋書・經籍志》:"梁有《演説文》一卷,庾儼默注,亡。"此書雖然不存,但因爲它是一部研究《説文》的早期著作,所以許多有關訓詁、詞書的著作都提到它。問題在於許多説者把此書的成書時代定得不準確。例如:

周大璞主編的《訓詁學初稿》説,南北朝時期對前代訓詁專著進行研究的人很不少,其中就有"梁庾儼的《演説文》一卷"。[2]

趙振鐸《古代辭書史話》:"研究《説文》的著作極多,早在梁朝就有庾儼默的《演説文》。"[3]

錢劍夫《中國古代字典詞典概論》説,在《字林》以後《玉

---

[1] 原載《淮北煤炭師範學院學報》2008年第1期。按:撰寫此文時,雖然已經初步輯出《汝南先賢傳》佚文,但尚未出版。2015年,重新搜集資料,形成新的輯佚文本,并加注譯,以《汝南先賢傳注譯》之名,由中州古籍出版社出版。

[2] 周大璞主編《訓詁學初稿》,武漢大學出版社1987年版,296頁。

[3] 趙振鐸《古代辭書史話》,四川人民出版社1986年版,88頁。

篇》以前,還有許多字書,其中有"南朝梁庾儼默的《演說文》一卷"。①

以上幾位學者都把庾儼默定爲南朝梁人,這自然意味着,《演說文》的成書時代也是在南朝梁。我們認爲這是一種誤解。誤解的原因,在於没有真正讀懂《隋書·經籍志》的"梁有"。

應該指出,在這個問題上唯有黄侃先生是獨具隻眼。他在《論自漢迄宋爲〈說文〉之學者》一文中説:"南朝則有庾儼默。"自注云:"《隋志》:'梁有《演說文》一卷,庾儼默注,亡。''梁有'者,謂梁《七録》有也。"請注意,黄侃先生只説庾儼默是"南朝"人,并不説"南朝梁"人,這一字之差,正反映了黄侃先生的讀書精細,識見卓絶。這等於告訴人們,庾儼默既有可能是南朝宋人,也有可能是南朝齊人,也有可能是南朝梁人。但因爲庾氏生平無考,不能確指,所以只好使用較大的時代概念,定爲南朝人。當然,《演說文》的成書時代,也只能籠統地定爲南朝。黄侃先生在注文中説:"'梁有'者,謂梁《七録》有也。"其用意就是要提醒學者,不要誤陷迷津,錯把"梁有"理解爲"南朝梁有"。不知諸家讀書何以粗心乃爾,竟置黄説于不聞不顧。是黄説没有道理嗎?肯定不是。今更申演黄説如下。

《七録》,目録學著作,南朝梁阮孝緒作。原書久佚。唐釋道

---

① 錢劍夫《中國古代字典詞典概論》,商務印書館1986年版,48頁。

宣《廣弘明集》卷三尚存其序目。阮孝緒《七錄序》說："凡自宋、齊以來，王公縉紳之館，苟能畜聚墳典，必思致其名簿。"由此可知，《七錄》并不是僅僅著錄南朝梁一代所製圖書，而是著錄梁以前歷代所有的圖書。《七錄》是《隋書·經籍志》取材的來源之一，這就是《隋志·序》中所說的"遠覽馬《史》、班《書》，近觀王阮志錄"。所謂"王阮志錄"，即王儉《七志》和阮孝緒《七錄》。《隋志》表示取材於《七錄》的具體方式就是在有關書下的注文中標以"梁有"二字。這個"梁有"是省略語，應理解爲"梁《七錄》有"，或者說得更明白些，擴展理解爲"梁阮孝緒《七錄》著錄有"，斷不可理解爲"南朝梁有"。謂予不信，試看下面幾例。《隋志》："梁有漢荆州五業從事宋忠注《周易》十卷。"如果把"梁有"理解爲"南朝梁有"，那豈不和下文的"漢荆州五業從事宋忠"互相矛盾了嗎？又，《隋志》："梁有《班昭集》三卷。"而我們知道，班昭是西漢人。又，《隋志》："梁有《毛詩序》一卷，梁陶弘景注。"雖然此書的作者確爲南朝梁人，但"梁有"一詞，仍然要以理解爲"梁阮孝緒《七錄》著錄有"爲宜。

話歸本題。"梁有《演說文》一卷，庾儼默注。"正確的理解只能是"梁阮孝緒《七錄》著錄有《演說文》一卷，庾儼默注。"因爲庾儼默生平無考，我們無從知道他是南朝宋、齊、梁三代哪一代的人，爲了避免臆說失實，我們也只能像黃侃那樣說他是

"南朝"人，自然，《演說文》的成書時代也是南朝。《隋志》注文中"梁有"一詞極多，可謂觸目皆是。如果我們未能正確加以理解，恐怕理解錯誤者將非止《演說文》一例。

此文作於十年前，作成後即收置篋中。年來讀書漸廣，方知前輩學者深知《隋志》"梁有"真諦者大有人在，令後生小子如我者不勝感佩。今不避辭費，將破解"梁有"密碼之前賢一一列出，不唯共饗，兼以共勉。

1. 南宋王應麟知之。《隋志》子部醫方類著錄《黃帝素問》九卷，注云："梁八卷。"這個"梁八卷"，到了南宋王應麟《漢書藝文志考證》卷十，就變成了："《黃帝內經》十八卷，《隋志》載梁《七錄》云止存八卷。"這說明，王應麟是破解"梁有"的第一人。

2. 清初朱彝尊知之。朱彝尊《經義考》卷二百九十四："按阮氏《七錄》，其書久亡，僅附見於《隋經籍志》注。"這說明朱彝尊是深知"梁有"之義的。所以，在其《經義考》中，凡是《隋志》的"梁有"，他都改爲《七錄》有。

3. 乾嘉學者錢大昕知之。錢大昕擔心讀《隋志》者誤解這個"梁"字，就在《廿二史考異》卷三十四《隋書經籍志》考異中特地加上按語說："按：阮孝緒《七錄》，撰于梁普通中，《志》所云'梁'者，阮氏書也'。"

4. 稍晚於錢大昕的章學誠知之。章氏在《文史通義·説林》中説:"阮孝緒《七錄》既亡,而闕目見于《隋書·經籍志》注。則引《七錄》之文,必云《隋注》。"

5. 《四庫提要》的編者知之。《四庫提要》著錄《爾雅注疏》十卷云:"《七錄》載"犍爲文學《爾雅注》三卷。案《七錄》久佚,此據《隋志》所稱'梁有',知爲《七錄》所載。"

6. 清代學者章宗源知之。章宗源在其《隋書經籍志考證》卷八《七錄》條下寫道:"《隋志》依《七錄》,凡注中稱'梁有'者,皆阮氏舊有。"

7. 近代著名學者余嘉錫知之。余嘉錫《古書通例》卷一:"考《隋志》之例,凡阮孝緒《七錄》有,而《隋》目錄無者,輒注曰'梁有某書,亡。'"

8. 近代著名學者姚名達知之。姚名達《中國目錄學史·分類篇》:"《隋志》注中稱'梁有'者,皆《七錄》所有。"

杜詩、蘇詩、黃詩中"吏隱"注的澄清[①]
——輯本《汝南先賢傳》學術價值初探

杜甫詩、蘇軾詩和黃庭堅詩都不止一次地使用"吏隱"一詞，而古今注家，一無例外地都這樣注釋："《汝南先賢傳》：'鄭欽吏隱於蟻陂之陽。'"按：《隋書·經籍志》史部著錄《汝南先賢傳》五卷，魏周斐撰。據考，周斐本人就是汝南人。此書後佚。十年前，我們將《汝南先賢傳》佚文輯出，方知杜詩、蘇詩、黃詩注家徵引《汝南先賢傳》的"鄭欽吏隱於蟻陂之陽"，應為"鄭敬去吏，隱於蟻陂之陽"。換言之，錯了一個字，"欽"當作"敬"；掉了一個"去"字。宋人趙次公作注，避宋太祖祖父之諱，改"敬"作"欽"。後人作注，一路承襲下來。何謂"鄭敬去吏"？鄭敬當過汝南郡郡功曹，官不大，但鄭敬對上司不會說奉承話，不為上司所喜，所以就辭職不幹了。這就是"鄭敬去吏"。由

[①] 本文是教育部2005年人文社會科學基金項目"先秦漢魏晉南北朝時期散亡中原文獻的調查、評估與輯佚"（05JA770003）階段性成果之一。

此可知，杜詩、蘇詩、黃詩的古今注家都把這個典故注錯了。實際上，吏隱的鼻祖是漢代的梅福，這又是另外的話題了。

在杜甫、蘇軾、黃庭堅三家的詩中，"吏隱"一詞不止一次地出現，但綜觀古今各家之注，似乎皆未得"吏隱"真諦。今不揣譾陋，略述管見，幸方家不吝指教。

一、杜甫、蘇軾、黃庭堅詩中的"吏隱"注

1. 杜甫詩中的"吏隱"注

宋郭知達《九家集注杜詩》卷二《白水縣崔少府十九翁高齋三十韻》："吏隱適情性，茲焉其窟宅。"趙（次公）云："《汝南先賢傳》：'鄭欽吏隱於蟻陂之陽。'"

《九家集注杜詩》卷二十六《院中晚晴懷西郭茅舍》："浣花溪裏花饒笑，肯信吾兼吏隱名。"趙曰："《汝南先賢傳》：'鄭欽吏隱於蟻陂之陽。'"

宋黃希等《黃氏補注杜詩》卷二十六《院中晚晴懷西郭茅舍》詩注亦引趙說。

清仇兆鰲《杜詩詳注》卷十四《院中晚晴懷西郭茅舍》注云："《汝南先賢傳》：'鄭欽吏隱於蟻陂之陽。'"

2. 蘇軾詩中的"吏隱"注

舊題宋王十朋《東坡詩集注》卷十《過淮三首贈景山兼寄子由》:"故人真吏隱,小檻帶岩偏。却望臨淮市,東風笑語傳。"次公:"《汝南先賢傳》:'鄭欽吏隱於蟻陂之陽。'"

《東坡詩集注》卷二十七《次韻子由詩李伯時所藏韓幹馬》:"伯時有道真吏隱,飲啄不羨山梁雌。"次公《汝南先賢傳》:"鄭欽吏隱於蟻陂之陽。"

宋施元之《施注蘇詩》卷十六:"故人真吏隱,小檻帶岩偏。"注云:"《汝南先賢傳》:'鄭欽吏隱於蟻陂之陽。'"

《施注蘇詩》卷十一《吏隱亭》:"吏隱,出《汝南先賢傳》鄭欽事。"

清王文誥輯注、孔凡禮點校《蘇軾詩集》卷十八《過淮三首贈景山兼寄子由》:"故人真吏隱,小檻帶岩偏。"(王注)《汝南先賢傳》:"鄭欽吏隱於蟻陂之陽。"

3. 黃庭堅詩中的"吏隱"注

宋任淵《山谷内集注》卷三《同錢志仲飯籍田錢孺文官舍》:"帝籍開千畝,農功先九州。王孫守耒耜,吏隱極風流。"注:"《汝南先賢傳》曰:'鄭欽吏隱於蟻陂之陽。'"

宋史容《山谷外集注》卷十《袁州劉司法亦和予摩字詩因次

韻寄之》:"遥知吏隱清如此,應問卿曹果是何。"注:"《汝南先賢傳》曰:'鄭欽吏隱於蟻陂之陽。'"

二、須要澄清的問題

不難看出,上述杜、蘇、黄三家詩的所有注家,對"吏隱"一詞的注釋,皆引"《汝南先賢傳》:'鄭欽吏隱於蟻陂之陽。'"爲説。這些注家,從北宋的趙次公開始,到今人孔凡禮先生的點校爲止,衆口一詞,莫不如此。我們懷疑,後來的注家,大約都是沿襲趙次公之説,未曾細檢《汝南先賢傳》原書,以至於以訛傳訛。我們認爲,這裏須要澄清的有兩點:第一,鄭欽此人,當作"鄭敬",趙次公作注時,由於避宋諱——宋太祖趙匡胤的祖父名敬,遂改"敬"爲"欽"。後人不知就裏,也就一路以"鄭欽"相稱。第二,説"鄭欽吏隱於蟻陂之陽",説"吏隱,出《汝南先賢傳》鄭欽事",完全是子虚烏有之事,换言之,"吏隱"的用典,和鄭欽毫不相干。究其致誤的原因,蓋誤讀《汝南先賢傳》所致。

爲了澄清這個問題,我們須要先稍作鋪墊,明白何謂"吏隱"。

我們認爲,"吏隱"的釋義是:官位不高,俸禄不低,職務清閑，可適意優遊，雖居官而猶如隱者①。

舉例來說，白居易曾任過的江州司馬，就是一個典型的"吏隱"官職。請看白居易在《江州司馬廳記》中的自白："江州，左匡廬，右江湖，土高氣清，富有佳境。刺史守土臣，不可遠觀遊；群吏執事官，不敢自暇佚。惟司馬綽綽，可從容於山水詩酒間。由是郡南樓山、北樓水、溢亭、百花亭、風篁、石岩、瀑布、廬宮、源潭洞、東西二林寺、泉石松雪，司馬盡有之矣。苟有志於吏隱者。舍此官何求焉？按《唐典》，上州司馬，秩五品，歲廩數百石，月俸六七萬，官足以庇身，食足以給家。州民康，非司馬功；郡政壞，非司馬罪。無言責，無事憂。噫，爲國謀，則尸素之尤蠹者；爲身謀，則禄仕之優穩者。"

明白了"吏隱"的含義，下面我們就來談《汝南先賢傳》。

《隋書‧經籍志》史部雜傳類著録《汝南先賢傳》五卷，三國魏周斐撰。《唐書‧經籍志》《新唐書‧藝文志》亦著録。鄭樵《通志‧藝文略》亦著録。《宋志》不見著録，蓋佚于宋末。元末陶宗儀《説郛》（宛委山堂本）卷五十八輯有《汝南先賢傳》十九條，清末侯康《補三國藝文志》著録《汝南先賢傳》，提供了十

---

① 《辭源》（修訂版）"吏隱"條的釋義是"舊時士大夫常以官職低微，自稱吏隱，意思是隱於下位"。《辭海》（修訂版）"吏隱"條的釋義是"舊謂不以利禄縈心，雖居官而與隱者同"。（縮印本 54 頁）《漢語大詞典》"吏隱"條的釋義是"謂不以利禄縈心，雖居官而猶如隱者"。我們認爲，《辭源》的釋義是錯誤的，《辭海》和《漢語大詞典》的釋義不到家，故自行釋義如上。

一人的線索，但均未涉及鄭敬吏隱事。由於我們正在從事《中州文獻鉤沉》這一科研項目，輯出《汝南先賢傳》乃是題中應有之義。又由於我們可以利用文淵閣《四庫全書》的電子版，所以我們的輯本，不論是條數、人數都遠遠超過前人。當然，鄭敬的資料也搜集得比較完備，其中值得我們注意的是下面兩條：

1. 新蔡鄭敬，字次都，爲郡功曹。都尉高懿廳事前有槐樹白露類甘露者，懿問掾屬，皆言是甘露，敬獨曰："明府政未能致甘露，但樹汁耳。"懿不悦，托疾而去。（見《水經注》二十一，《書鈔》三十七，《御覽》十二、二百六十四、九百五十四引《汝南先賢傳》）

2. 鄭敬去吏，隱居於蟻陂之陽，以漁釣自娛，彈琴咏詩，常方坐於陂側。（見《類聚》四、《類聚》九、《御覽》七十二引《汝南先賢傳》）

第1條資料表明，鄭敬是當過"郡功曹"這類小官的，但由於好説實話，不會拍馬，不爲上司所喜，就藉口有病辭職了。第2條資料表明，鄭敬辭官之後，隱居於家鄉的"蟻陂之陽"。蟻陂，大約是一個水塘的名字。這第2條資料尤其要緊，"鄭敬去吏，隱居於蟻陂之陽"十一個字，從北宋的趙次公開始，不知是什麼原因，竟變成了"鄭欽吏隱於蟻陂之陽"九字。關鍵的"去"字被無端删掉了，意思隨之大變。須知所謂"去吏"者，謂辭官也。以上兩條資料表明，第一，"鄭欽"，應作"鄭敬"；第二，鄭敬没有"吏隱"過，他與"吏隱"毫不相干，上述古今注家將"吏隱"的出典歸之于鄭敬，是錯誤的。

爲了證明我們的這個觀點，請看以下旁證。

鄭敬，正史無傳，范曄《後漢書》卷二十九《郅惲傳》略載其事云："敬，字次都，清志高世，光武連徵不到。"這表明鄭敬是東漢初年人。又，同卷李賢注引《謝沈書》曰："敬閑居不修人倫，新遷都尉逼爲功曹，廳事前樹時有清汁，以爲甘露。敬曰：'明府政未能致甘露，此青木汁耳。'辭病去，隱處精學蛾陂中。陰就、虞延并辟，不行。同郡鄧敬因折芰爲坐，以荷薦肉，瓠瓢盈酒，言談彌日，蓬廬華門，琴書自娛。光武公車徵，不行。"請讀者注意，謝沈《後漢書》也說"辭病去，隱處精學蛾陂中"，所謂"辭病去"，就是藉口身體有病而辭去官職，這和上文所引兩條《汝南先賢傳》佚文的意思是完全一致的。

總之，無論是求之于《汝南先賢傳》，還是求之于謝沈《後漢書》，鄭敬都是與"吏隱"毫不相干的。

三、"吏隱"出典試探

"吏隱"之典既然與《汝南先賢傳》中的鄭敬無關，那麼，出典究在何處呢？我們認爲，杜詩中"吏隱"的用典出自《漢書·梅福傳》。何以見得呢？杜甫有《送裴二虯作尉永嘉》詩，其詩云："孤嶼亭何處，天涯水氣中。故人官就此，絕境與誰同。隱吏逢梅福，游山憶謝公。扁舟吾已具，把釣待秋風。"詩中的"隱吏逢梅福"一句，如果不計較律詩的平仄，也可以寫作"吏隱逢梅福"，這就準確無誤地傳達出老杜的這樣的一則消息，即"吏隱"之典，出自梅福。《九家集注杜詩》卷十八注此句云："漢梅福，九江人，補南昌尉。家居，常讀書養性爲事。至元始中，王莽專政，梅福一朝棄妻子，去九江。其後人有見福於會稽者，更名姓，爲吳市門卒，所謂隱於吏矣。"浦起龍《讀杜心解》卷三之一注云："《漢書》：梅福補南昌尉，棄妻子去，隱於會稽，至今傳爲仙。"仇占鼇《杜詩詳注》卷三注與浦注略同。按，梅福，字子真，九江人，《漢書》卷六十七有傳。以上三家杜詩注所引文字，大體上皆本之《漢書·梅福傳》。至於蘇軾詩、黃庭堅詩中的"吏隱"典出何處，尚難斷言，但我們傾向于和杜詩一樣，也是典出《漢書·梅福傳》。這樣説的一個旁證就是，《建炎以來繫年要錄》卷五十三紹興二年閏四月己未："封漢南昌尉梅福爲吏隱真人。"既然宋代的皇帝有此封典，那麽包括蘇軾、黃庭堅在内的宋代臣工諒也不會和皇帝唱反調。

千古之謎

——六經中究竟有沒有《樂經》

《禮記·經解》爲我們開出了六種儒家經典，分別是《詩》《書》《樂》《易》《禮》《春秋》。其中的《詩》《書》《易》《禮》《春秋》，我們今天還可以看得到，摸得著，唯獨《樂》，可以說從古到今，誰也沒有真正看到過。那麼問題就來了，究竟是六經還是五經？質言之，《樂經》到底有沒有？這是一個古今學者共同關心的問題，也是一個聚訟莫決的問題。仁者見仁，智者見智，直到二十一世紀的今天，仍然是莫衷一是。下面我們把有關情況予以簡要介紹，同時也談談筆者的看法。

關於《樂經》有無的問題，歸納起來，有下列五說：

一、《樂經》亡于秦火說。東漢班固、應劭、南朝宋沈約、南朝梁劉勰、宋陳暘、明湛若水等主張此說。

二、《周禮》的《大司樂》一章即《樂經》說。明張鳳翔，清朱彝尊、李光地等主張此說。

三、《詩經》即《樂經》說。明劉濂、朱厚烷、朱載堉主張此説。

四、《樂經》的構件有四,其中的三個構件尚存,亡者乃樂譜。清代方觀承主張此説。

五、《禮記·樂記》即《樂經》説。今人羅藝峰主張此説。

六、樂本無經説。唐代顏師古、清代《四庫全書總目》、邵懿辰、今人張舜徽、鄧安生等主張此説。

下面依次説之。

一、《樂經》亡于秦火説

班固《白虎通》曰:"古者以《易》《書》《詩》《禮》《樂》《春秋》爲六經,至秦燔書,《樂經》亡。今以《易》《書》《詩》《禮》《春秋》爲五經。"

應劭《風俗通義》卷六《聲音》:"周室陵遲,禮崩樂壞,重遭暴秦,遂以闕亡。"

沈約《宋書·樂一》:"秦焚典籍,《樂經》用亡。"

劉勰《文心雕龍·樂府》:"秦燔《樂經》。"

主張此説者,也設計了一個補救辦法,即從各種古籍中輯佚。沈約就向梁武帝建議:"陛下以至聖之德,應樂推之符,實宜作樂崇德,殷薦上帝。樂書淪亡,尋案無所。宜選諸生,分令尋討,經史百家,凡樂事,無大小,皆別纂録,乃委一舊學,撰爲《樂書》,以起千載絶文,以定大梁之樂。"(見《隋書·音樂上》)

宋代陳暘《樂書》卷一百六也説："《樂經》之亡久矣，其遺音餘韻，雖奪於殽亂之衆言，然質諸他經，亦可少概見矣。"湛若水是這一補救辦法的身體力行者。湛若水和他的學生共同寫出了《古樂經傳》三卷，其中的第一卷就是湛若水自己擬補的《古樂經》。湛若水《補樂經叙》云："補《樂經》何爲者也？傷聖遠言湮，《樂經》之闕而擬補之也。《樂記》，其傳也。經亡而傳存，猶幸告朔之餼羊也。然而論其義理而遺其度數，則樂之本廢矣。餘年耄耄矣，幸天數之未盡，撫素志而未酬。乃在西樵，隱居無事，間取諸家律吕之説，而竊損益更張以文之，擬爲《古樂經》一篇，而以《樂記》諸見於載籍者列於後，以爲之傳焉。經以定其度數，傳以發其義理，而樂其可知矣。"《樂經》補是補出來了，問題是要得到社會的承認。《四庫全書總目》認爲此書沒有什麽價值，將此書列入存目，其《提要》云："《古樂經傳》三卷，明湛若水撰。是書補《樂經》一篇，若水所擬。其大旨以論度數爲主，以論義理爲後，故以已所作者反謂之經，而《樂記》以下古經反謂之傳。然古之度數，其密率已不可知，非聖人聲律身度者，何由於百世之下闇與古合，而用以播諸金石管弦之器？若水遽定爲經，未免自信之過矣。"看來，不過是一家之言而已。

二、《周禮》的《大司樂》一章即《樂經》説

《四庫全書總目》著録《樂經集注》二卷云："明張鳳翔撰。

是書取《春官·大司樂》以下二十官爲《樂經》,謂漢竇公獻古樂經文,與《大司樂》合,是其明證。"

朱彝尊《經義考》卷一六七按語云:"按《周官》成均之法,所以教國子樂德、樂語、樂舞三者而已。樂德則《舜典》'命夔教胄子'數言已括其要,樂語則《三百篇》可被弦歌者是,樂舞則鏗鏘鼓舞之節,不可以爲經。樂之有經,大約存其綱領。然則《大司樂》一章即《樂經》可知矣。《樂記》從而暢言之,無異《冠禮》之有《義》,《喪服》之有《傳》,即謂《樂經》於今具存可也。"

李光地《古樂經傳》卷一云:"《漢書》文帝時得魏文侯樂工竇公,年一百八十歲,出其本經一篇,即今《周官·大司樂》章,則知此篇乃古《樂經》也。"按:李光地以《大司樂》以下二十官爲經,以《樂記》爲之記,故其書名曰《古樂經傳》。此書今存。

三、《詩經》即《樂經》説

明黃虞稷《千頃堂書目》卷二著録劉濂《樂經元義》八卷云:"濂謂《三百篇》之詩,以詞意寓乎聲音,以聲音附之詞意,讀之則爲言,歌之則爲曲,被之金石管弦則爲樂。《樂經》不缺,《三百篇》皆《樂經》也。"按此書今存。

明朱載堉《樂律全書》卷十七載其父鄭恭王朱厚烷説云:

"《樂經》者何?《詩經》是也。《書》不云乎:'帝曰:"夔,命汝典樂,教胄子。直而溫,寬而栗,剛而無虐,簡而無傲。詩言志,歌永言,聲依永,律和聲。八音克諧,無相奪倫,神人以和。"夔曰:"於,予擊石拊石,百獸率舞。"'此之謂也。迄于衰周,《詩》《樂》互稱,尚未歧而爲二。故孔子曰:"吾自衛反魯,然後樂正,《雅》《頌》各得其所。"又曰:"師摯之始,關雎之亂,洋洋乎盈耳哉!"此稱《詩》爲《樂》也。《孟子》曰:"齊景公召大師曰:'爲我作君臣相說之樂!'蓋《徵招》《角招》是也。其詩曰:'畜君何尤?'畜君者,好君也。"此稱《樂》爲《詩》也。秦政坑儒滅學之後,禮樂崩壞。漢初,制氏世在樂官,但能紀其鏗鏘鼓舞,而不能言其義。齊、魯、韓、毛但能言其義,而不知其音。於是,詩與樂始判而爲二。魏晉已降,去古彌遠,遂謂《樂經》亡,殊不知《詩》存則《樂》未嘗亡也。

明朱載堉《樂律全書》卷五:"愚謂《樂經》不缺,《三百篇》者,《樂經》也,世儒未之深考耳。夫《詩》者,聲音之道也。昔夫子刪《詩》,取《風》《雅》《頌》一一弦歌之,得詩得聲者三百篇,餘皆放逸。可見《詩》在聖門,辭與音并存矣。仲尼殁而微言絶,談經者知有辭不復知有音。如以辭焉,凡書皆可,何必《詩》也。滅學之後,此道益加淪謬。文義且不能曉解,況不可傳之聲音乎?無怪乎以《詩》爲《詩》,不以《詩》爲《樂》也,故曰《三百篇》者,《樂經》也。"

四、《樂經》的構件有四，其中的三個構件尚存，亡者乃樂譜

清人方觀承云："古樂失傳，漢、唐而下，紛然聚訟，而雅樂卒不可成，學者謂《樂經》既亡之故。愚則謂《樂經》不亡，官具于《周禮》，義存于《戴記》，而歌備於《三百篇》，皆樂之經也，所亡者，特其譜耳。"

五、《禮記·樂記》即《樂經》說

羅藝峰《由〈樂緯〉的研究引申到〈樂經〉與〈樂記〉的問題》一文說："今只討論《樂記》即《樂經》說，餘說不議。我們從今傳《樂緯》來看，却不難發現緯書正是以《樂記》爲經，從而以緯證經，以緯論經的。這裏，特別要指出《禮記·樂記》有兩個往往被人忽視的與《樂經》有關聯的要害：一是《正義》明確把《樂記》作爲經書，二是《正義》常引緯書以證經。這兩個事實，與本文所論關係十分密切。"羅文對這兩個事實的論證從略。羅文見於由清華大學歷史系和西北大學文學院在 2007 年 8 月聯合舉辦的第二屆中國經學國際學術研討會印發的《第二屆中國經學國際學術研討會論文集》。羅文所舉兩個事實，其中的第一個事實恐怕不能成立。孔穎達《禮記正義》稱《禮記》爲經是事實，但這并不意味着孔穎達就認爲《樂記》是《樂經》。拿五經來說，《禮記》在漢代不是經。但到了唐代，《禮記》身價提高了，它已

經取代了《儀禮》成爲五經之一。孔穎達奉敕撰寫《五經正義》，《禮記正義》是其一。《樂記》是《禮記》的一篇，既然《禮記》已經上升爲經，水漲船高，《樂記》自然也就可以被看作是經文。但這和被看作《樂經》完全是兩碼事。

六、樂本無經說

《四庫全書總目·經部樂類序》云："沈約稱《樂經》亡于秦。考諸古籍，惟《禮記·經解》有樂教之文，伏生《尚書大傳》引'辟雍舟張'四語，亦謂之樂。然他書均不云有《樂經》（《隋志》"《樂經》四卷"，蓋王莽元始三年所立；賈公彥《考工記·磬氏》疏所稱"樂曰"，當即莽書，非古《樂經》也）。大抵樂之綱目具於禮，其歌詞具於《詩》，其鏗鏘鼓舞，則傳在伶官。漢初制氏所記，蓋其遺譜，非別有一經爲聖人手定也。"

邵懿辰《禮經通論·論樂本無經》云："樂本無經也。詩言志，歌永言，聲依永，律和聲。故曰詩爲樂心，聲爲樂體。夫聲之鏗鏘鼓舞，不可以言傳也。樂之原，在《詩》三百篇之中；樂之用，在《禮》十七篇之中。故曰'興於詩，立于禮，成于樂'。先儒惜《樂經》之亡，不知四術有樂，六經無樂，樂亡，非經亡也。周秦間，六經、六藝之云，特自四術加以《易》《春秋》而名之耳。"

張舜徽《四庫提要叙講疏》："此說（按："此說"，謂上引

《四庫全書總目·經部樂類序》之説）明通，足成定論。《漢書·藝文志》曰：'漢興，制氏以雅樂聲律，世在樂官，頗能紀其鏗鏘鼓舞，而不能言其義。'《漢書·禮樂志》注引服虔曰：'制氏，魯人，善樂事也。'樂事，即指'鏗鏘鼓舞'而言。舉凡聲樂之節奏，歌咏之高下，皆是也。悉賴傳授演習而後得之，非可以言語形容也。故爲之者，但能各效其技能而不能自言其義。《漢志》所云'世在樂官'，與《四庫總目序》'傳在伶官'之語意相同，即《荀子》所謂'不知其義，謹守其教，父子世傳，以持王公'者也。其不能筆之于書以成一經，固宜。"

鄧安生《論"六藝"與"六經"》一文（載《南開學報》2002年第2期），竊以爲是樂本無經説中的一篇力作。該文的摘要説："'六藝''六經'習見於我國古代文獻中，學術界一般認爲是指六部儒家經典。其實，先秦只有五經，并無《樂經》。後人説《樂經》毁于秦始皇焚書，只是主觀揣測，并無文獻根據。漢人所謂'六藝'，原本僅指孔子爲教學而開設并爲儒門歷代傳習的六種課程。'六經'爲'六藝'之尊稱，'六經'之'經'，是常道、常法之義，與'五經'之'經'的義藴有別。"鄧文首先論證了説"秦燔《樂經》"是一種"'想當然耳'的主觀揣測"，沒有任何文獻根據。《史記·秦始皇本紀》始皇三十四年："丞相李斯曰：'臣請史官非秦記皆燒之；非博士官所職，天下敢有藏《詩》《書》、百家語者，悉詣守尉雜燒之。有敢偶語《詩》《書》者棄市。以古非今者族。吏見知不舉者與同罪。令下三十日不燒，黥爲城旦。所不去者，醫藥、卜筮、種樹之書。若欲有學法令，以吏爲師。'制曰：'可。'"這是所謂焚書的原始記載。但史文明明寫着"非博士官所職，天下敢有藏《詩》《書》、百家語者，悉詣守尉雜燒之"，然則博士官由於職務的需要是可以藏有《詩》《書》、百家語的。苟《詩》《書》可藏，《樂經》安得不可藏？漢興，《詩》《書》、百家語等相繼復出，唯獨《樂經》銷聲匿跡。這種違背邏輯的現象，只能反證先秦本無《樂經》。然后，鄧文又從以下三個方面加以論證：一、《樂記》没有言及《樂經》；二、先秦史書與諸子無一言及《樂經》之書；三、秦漢之際的學者無人提及《樂經》。最後得出結論，認爲《四庫提要》所說的本無聖人手定之《樂經》，"足以發蒙袪蔽，鑿破千古混沌"。談"六經"，避不開談"六藝"，鄧文對二者的關係的分辨也很有可取，但這已出乎本文的範圍了。

以上六種説法，愚以爲樂本無經説可取。

四

——書評卷——

一本對我的學術思想影響至大的小書

——壽暨南大學張其凡教授

　　本文所說的"小書",是指《陳垣史源學雜文》一書(人民出版社 1980 年 10 月第一版)。說它小,是指篇幅小,字數少,全書 76 頁,4 萬多字,顯然不是鴻篇巨制。但是,其書雖小,其學術價值却不小,甚至應該說很大很大。在我看來,它既具有普世價值,又具有永恒價值。它不僅適用于治史的學者,而且至少還適用于治文的學者。古語云:"鴛鴦繡出從君看,不把金針度與人。"這本小書,不僅讓你看到繡出的鴛鴦,而且把繡出鴛鴦的金針也慷慨奉贈,實在是功德無量之作。

　　我能夠得到這本心儀已久的小書,和其凡兄的幫助大有關係。所以,事情還得從頭說起。

　　我有幸和其凡先生是同年。同年者,同在 1978 年考取研究生之謂也,非年庚相同之謂也。我考取的是現在的上海師範大學古籍所,專業是古籍整理研究,培養目標主要是整理宋代古籍。而其凡兄則是考入中國社會科學院陳樂素先生門下,專攻宋史。我

們的第一次見面，是在中國宋史研究會的成立大會期間，時間是
1980 年的 10 月 6 日至 11 日，地點是在上海師範大學（當時叫上
海師範學院）。上海師範大學古籍所是會議的承辦者，我們古籍整
理研究專業的研究生一共六人，爲會議做些服務工作，自然是責
無旁貸。而其凡兄當時好像是在杭州大學宋史研究室借讀，也來
滬上參加這一盛會。同來的還有杭州大學宋史研究室的幾位研究
生，現在還記得姓名的有何忠禮、孫雲清、翁福慶、周生春諸君。
當時雖然皆是翩翩少年，意氣風發，但囊中羞澀，都是窮學生，
住不起招待所，就和我們擠住在一起。幸虧我們的寢室，用的是
上下鋪的雙人床，上鋪是空的，可以臨時住人。雙人床不夠用的
話，還有作爲書桌來用的長案子。反正是有片地方睡就行，誰也
不講究那麼多，就這樣解決了住宿的問題。大家擠在一起，説説
笑笑，不以爲苦，反以爲樂。這就是我們的第一次結交，以後的
長期友誼從此開始。

宋史研究會的第二次會議是在鄭州召開，時間是 1982 年的秋
季。這次會議，其凡兄和我都參加了。會議組織代表參觀嵩縣少
林寺和鞏縣宋陵。我現在還保存一張我們四人（其凡兄、上海師
大的王松齡先生、河南社科院的蕭魯陽先生和我）在少林寺塔林
的合影。從照片上看，大家的着裝，都是清一色的暗扣藍色制服，
這也多多少少反映出那個時代的穿着特色。因爲新鄉市離鄭州市
很近，所以散會的當天，我就返回新鄉家裏。讓我感到喜出望外

的是，第二天，其凡兄按照我給他留下的住址，飄然而至。其凡兄來訪，是關心我的工作問題。當時不少師友同學爲我的工作單位操心，其凡兄就是其中的一位。那時的畢業分配是組織指派，個人自由選擇的空間很小。我畢業後，一開始是被分配到北京，我不願意去。後來説可以留在上海，我不願意留（現在的年輕朋友看到這裏，會説"這個人太作孽"！是的，不錯。不過年輕的朋友未必知道，那年月要調家屬進大城市，可是猴年馬月的事）。我一心想回鄭州，鄭州也確實有想要我的單位。無奈分配大權在省教育廳，他們説："你的一位同學已經留在鄭州了，你必須去河南大學。"我不願意去。這樣僵持了兩三個月，遇到新鄉師範學院（1985年改名河南師範大學）的一位領導，他得知我的情況後，就説："你要願意，就來我們新鄉師院吧。"無奈加上賭氣，我就去了新鄉師院。可當時的新鄉師院是個理科院校，既沒有中文系，也沒有歷史系。從事業的角度來説，我的這個決定實在是不夠明智。這就惹得衆多師友爲我操心。

現在回想當時對其凡兄的接待，實在是太寒酸了。我那時的住房是一間半，30平米。進門的半間，兩條長凳，上鋪一塊木板，再放上鋪的蓋的，就委屈其凡兄住了一宿。至於吃的，也是家常便飯，想都沒想到到外面的飯店去吃。原因很簡單，一個字，窮。現在日子好過多了，但願哪一天有一陣風把其凡兄從南國吹來，使我得再盡地主之誼，稍贖愧疚。

談話中,知道其凡兄要到中國社會科學院去看書。我就說:我很想拜讀《陳垣史源學雜文》,只是無緣。兄到京中,務必爲我留心。其凡兄果然是一諾千金。其凡兄走了沒有多久,某日,忽然收到在中國社會科學院歷史研究所供職的陳智超先生從北京寄來的一封掛號信,信封內就是我朝思暮想的《陳垣史源學雜文》。另有一短信如下:

友仁同志:

聽張其凡同志說,你需要一部《陳垣史源學雜文》。此書印數不多,出版後很快就銷售完。現從我僅存的幾本中抽出一本奉上,如對您的教學與研究有所幫助,不勝欣幸。聽說您有可能調河南社科院歷史所,不知確實否?如能實現,將能更好得發揮您的專長。

致禮。

陳智超

12.11

我如獲至寶,就在《陳垣史源學雜文》的扉頁上恭敬地寫道:

此書久欲拜讀而不能得,今得之,快何如之!而智超同志以家珍相贈,尤見高誼也。智超君,援庵先生之文孫,樂素先生之哲嗣,濡染家學,亦以史學名家。

一九八二年十二月二十四日友仁記

《陳垣史源學雜文》的內容可分兩個部分。一是陳智超先生寫的前言，一是陳垣先生短小精悍的史源學雜文三十篇。前言雖是陳智超先生寫的，但其中不少引文則是陳垣先生的原話，最值得一讀，最值得反復咀嚼。例如："考尋史源，有二句金言：毋信人之言，人實誆汝。"對我影響最大的，莫過於"二句金言"。"毋信人之言，人實誆汝"二句，源出《詩經·鄭風·揚之水》。在《詩經》中，這兩句詩并無深意，但經陳垣先生這麼一點化，腐朽化爲神奇，一門啓人智慧的重要的高校課程由此誕生，繡出鴛鴦的金針也從此公之於眾。我不知道別人的感受如何，我則如醍醐灌頂，一百個信服，奉之爲座右銘，身體力行，樂此不疲。

光陰荏苒，倏忽已過去了二十六年。回顧我走過的學術道路，可以說《陳垣史源學雜文》的影響無時不在，無處不在。今拈出數例，以明吾言之不誣。

1983年，中國歷史文獻研究會在河南開封召開年會。我參加了這次年會。這是我第一次參加歷史文獻研究會的年會，并在這次年會上加入了中國歷史文獻研究會。我向年會提交的論文，標題是《書〈潛研堂文集〉後》，副題是《史源學實習劄記》。拙文開篇就說："陳援庵先生嘗云：'朱竹垞（彝尊）、全謝山（祖望）、錢竹汀（大昕）三家集，不可不一看，此近代學術之源泉也。'予服膺此語久矣。後得竹汀《潛研堂文集》，喜而讀之。一之不足，繼之以再。乃深嘆其學之博大精微，無所不賅，精到之論，觸處皆是。予之沾益受溉者，何止一二數。雖然，千慮之失，賢者不免。世推竹汀考證最精密，竹汀固有以當之，然非謂其每言必是也。《詩・鄭風・揚之水》云：'無信人之言，人實誑汝。'援庵先生假爲考尋史源之二句'金言'，以予之淺學膚受，誠不足望先賢之項背，而嚴謹之教，人人得而有之。爰本斯意，草成此篇。"拙文有幸被收入中國歷史文獻研究會秘書處編、福建人民出版社1985年出版的《古籍論叢》第二輯。

1984年，中國歷史文獻研究會在長春召開年會。這次年會，我也參加了。提交的論文題目是《讀〈通鑒胡注表微〉劄記一則》，内容是糾正陳垣先生在史源學上的一處失誤的。拙文的末尾寫道："《詩・鄭風・揚之水》云：'毋信人之言，人實誑汝。'陳垣先生假爲考尋史源之'二句金言'。這話確實是有味之言，也非陳垣先生不足以言此。以陳垣先生之博洽嚴謹，尚偶有此失，則如我之粗疏者豈不更要百倍留心！所以，此劄記，與其説是糾失，不如説是自警。"拙文有幸被收入劉乃和、宋衍申主編的《司馬光與資治通鑒》（吉林文史出版社1986年版）。

可以看出，我第一次參加歷史文獻學年會的論文是涉及史源學的，第二次參加歷史文獻學年會的論文還是涉及史源學的，也算是對史源學"情有獨鐘"了。不獨此也，我的第一篇史源學論文是針對錢大昕的，第二篇史源學論文是針對陳垣先生的，矛頭所指，説是初生之犢不怕虎還不夠，簡直就是向祖師爺發難開炮了。須知，我的一點點史源學實習的本領，遠的來説，是從錢大昕那裏學來的；

近的來說，是從陳垣先生那裏學來的，現在倒要對傳授我本領的先生指手畫腳、說長道短了，豈非呵佛罵祖，離經叛道，不敬之甚！實際上，我是多慮了。北京師範大學的劉乃和先生看到拙文《讀〈通鑒胡注表微〉劄記一則》後，特地找到我，和藹地笑着說："你的文章我看了，寫得很好。"前輩學者之不護短，獎掖後進，視學術爲天下之公器者如此！聞之，令人如坐春風。

其他涉及史源學的文章，例如《新版辭源溯源拾遺》，載《中華文史論叢》1983 年第 4 期和 1984 年第 1 期；《〈爾雅〉二義同條例是王引之發現的嗎》，載《古漢語研究》1989 年第 4 期；《〈經籍纂詁〉是一部專門收集"唐代以前"各種古書注解的字典嗎》，載《歷史典籍和傳統文化研究》；《讀書不通觀首尾，不可妄下批評》，載《中國文化研究》2008 年夏之卷（總第 60 期），這裏就不再贅述了。

據以上幾例可知，《陳垣史源學雜文》這本小書對我的學術思想產生了多麼重大的影響。爲此，我衷心感謝陳垣先生，感謝他的"二句金言"和一根金針，讓我受用無窮；我還要感謝陳智超先生，他不僅是《陳垣史源學雜文》一書的編者，而且對於我來說，他還是《陳垣史源學雜文》的饋贈者，我是受益人；我還要感謝張其凡先生，由於他的關心和幫助，我的擁有一本《陳垣史源學雜文》的願望才得以實現。

謹以此文，爲張其凡先生壽。

錢大昕及其《潛研堂文集》述評

錢大昕，字曉征，一字及之。號辛楣，又號竹汀居士。江蘇嘉定（今屬上海市）人。生於清雍正六年（1728），卒于嘉慶九年（1804），享年七十有七。

錢大昕是清代的漢學大師，乾嘉學派的巨子，吳派學者的卓越代表。他在當時就負有盛譽。梁玉繩把他比作鄭康成，王昶把他比作王深寧。錢載把他比作顧亭林。時人的這些比喻，説明了錢大昕學問的博大精微和造詣之高，這正如江藩在《漢學師承記》中所説："先生學究天人，博綜群籍，自開國以來，蔚然一代儒宗也。"

錢大昕的一生，大致可以分爲三個時期：舉業期、仕宦期、歸田期。儘管每一時期各有其特點，但不難發現，孜孜問學、專注著述，乃是貫穿他一生的共同點。

舉業期。從他童年入塾開始，到乾隆十九年中進士止。錢大昕出身貧寒，他多次談到，"吾家累世寒士"，"予家貧無負郭田"。

他的祖、父都是縣學生，依靠課徒維持家計，他自己在得到秀才的功名以後，也曾一度操塾師生涯，當時才十八歲，鄉試并不順利，但後來接連發生的兩件事，使他終生懷念不已。第一件事是乾隆十四年他以高才生被召入蘇州紫陽書院就讀。這件事對他未來的造詣影響極大。院長王峻很賞識他，稱嘆說："此天下才也！"并"誨以讀書當自經史始"。王峻以疾辭去，繼主書院的是沈德潛。沈是"江南老名士"，詩名尤高。錢大昕又親炙函丈，承其指授。吳中宿儒，如惠棟、沈彤等人，也引爲忘年交。惠氏之學，"求之十三經注疏，又求之初唐以前子史小學"，這對錢大昕影響很大。書院的同學當中，有王鳴盛、王昶、褚鶴侶等人，彼此臭味相投，以古學相策勵。如此名師，如此益友，加之蘇州自來是文人薈粹之地。錢大昕就在這樣的環境中，耳染目濡，潛心涵泳，這就爲他以後的治學奠定了雄厚的基礎。第二件事是，乾隆十六年，乾隆皇帝首次南巡，江浙士子紛紛獻賦進詩，錢大昕就是其中之一。由於詩賦入選，被特賜舉人，授內閣中書。因爲這是制科以來的曠世盛典，聞者莫不嘆羨。錢大昕有詩紀其事云"葵藿忽回初日照，鷽鳩何分上林棲。却笑杜陵誇獻賦，五年才得尉河西。"初試得售，好不得意，次年，他就買舟北上了。

仕宦期。從乾隆十九年中進士起，到乾隆四十年丁父憂止。這一時期，錢大昕在仕途上是一帆風順的。中進士後即被選爲翰林院庶吉士，散館後即授翰林院編修。乾隆二十三年，擢右春坊右贊善。二十五年,擢翰林院侍讀。二十八年,擢翰林院侍講學士。三十八年,擢詹事府少詹事。三十九年,提督廣東學政。這期間,曾先後充任山東、湖南、河南鄉試正考官及浙江鄉試副考官,并曾奉旨入直上書房。教皇十二子讀書。這一時期也是錢大昕在學術上的積累期和成熟期。錢大昕是個主張作吏不廢著述的人,他回憶京都生涯說:"在京都退食之暇,唯以經史自娛,討論異同,貫穿古今,丹黃不去手,既專心於著述"。這時的讀書,偏重史部,即所謂"予弱冠時,好讀乙部書。通籍以後,尤專斯業"。(《二十二史考異序》)同時旁及小學、金石、算術,其刻苦程度,自云"寢食幾廢"。他之所以用力如此之勤,是因爲他認爲"古人以立言爲不朽之一"。"人皆可忠義,不皆可儒林。慷慨一時事,著述千秋心"。這期間,除了奉敕參與撰修的書以外,還有一事應當提及,這就是在錢大昕的進士同年中有紀昀、王鳴盛、朱筠等人。這些人志同道合,常有接觸。他們都是乾嘉學派的主將,他們之間的交往,無異於順風呼唱,推波助瀾,這對於當時學風的影響,不可低估。

歸田期。從乾隆四十年奔父喪起,到嘉慶九年卒于紫陽書院止。錢大昕本來就宦情淡薄,時有歸田之志。他不止一次地講"平生富貴吾不戀","故知名位之有盡,不若文章之無窮"。乾隆四十年,因爲丁父憂,加以母老,於是決計家居不出。歸田三十年間的活動,我想可以用"教士有成,著述更富"八個字來概括。

王昶作《錢大昕墓誌銘》說："歸田三十年，曆主鐘山、婁東、紫陽三書院，而在紫陽至十六年之久。門下士積二千餘人，其爲台閣、侍從、發名成業者。不可勝計。蓋皆欽其學行，樂趨函丈，即當事亦均以師道尊禮之"。按錢大昕主鐘山書院（在今南京）、婁東書院（在今上海松江）各四年，通計在紫陽書院之十六年，都凡二十四年。可以說，歸田期間，除了因居喪和自己生病數年以外，未嘗一日離書院。經錢大昕指授成名的士子，錢大昕自編《年譜》及錢慶曾《竹汀居士年譜續編》曾略舉其尤者，但尚有未備，譬如清代治《說文》的四大家之一的朱駿聲，就是出自他的門下。《允倩府君行述》記其事說："十五歲，冠郡試，補府學生。時嘉定錢宮詹大昕主紫陽書院講席。一見奇府君才，曰：'吾衣鉢之傳將在子矣！'遂受業門下。"（《春融堂集》卷五五）錢大昕晚年多病，爲了培養莘莘學子，他勉力支持。他不是死于里居的床笫，而是死于紫陽書院院長的崗位上。總而言之，我們如果說錢大昕也是一個克盡職守、卓有成就的教育家，想來也不爲過。這一時期也是他著述的豐收期。他的主要著作，如《二十二史考異》《十駕齋養新錄》和《潛研堂文集》等，都是在這一時期完成的。他在晚年所作的詩中說："唯余文字癖，欲療無醫案"，"人皆憎老物，吾尚戀殘編"，可見他著述的勤奮。

七十歲時，他在《潛研老人自題像贊》中說："官登四品，不爲不達。歲開七秩，不爲不年。插架圖籍，不爲不富。研思經史，不爲不勤。"這是他對自己將近一生的總結。

錢大昕在學術上的貢獻是多方面的。阮元曾説："國初以來，諸儒或言道德，或言經術，或言史學，或言天學，或言地理，或言文字音韻，或言金石詩文，專精者固多，兼擅者尚少，唯嘉定錢辛楣先生能兼其成。"這話一點不錯，但就其嘉惠後人最多的方面來講，是他在史學和音韻學方面的貢獻。

錢大昕在史學方面的突出貢獻，集中表現在他的《二十二史考異》一書。我們知道，研究歷史，必須建築在可靠的史料的基礎上，而《考異》一書，最能滿足我們在這方面的要求。《考異》一百卷，凝結了他大半生的心血。書成之後，受到學者的一致稱贊。焦循寫有《二十二史考異贊》，他説。"詹事之學，博大精微。于何爲極？遷、固、修、祁。地詳沿革，算徹中西。職官制度，考核靡遺。以斯治史，乃得會歸。孰云乙部，易於經師"。（《雕菰集》卷六）李慈銘説，趙翼的《二十二史劄記》，"以視錢氏《二十二史考異》，固相去天壤，即擬王氏之《十七史商榷》，也遠不逮也"。應當説，《考異》是反映清代史學成就的代表作之一。

對於《考異》，我們不能把它簡單地指爲校勘異同、考訂是非的書。其實，它包含的内容非常豐富，遠非上述八個字所能範圍。錢大昕没有史學理論、方法的專著，他的史學理論和方法，散見於他對具體史事考訂的文字中。通過《考異》一書，他所留給我們的，不僅僅是無數的具體考訂成果，雖然僅此一項也足以使他立于史學大家之林，而更重要的是，他還有理論、有方法。"鴛鴦繡了從教看，莫把金針度與人"，錢大昕不僅讓人們看到了繡好的鴛鴦，而且那只繡鴛鴦的金針，他也是拿來度與後人的。

《考異》中的史論很多。例如，針對宋濂、王禕所修《元史》的立傳不當，他説："宋、王兩公不獨無史才，并無史識。"針對史家不博聞的通病，他説："予嘗論史家，先通官制，次精輿地，次辨氏族，否則涉筆便誤。"針對官修國史的差互百出，他説："蓋自唐以後，修史不出一人之手，志傳之文，不相檢照，至於如此。"對具體史實的議論也不少，例如，針對《宋書》《南史》的《恩幸傳》，他説："六朝人重門第，故寒族而登要路者，率以恩幸目之，殊未得好惡之平。"針對《宋史》把靖康之禍誘罪于趙良嗣等三人，他説："天之厭宋久矣！宋之亡宋自亡耳，豈三人之咎哉"。這些，雖然不出封建社會史學家的窠臼，但也可以看出，作者并非是局限於校勘考訂一隅的。

《考異》中還有許多隨文而出的注解，這給學者帶來了很大的便利。例如：《新唐書·地理志》行文過省，錢大昕唯恐學者誤解（實際上這種誤解今天還有），特地加了按語："志凡稱某州某郡者，謂本是某州，中間曾改為某郡耳，并非州郡之名同時并立也。"《宋史·燕王德昭傳》云："《朱子語類》：徽宗以宗室眾多，京師不能容，故令秦王位下子孫出居西京，謂之西外。"

錢大昕的考證方法，有兩點值得特別提出，一是利用金石文字與古文獻相結合。也就是王國維所説的"二重證據法"。例如，他説"六朝人多稱刺史爲史君。予家藏東魏光和二年敬顯儁碑，額題敬史君，字畫分明，高湝爲滄，定二州刺史，亦在東魏時，傳稱史君，與石刻正合，監本改'史'爲使，所謂少見多所怪也。"二是利用音韻學進行考證。例如，他説："秃發之先，與元魏同出，秃發即拓跋之轉，無二義也。古讀輕唇音如重唇，故赫連佛佛即勃勃，發從發得聲，與跋音正相近。"這兩種方法他使用得非常純熟，所以能夠摘發隱微，訂千年未正之訛誤。

錢大昕在音韻學方面的突出貢獻，表現在他對古聲紐的研究。錢大昕以前的古音學家，只研究韻而没有研究聲紐，古聲紐的研究是從錢大昕開始的。他認爲：後世讀輕唇音的非敷奉微四母，在漢魏以前都讀重唇幫滂并明，輕唇音產生於六朝之後，舌上音知徹澄三母，古讀端透定，這種説法已成定論。他還認爲："古人多舌音，後代多變爲齒音，不獨知徹澄三母爲然也。"這也給後人以很大啓發。他不僅給後人留下了科學的結論，而且也留下了縝密的研究方法。他在古聲紐研究中使用的方法有四點：根據異文和聲訓研究，從諧聲偏旁研究，從類隔切分析，從譯音字研究。這些方法，也都被後人所採用。

錢大昕的治學態度，一言以蔽之，曰："實事求是"。他自己就説"通儒之學，必自實事求是始。"具體來説，表現在下述幾個方面。

第一，不分門户，唯是之從。他説："後儒之説勝於古，不必強從古可也。一儒之説而先後異，從其是焉者可也。"他批評某些學者，"性情偏僻，喜與前哲相齟齬，説經必詆鄭、服，論學先薄程、朱。雖一孔之明非無可取，而其強詞以求勝者，特出於門户之私，未可謂之善讀書也。"無論是對漢儒或宋儒，他都抱着唯是之從的態度，不存畛畦之見。鄭玄是漢儒，他説"鄭君兼通六藝，集諸家之大成，删裁繁蕪，刊改漏失，伸百世窮經之士有所折衷，厥功偉矣。"朱熹是宋儒，他説："卓哉紫陽，百世之師。主敬立誠，窮理致知。大醇無疵。"當然，在許多具體問題上他又對鄭、朱進行批評，但這種既有肯定又有否定的態度，正是實事求是的表現。

第二，言必有據，無證不信。崇尚實學，不務空言，這本是所有漢學家的信條，錢大昕更是如此。他反對"臆決唱聲，自誇心得。"主張"未可以單詞以爲口實。"引古人爲證，他認爲："古人有先後之殊。""前之古人無此言而後之古人言之，我從其前者而已矣。"(《清代學術論》十三) 靠證據説話，而且要證據充分，這類例子，在他的著述中比比皆是。例如，爲了説明古無輕唇音，他舉出了上百個例子，爲了説明《説文》中多經師異文，他舉出了數百個例證。這些，就是梁啓超所説的："凡立一義，必憑證據。無證據而以臆度者，在所必擯"，"選擇證據，以古爲尚"，"孤證不爲定説"。

第三，文必己出，反對剿竊。他引用韓愈的話說："唯古于文必己出，降而不能乃剽賊。"他在《文箴》中說："文以貫道，言以匡時，非法不服，先哲是師，竊人之言，以爲己詞，欺世啖名，爲識者嗤。"他在《二十二史考異序》中宣稱："間與前人暗合者，削而去之。或得于同學啓示，亦必標其姓名。郭象、何法盛之事，蓋深耻之也。"我們讀錢大昕的著作，不難看出，他不但有是言，而且也有是行。這也就是梁啓超所總結的，"凡採用舊説，必明引之，剿説認爲大不德。"

第四，平等討論，知錯即改。段玉裁《潛研堂文集序》說："其氣和，故貌不矜張，辯論而無叫囂攘袂之習。"舉例來說，秦統一天下之後分天下爲多少郡的問題，這在當時學者中有爭論。有的主三十六郡說，有的主四十郡說。錢大昕是主張前說的。爲此，他和姚鼐一再辨論，又和洪亮吉等辨論。雖然反復論難，但辭氣溫和，尊重對方，重以說理，毫無過激言詞。這和當時某些學者的一聽到不同意見即怫然不悦，變色相爭，愈辯愈烈終至以毒詈醜詆者大不相侔。他是負有聲譽的學者，但不文過飾非，而是知錯即改。例如，盧文弨指出錢大昕所校的《續漢書》有誤校，他即報書承認是自己的"粗心之誤"；他在《跋楊大眼造像記》中不識"震依衣"之"依衣"爲何字，孫星衍指出"震依衣"即"震旅"之異文，錢大昕即報書說："敬聞命矣，即當刊正，以志不忘。"

第五，訂訛規過，意存忠厚。考證一類的文字，難免要說長道短，但不可逞一已之快意，搶擊前人以自表露。他在《答王西莊書》中說："愚以爲學問乃千秋事，訂訛規過，非以訾毀前人，實以嘉惠後學。但議論須平允，詞氣須謙和，一事之失，無妨全體之善，不可效宋儒所云一有差失則餘無足觀耳。鄭康成以祭公爲葉公，不害其爲大儒，司馬子長以子產爲鄭公子，不害其爲良史，所慮者，古人本不誤。而吾從而誤駁之，此則無損于古人而適以成吾之妄。王介甫、鄭漁仲輩皆坐此病，而後來宜引以爲戒者也。"這番話是有爲而發，但王西莊聽不進去。陳垣先生說："王西莊好罵人。昔賢每遭其短薄，如謂劉向爲西漢俗儒；謂李延壽學識淺露，才短位卑；謂杜元凱剿竊；蔡九峰妄繆；……皆見其所著《蛾術編》及《十七史商榷》。蓋其天性如此，又乏修養，自以爲是，而不知人之竊笑之也。"（《陳垣史學雜文·書十七史商榷第一条後》）

第六，獎掖人才，折節交下。錢大昕識拔戴震一事，應該說是清代學術史上的一段佳話。乾隆十九年，三十三歲的戴震還只是個秀才，落落不自得。就在這一年，戴震"策蹇至京師，困於逆旅，人皆以狂生目之，幾不能供饘粥，獲交于錢少詹大昕，稱爲天下奇才。秦文恭公纂《五禮通考》求精于推步者，少詹舉君名、文恭延之。"（《漢學師承記·戴震》）接着，錢大昕又在紀昀、王鳴盛、朱筠這班同年進士中間爲戴震延譽，"於是海内皆知戴先生矣"。乾隆十九年，錢大昕剛中進士不久，特改翰林院庶起士，論身份要比戴震高得多，但他能以才論人，不唯"資歷"，實屬難能可貴。錢大昕一生獎拔人才極多，關於這一點，我們可以從《清史稿》的《儒林傳》《文苑傳》及《疇人傳》中看到不少事例。

《潛研堂文集》，凡五十卷。按文體分爲十四類，這是錢大昕生前手定。嘉慶十一年，由其婿瞿中溶付梓行世，段玉裁爲之序。"潛研"是錢大昕嘉定住宅中的堂名。

《潛研堂文集》是錢大昕一生治學有得的集大成之作。它和作者的《二十二史考異》《十駕齋養新錄》《潛研堂金石文跋尾》等書不同。後者只能使人得其一個側面，而文集却能使人窺其全豹。拿它和其他的清人文集相比，博大精深就成了這部文集獨有的特色。清人張宗泰說："錢辛楣先生文集，予嘗讀之一再過，其於天文之推步，地理之沿革，以及職官、姓氏、聲音、文字、無不精通。而於音韻之通轉假借，尤能推發盡致，有觸處洞然之妙。所謂通天地人曰儒者。先生非其人邪！"

《潛研堂文集》的五十卷文字，雖然"皆有資于經史掌故"，但就其學術價值而言，等量齊觀是不妥當的。文集中的答問、序跋、書傳，尤爲精粹。

答問凡十二卷，其內容涉及群經、諸史、文字、音韻、訓詁、天算，其中有不少的精彩論斷被後人奉爲圭臬。他在古聲紐研究方面的創始之功和卓越見解，就是這些精彩論斷中的一部分。這是眾所周知的，毋庸贅述。至於他在答問中的其他創見，數量也很多，而且也多爲同時或後來的學者所接受。這一點，我們從阮元的《十三經注疏校勘記》和段玉裁的《說文解字注》中也不難看出。

序跋凡十卷，李慈銘曾加以評論："予每閱《鮚埼亭》《潛研堂》兩家題跋，深嘆其學之所不賅，令人茫然莫測其崖涘。其讀書之精細，爲前人所未有"。他的話并非溢美。我們不妨試把錢大昕的序跋和《四庫全書提要》的有關內容作一比較，就知序跋確有超過《提要》之處。我認爲，竹汀的序跋有三長。第一，竹汀序跋的書，其中有一些是《提要》所無的。所謂無，一是指無此書，例如集中的《跋平水新刊韻略》《跋江雨軒集》等就屬此類；一是指無同一書的較早版本，例如《跋爾雅疏單行本》《跋元大一統志殘本》等就屬此類。第二，對於同樣一部書，竹汀的序跋，或者可以正《提要》之誤，或者可以補《提要》之闕。例如竹汀《跋秦九韶數學九章》說："此書有立天元一法，與李治《測圓海鏡》所衍立天元一法本不甚同。且九韶自序末題淳祐七年九月，而李氏書成于戊申歲，相去不過一年，其時南北隔絕，撰述無緣流通。李氏自言本於洞淵，非得於九韶矣。或云敬齋（李治的字）用九韶法，豈其然乎！"這裏所說的"或云"，實際上就是指的《提要》。《提要》是欽定的書，竹汀不便指斥，故言"或云"。因爲《提要》在著録《數學九章》時說："此書所載立天元一法，李治用之于句股方圓，其源實開自九韶。"針對這種混淆學術源流的說法，竹汀便在跋中舉出三層理由予以駁正。第三，《提要》時而暗用竹汀題跋之說而不名。例如《提要》著録《石刻鋪叙》一書說："宋曾宏父撰，國朝初年，朱彝尊自爲之跋。然跋中謂宏父名淳，以字行，則未免舛誤。考宋有兩曾宏父，其一名淳，字宏父，爲曾布之孫。後人避甯宗諱，多以字行，遂與此宏父混而爲一，……實則與此作此書者各一人也。跋又謂陳思《寶刻叢編》，其援據廣博，顧不及此。考《鋪叙》諸石刻，斷手於戌申仲春，亦在淳祐八年（1248），若《叢編》則成于紹定辛卯（1231），相距凡十七八年，何由預見曾刻？彝尊亦偶誤記也。近厲鶚等刻《南宋雜事詩》，直題此書爲曾惇撰，是承彝尊之訛矣。"《提要》的這段話，實際上出自竹汀的《跋石刻鋪叙》，只不過字句略有更動而已。錢大昕在《十駕齋養新録》的《曝書亭集》條更是一語道破："今《四庫全書總目》即采予說也。"有的學者拘於聞見，竟指責錢大昕說："《跋石刻鋪叙》辯正語，已全見《提要》本書下，當由未及參質，故不免蹈前人之窠臼也。"這實在是本末倒置，冤哉枉也。余嘉錫先生很推重錢大昕，他曾說："（竹汀）當時雖與紀曉嵐齊名，有'南錢北紀'之目，實則紀不足望其項背。故《提要》常引《潛研堂文集》（當理解爲錢大昕之語），而錢氏《潛研堂全集》及其他著作中，於《提要》鮮所稱道。"

書傳凡八卷。所謂書，全是同志之間的論學書劄，或答問、或質疑、或論難，言之有物，實事求是，書中的卓見很多。例如他在《與一統志館同事書》中說："夫輿地之志兼及人物。特以其生長是邦、遊釣所在，俾後世聞其風者，興高山景行之思。至若魏晉以降，士大夫以門第相尚，王必太原、琅邪，李則隴西、趙郡，謝稱陳郡，裴號河東，雖去其鄉國更數十世，猶必溯其本望，此乃氏族之學，無關於地理。而後之志州郡者，昧於疆域，濫收以備鄉賢之數，甚可笑也。東坡居士嘗自稱趙郡蘇軾，而穎濱遺老又名其集曰"欒城"，今若以二蘇入真定之人物，可乎？不可乎？愚意若此類者，并當博考改正，庶幾一洗向來志乘之陋。"嘗鼎一臠，可知其餘。他的這番話，對於我們今天的地志編纂，也有重要參考價值。傳中的一些名儒傳，如《嚴衍傳》《閻若璩傳》《胡渭傳》《萬斯同傳》《惠棟傳》《江永傳》《戴震傳》等，都是研究清代學術的寶貴資料。

《潛研堂文集》是一部"傳而能久，久而愈著"之作，看來不算過分。不錯，文集中的許多精彩論斷已爲後人所采納，但爲後人所忽略的也不是沒有。忽略就會帶來失誤。例如，史書中到處可見的"調"字究爲何義（例蘇軾調福昌主簿）。當時的《一統志》總纂官已不很了了，誤以爲"更換"之義。錢大昕根據字書、根據古注，多方舉證，如匡衡射策甲科，調補平原文學；狄仁傑舉明經，調汴州參軍；宋務光舉進士及第，調洛陽尉，等。說明

"調"是"選"（選官）之意，至於"改調，降調"之名，《明史》始有之，唐以前未之有也。他的結論完全正確。而我們今天的一些詞書和注本置錢說於不顧，仍然以"遷轉""調動"一類的字眼來解釋此"調"字，實在是扞格難通。試想諸人始獲功名，尚未居官，"遷轉"何從說起！又如，"詹事"一詞當作何解？錢大昕本人是做少詹事之官的。錢大昕在文集中曾說："詹事古稱宮相，今則職務清簡，而特爲詞臣最高之班。"又說："詹事之長，視古承旨（指翰林學士承旨）。"把詹事的古今區別說得很清楚。而我們有的同志竟把錢大昕的少詹之官說成是"專管太子事務衙門的副長官"。這又是從何說起！諸如此類者尚多，非止此兩端而已。無怪乎陳垣先生說："朱竹垞、全謝山、錢竹汀三家集，不可不一看，此近代學術之泉源也。"

錢大昕以考證精確見稱，言貴徵實，不佞談義理。但這并不意味着他沒有議論，沒有對問題的看法。他的議論雖然不多，但夫人不言，言必有中。例如，他說："《左氏傳》曰：'凡弑君、稱君，君無道也；稱臣，臣之罪也。'後儒多以斯語爲垢病。愚謂君誠有道，何至於弑？遇弑者，皆無道之君也。"在君主專制時代而持論如此，可謂大膽，這種議論不能不說是突破了封建思想的藩籬。又如，在婦女改嫁的問題上，宋儒鼓吹"餓死事小，失節事大"。錢大昕對此很不以爲然。他針鋒相對地說："去而更嫁，不謂之失節。"又說"先王之禮，初不以從一而終之義責之。"在道學空氣令人窒息的時代，這不正振聾發聵之論。對於當時的一些小説，他議論道："小説專導人以惡奸邪淫之事，儒釋道書所不忍斥言者，彼必盡相窮形，津津樂道，以殺人爲好漢，以漁色爲風流。喪心病狂。無所忌憚。"因此主張"焚而棄之，必有弭盜省刑之效。"乍一看來，這似乎又是一派道學家的言語，細細地想，可知他所批評的小説乃是今日所謂的"黄色小説"，只不過當時尚無此名目罷了。因此，他的這番話不無積極意義。他看到了當時中國在自然科學方面的落後，説："中法之細紕于歐邏巴也，由於儒者之不知數也。中土之善於數者，儒家輒訾爲小技，舍九章而言先天、支離附會，無益實用"。話裏就包含了某種向外看、圖振救的氣息。集中有一篇《記侯黄兩忠節公事》，實際上是一篇嘉定屠城惨史的實録。文中稱嘉定的抗清民衆爲"義師"，稱贊他們"奮勇向前""視死如歸"。同時，直書清兵的殘暴，記述了令人髮指的屠城經過。錢大昕緬懷先烈，以嘉定人記嘉定事，不但給後人留下一篇可歌可泣的文字，更爲難能可貴的是，在清朝統治者迭興文字獄的情況下，他不顧禁忌，甘冒時諱，居然把這篇含有明顯反清傾向的文字編入文集，這又是一般俗儒所做不到的。

毋庸諱言，由於時代和階級地位的限制，錢大昕也有其不足之處。就從文集所表現的來看，例如，尊信《説文》太過，他説："求古文者，求諸《説文》足矣。後人求勝於許氏，拾鐘鼎之墜文……既真贋參半；逞鄉壁之小慧，又誕妄難憑。"又如，他認爲反切始於上古，不相信三十六字母是受到佛經影響的説法，説："豈古昔聖賢猶昧於兹，直待梵夾西來，方啓千古之長夜哉。"以上這些，都反映了他的主觀保守和抱殘守缺。文集中有相當多的墓誌銘，雖然他一再聲稱："非阿所好，其美足傳。"但是，"昌黎猶不免諛墓"。所以，實地考察起來，諛墓之誚，怕也難免。又儘管錢大昕以考證精密見稱，但也有失誤之處，這也不足爲怪。千慮一失，智者不免。學術上的河題，本來就是草創者疏，踵事者密，歷來如此。如果没有前人的導夫先路，如果後人不是站在前人的肩上，後人也很難取得超過前人的成就。總之，就錢大昕所處的時代而言，他的造詣達到了最高水準。

金針度人　良苦用心

——龍啓瑞《經籍舉要》述評

龍啓瑞（1814~1858），字輯五，號翰臣，廣西臨桂（今屬桂林市）人。道光二十一年一甲第一名進士，授翰林院修撰。道光二十七年（1847），他在提督湖北學政任上，著《經籍舉要》一書。

《經籍舉要》的性質，龍啓瑞在書中説得很明白："右所舉各書，皆于諸生有益，所宜置之案頭，以備觀覽。其爲目多而不繁，簡而不漏。由此擴而充之，可進於博通淹雅之域；即守此勿失，亦不至爲鄉間固陋之士。"由此可知，《舉要》乃是一部指導學生治學門徑的書目舉要。

我們認爲，作爲一部指導學生治學門徑的書目舉要，《經籍舉要》有下列特點：

第一個特點是，它是一部成熟的指導閱讀書目。對於哪一部書是我國最早的指導閱讀書目，目前學術界的看法尚不一致。王重民《中國目錄學史論叢》認爲，指導閱讀的書目，"現在最早的一種是在敦煌出土的《雜抄》內"。喬好勤《中國目錄學史》認爲元代程端禮的《程氏家塾讀書分年日程》是"一部相當成熟的導讀書目"。程千帆、徐有富《校讎廣義目錄編》認爲清道光二十七年，"湖北學政龍啓瑞編撰的《經籍舉要》是一部較早的推薦書目"。姚名達《中國目錄學史》認爲："清道光末，龍啓瑞撰《經籍舉要》，始擇取諸生急需精讀之書，略述其內容得失，指示讀法。張之洞之《書目答問》，即仿其意而作者也。"我們認爲，可以這樣說，龍啓瑞的《經籍舉要》是指導閱讀書目發展到成熟階段的第一部書目。

第二個特點是少而精。據統計，龍氏開列的經部書有《十三經注疏》《皇清經解》等31種，史部書有《廿四史》《資治通鑒》等8種，子部書有《老子》《莊子》等33種，集部書有《楚辭章句》《陶淵明集》等21種。除此之外，龍氏還開列了下列六類書：一是約束身心之書，凡11種；二是擴充學識之書，凡7種；三是博通經濟之書，凡6種；四是文字音韻之書，凡9種；五是詩古文詞之書，凡10種；六是場屋應試之書，凡3種。以上合計，共139種。龍氏《舉要》是爲湖北學子開列的書目，張氏《答問》是爲四川學子開列的書目，兩書的讀者對象是一樣的，但《答問》開列的書籍却多達2000餘種。相比之下，《舉要》的少而精的特點就顯得十分突出。應當指出，一般的書目都僅僅是以經史子集四部爲綱，《舉要》則不然。《舉要》除了以經史子集四部爲綱外，另外又開列了上述六類書。龍氏之所以這樣作，是爲了滿足其培養目標的需要。職此之故，龍氏對於增加這六類書的良苦用心，曾經一再致意。例如，他增加司馬溫公《家範》《書儀》等 11 種書爲約束身心之書，説："右 11 種，常置案頭，可以束身寡過，雖不能遽至於聖賢之域，而不流於不肖也決矣。"又如，他開列《四庫全書總目提要》、顧炎武《日知録》等 7 種書爲擴充學識之書，説："學者讀書，最忌見聞荒陋，用以作文，必無精彩，安能出人頭地。苟于此融會貫穿，庶可無村秀才之誚矣。"

　　第三個特點是能夠在一定程度上突破《四庫全書總目》，能夠吸收當代最新研究成果。首先，《舉要》出現在《四庫全書總目》問世之後，《舉要》在某些方面受到《總目》的影響，這是很自然的，很正常的，也是必須的。其次，如果《舉要》一切都是以《總目》之馬首是瞻，不敢越雷池半步，那麽，它的可愛之處就將大大削弱。因爲科學的精髓就在於不斷地有所前進，有所發明。而《舉要》的可貴之處恰恰在於它敢於在一定程度上突破其藩籬。例如，吕坤的《呻吟語》、陳弘謀的《五種遺規》、儲欣《唐宋十家文》等書，在欽定的《總目》中都被列入"存目"。大家知道，凡是被列入"存目"的書，用今天的話來説，就是被打入了另册，且不説它是否被統治者目爲異端邪説，至少説明它的價值不大。寫到這裏，我們心裏就有個疑團：這個龍啓瑞，膽子也夠大了，身爲朝廷命官，竟然敢把欽定爲"存目"的書，堂而皇之地向全省學生推薦，難道就不怕丟了烏紗，甚至壞了性命？再例如，《舉要》開列之書，有些是《四庫全書總目》失收的。納蘭成德的《通志堂經解》、顧祖禹的《讀史方輿紀要》、俞長城的《百二名家制藝》等書是其例。這些書在清初已經刊行，但爲《四庫全書》所失收。至於吸收當代最新研究成果，《舉要》做得尤爲突出。例如，在經部書裏面，龍氏就開列了郝懿行的《爾雅義疏》和王念孫的《廣雅疏證》，并特地介紹說："是書引據精博，直掩前賢而上之。與高郵王氏《廣雅疏證》同爲近今之絕學。"在文字音韻之書裏面，龍氏就開列了段玉裁的《說文解字注》，并介紹說："《說文》之所以可貴者，以其于讀經有益也。段氏此書，於經義融洽貫穿，而講求聲音、形體之處，亦爲精確得當，在《說文》家可爲空前絕後之作。特好以意擅改，恐終失許氏之舊，是其一病耳。"評價也很公允。諸如此類者尚有王念孫的《讀書雜誌》、錢大昕的《十駕齋養新錄》和《廿二史考異》、方苞的《古文約選》、姚鼐的《古文辭類纂》等書，這些書的學術價值，今之學者蓋皆人能言之，毋庸贅述。

第四個特點是重根柢而輕利祿。所謂根柢，是指經史之學；所謂利祿，是指舉業，指以獵取功名爲目的的應試之學，也就是後人所說的"敲門磚"。在龍氏總共開列的139種書中，屬於場屋應試之書的只有三種，實在是微乎其微。爲什麼要這樣做呢？龍氏的看法是："諸生今日莫不以場屋應試之功爲急務，而所載之書止於三種者，以根柢之學，全在經史之中。經史既明，則醞釀深厚，焉有用以爲應試之學而不工者？"又說："十三經乃學問文章之根柢，必須精熟貫通，異日立身行事，讀書作文，處處方有把握。"又說："時文、試帖、律賦，其根柢豈能離經籍之中？果能胸有積軸，用之舉業，斷無不利。"龍氏的重視"根柢之學"，用我們今天的話來説，似乎就是重視素質教育；龍氏對待場屋應試之書的態度，用我們今天的話來説，似乎就是不多麼以單純追求升學率爲然。如果我們的理解不錯，那就是説，龍啓瑞作爲一省的最高教育長官，其辦學指導思想對於我們也不無可供借鑒之處。

第五個特點是傳授讀書方法。按禮説，《舉要》只要把書目開出來，就算完成任務。介紹讀書方法并不是它的題中應有之義。可能是龍啓瑞出於他作爲學使的使命感，字裏行間，讀書方法的文字時有流露。如何讀經？他援引陳弘謀《豫章書院學約》説："先將正文熟讀精思，從容詳味，然後及於傳注，然後及于諸家之説，平心靜氣，以求其解。毋執己見，以違古訓；毋傍舊説，以昧新知。本經既通，乃及他經；如未能通，不必他及。"如何讀史？他説："愚謂今日諸生，讀史必須手邊置一劄記，隨其所得，分類記之。記古人之嘉言懿行，則足以檢束其身心；記古人之善政良謀，則足以增長其學識；以至名物象數，片語單辭，無非有益於學問文章之事。當時記録一過，較之隨手翻閲，自當久而不忘。此爲讀史要訣，諸生所宜盡心。"對於熟讀《説文》的重要性，他説："讀書而不讀《説文》，是雖識字而不識字也。"這些話聽起來都是卑之無甚高論，實則都是經驗之談，苟能身體力行，所獲必有可觀。

最後説明一點。今本《經籍舉要》是經過袁昶增修的本子，時在光緒七年（1881）。凡袁氏所增之書，皆有"增"字作爲標誌。所以，何者爲龍氏原作，何者爲袁氏繼增，一目了然。據統計，袁氏增加的書有121種，將近龍氏原書的一倍。因爲袁氏是在龍氏書問世34年之後增修的，所以能夠增加一些後出的科研成果也是很自然的；但袁氏增加的121種，是否都能合乎龍氏的本意，很難説。我們認爲，袁氏的增加，其中有些是多餘的。例如，袁氏在經部書中增加了王引之的《經傳釋詞》，而王氏《經傳釋詞》已被收入《皇清經解》中，而《皇清經解》是龍氏已經開列的書；袁氏還增加了阮元的《十三經校勘記》，而阮元《十三經校勘記》不但已被收入龍氏已經開列的《皇清經解》中，而且龍氏還在所開列的《十三經注疏》下，特地注明版本説："阮刻連校勘記本。"鑒於以上的情况，本文對袁氏增加的書暫不置評。

2002年1月16日星期三修改，2004年12月6日星期一再修改。

古代文言小說家王同軌評傳

王同軌，正史無傳。目前我們對他的生平還知之不多。根據《耳談》和《耳談類增》中的有關資料，知道他字行父，黃州黃岡人。大約生於明嘉靖二十年（1541）前後，卒于萬曆末年。生於仕宦家庭。他的祖父，名麟，字體仁，弘治十二年（1499）進士，嘗官封丘令。他的父親，名不詳，字稚占，萬曆七年（1528）舉人。七上春官皆不第，故未仕。他有兩個伯父在《明史》裏有傳。一個是王廷陳，字稚欽，號夢澤，正德十二年（1517）進士，曾官裕州知州。性跌宕不羈，不爲上峰所喜，終因此而被尋摘罪過，削籍歸田。廷陳是當時名士，善謔。馮夢龍的《古今譚概》卷二十二"王夢澤"條就有記載；又工詩，王世貞《藝苑卮言》卷五以爲"如良馬走阪，美女舞竿。五言猶自長城"。有《夢澤集》二十三卷傳世。一個是王廷瞻，字稚表，嘉靖三十八年（1559）進士，官至尚書，頗著政績。廷瞻與王世貞弟世懋是同榜進士，兩家成爲世交，這爲王同軌的躋身士大夫圈子創造了有利條件。

王同軌本人，科場很不得意，一生未得一第，後來靠捐貲才做了貢生。捐貲做貢生，史稱"例監"。"例監"不算正途，爲人所輕。雖然也能選官授職，但不可能擢居顯要。他曾在上林苑監屬下的蕃育署供職，責任不過是"育鵝鴨雞以供光禄"。又曾在通政使司作幕，在位於滁州的南太僕寺任職，末了做過江寧縣丞。他的交遊很廣，這也是他能夠寫成《耳談》和《耳談類增》的重要原因。因爲很多奇聞異事都是由他的這些朋友提供的。他和嘉靖後七子中的王世貞、李攀龍、吳國倫、宗臣等交往頗密，這從《耳談》和《耳談類增》的有關條目中可以看出。萬曆十二年（1584），王同軌曾隨吳國倫買舟東下，不遠千里，親至太倉拜謁世貞兄弟，詩酒唱和，盤桓有日。其他當時名流，如公安袁氏兄弟、李維楨、耿定向、徐渭等，同軌也與之有往來。就連《喻世明言》中寫到的沈小霞，也是同軌友人之一。同軌記其交往云："公寫梅花，歲寄我數幅"。王同軌也能詩，有《王江寧集》，吳國倫、李維楨爲之序，今佚。《明詩綜》《明詩紀事》各載其詩一首，論者謂其"作詩不多，自有風格，不欲寄諸公籬下"。

王同軌的《耳談》十五卷和《耳談類增》五十四卷，是兩部文言小說，對我國明清以來的通俗小說創作影響很大。對於這兩部文言小說，過去的通俗文學研究者都在不同程度上有所忽略。這裏予以簡要介紹。

先説《耳談》。《耳談》，又作《耳譚》，黃虞稷《千頃堂書目》云："一名《賞心粹語》。"其書爲什麼以"耳談"爲名？王同軌《自序》說："予遊薊門，奉士大夫塵談，紛此種種，而京師翼翼，人物湊雜，厥事尤夥，因劄記之，曰《耳談》。"簡言之，就是用耳朵去聽別人之談，然後一條條記下來，故稱《耳談》。所記的事，基本上限於有明一代，特別是明中葉以後。這一點很少例外。後來的《耳談類增》也是如此。關於《耳談》一書的内容，江盈科《耳談引》說："行父所撰《耳談》，派蓋出齊諧云。"《四庫全書總目》存目題要說："其書皆纂集異聞，亦洪邁《夷堅志》之流。"這些評價還是很中肯的。《耳談》刊行後，據說很受歡迎，"金陵、浙、陝，皆有版本"，"家置一集，紙貴市中"。

我看到的《耳談》版本有兩個。一個是收入臺灣偉文圖書出版社有限公司1977年印行的《秘笈叢編》中的五卷本，記事凡193則，系據萬曆年間金陵書坊世德堂刻本翻印。據作者自序，書刻于萬曆丁酉（1597）。此五卷本，北京圖書館有藏，見王重民《中國善本書提要》。一個是北京圖書館收藏的十五卷本，也是萬曆世德堂刻本，每半頁10行，行20字，記事凡584則。二本前均有李維楨一序、江盈科一引，以及作者本人的自序。自序作于萬曆丁酉（1597）孟夏，或以爲是年刻成。但觀書中所記，不少是萬曆丁酉年事，甚至有的記事，像《耳談》卷十"黃鶴樓重灾"條，已是萬曆丁酉十月事。所以我認爲，此書很可能是刻成於戊戌（1598），即丁酉的次年。五卷本的内容，與十五卷本前五卷的內容完全相同。筆者懷疑，五卷本非足本。

再說《耳談類增》。《耳談類增》的版本，我只看到一種，即北京圖書館收藏的萬曆刻本，每半頁12行，行24字，五十四卷，記事1315則。最早著錄此書的也是《千頃堂書目》。《四庫全書總目》未收此書。此書每卷之前均題有"黃岡王同軌行父著，滁陽夏守成克家校，繡谷唐晟伯成、唐昶叔永梓"字樣。書前除有原來的李序、江引外，還有張文光序、張汝霖序，以及作者的《耳談類增自序》和《耳談類增凡例》。據張文光序和作者自序，知《耳談類增》刻成于萬曆癸卯（1603）。近年問世的《續修四庫全書》子部收有此書的影印本，原本藏中國科學院圖書館，實際上與北京圖書館收藏的萬曆刻本爲同一版本。

對於《耳談》怎樣變成了《耳談類增》，作者在《自序》中有交待："予往需次都門，羈旅多暇，偶有《耳談》之紀。灾木數處，幾令紙貴。然實草創，不次不備。今幕銀台，遊道日廣，日有所聞，不律屢禿。鵠正而矢攢，饒益三倍，遂以畛分，刪複袪陳，訛誤皆滌。書成，名之曰《耳談類增》。"據此可知，《耳談類增》之于《耳談》，至少有下列四點不同。第一，內容增加，此所謂"饒益三倍"。更具體點說，就是由十五卷增至五十四卷，由584則記事增至1315則記事。第二，重新編類，此所謂"遂以畛分"。《耳談》是草創之作，未加詮次，給人以雜亂無章之感。《耳談類增》則不然。作者又另起爐灶，將前後所有記事重新分類編次。舉例來說，"劉仙姑"和"宗諫議"二條，在《耳談》中同屬卷一，而在《耳談類增》中則分屬卷二十三《玄旨篇》和卷七《精技篇》。明乎此，我們就可知道，《耳談類增》的前十五卷并不就等於《耳談》十五卷本。第三，慎加別擇，此所謂"刪複袪陳"。據我的初步統計，《耳談》中的記事有 90 餘條沒有被收入《耳談類增》，這恐怕就要用"刪複袪陳"來解釋。例如，《耳談》卷三有"鞏固"條，實出於洪邁"夷堅乙志"卷十一之"鞏固治生"條；《耳談》卷九有"湯胤績"條，所記事又先見於明王錡《寓圃雜記》卷上。爲避免與前人之書重複，《耳談類增》即將此二條刪去。第四，改正錯誤，此所謂"訛誤皆滌"。例如《耳談》卷一"沈休文女"條，稱湖州人發一古墓，墓中人乃沈休文女。到了《耳談類增》卷二十七，就糾正了傳聞之誤："近謂事實有之，特非休文女，而昭明太子妃。"標題也從而改爲"梁昭明太子妃"。又如《耳談》卷九之"某尚書謔語"條以三月三日爲浴佛節，作者後悟其非，在《耳談類增》卷三十七中即改浴佛節爲四月八日。此外，筆者對照閱讀《耳談》和《耳談類增》，常常發現有這種情況，即同記一事而文字大同小異。我認爲，這些文字上的小異無關乎是非，大約是作者在文字加工上所下的推敲工夫。

通過對《耳談》和《耳談類增》的比核，我認爲，二者的不同，上述四點還只能說是其犖犖大者，另外還有兩點不同，也是我們在閱讀和使用它們時應該注意的。第一，《耳談》和《耳談類增》的某些條目，二者的記事內容相同，但題目不同。如《耳談》卷二"寧均"條，《耳談類增》卷四十五改題作"扶蠻王印"；《耳談》卷九之"某尚書謔語"條，《耳談類增》卷三十七改題作"楊循吉"，是其例。第二，《耳談》和《耳談類增》的某些條目，二者雖然題目相同，但內容詳略大異。如"傳奇辯"條，在《耳談》卷二中僅319字，而在《耳談類增》卷三十九中則爲2270字。又如"九鯉仙夢"，在《耳談》卷十二中僅是短短的一條，而在《耳談類增》中則變爲赫然一卷，即整個第十五卷。

書以"耳談"爲名，其意蓋謂用耳朵去聽別人之談，然後記錄下來。但請注意，作者并不是有聞必錄，而是抱着這麼一條宗旨：無奇不錄。作者在《凡例》中宣稱："談本以奇耳者也，不奇不耳。"通觀全書的記事，稱奇道異的字樣，比比皆是。如卷二十八"俞保兒免軍"條云："（關）壯繆顯靈，數處特異，然未有異若此者。"卷十八"咸甯兒異"條云："此古今第一異也。"卷二十九"黃山人重耳"條云："此《耳談》中第一奇也。"等等。可知作者追求的是一個"奇"字，而其書乃是記載奇人奇事奇言奇行之書。

由於《耳談類增》是一部纂集異聞奇事之書，這就使得它和通俗文學創作結下了不解之緣。可以這樣說，它是明清通俗文學創作取材的一個淵藪。這表現在，第一，它是雜劇創作的一個重要取材來源。《遠山堂明劇品》云："詞隱先生（按：謂沈璟，明雜劇作家）游戲詞壇，雜取《耳談》中可喜可怪之事，每事演三四折，俱可絕倒。"第二，它是馮夢龍的《三言》、凌濛初的《二拍》取材的一個主要來源。據統計，馮夢龍《三言》中有八卷故事的取材與《耳談》和《耳談類增》有關，凌濛初《二拍》中有十三卷故事的取材與《耳談》和《耳談類增》有關。如果按照《三言》《二拍》所載正話、入話來進行統計，則《三言》中有一則正話的取材是僅僅見之于《耳談》，五則正話、二則入話的取材是先見之于《耳談》，繼又見之于《耳談類增》；《二拍》中有一則正話的取材是僅僅見之于《耳談》，一則入話的取材是僅僅見之于《耳談類增》，七則正話、十二則入話的取材是先見之于《耳談》，繼又見之于《耳談類增》。須要説明的是，在《三言》之前，馮夢龍的《情史》《古今談概》《智囊》和《智囊補》等書，已經大量取材《耳談》和《耳談類增》。例如，《喻世明言》卷十八《楊國老越國奇逢》，此卷正話故事的來源是《耳談類增》卷八之"蘖公、楊公得父"條，有的研究者稱其來源是《古今談概》和《情史》，誤，蓋不知《古今談概》和《情史》乃襲《耳談類增》文也。

書《潛研堂文集》後
——史源學實習劄記

陳援庵先生嘗云："朱竹垞（彞尊）、全謝山（祖望）、錢竹汀（大昕）三家集，不可不一看，此近代學術之泉源也。"（《陳垣史源學雜文·前言》）予服膺此語久矣。後得竹汀《潛研堂文集》，喜而讀之。一之不足，繼之以再。乃深嘆其學之博大精微，無所不賅，精到之論，觸處皆是。予之沾益受溉者，何止一二數。雖然，千慮之失，賢者不免。世推竹汀考證最精密，竹汀固有以當之，然非謂其每言必是也。《詩·鄭風·揚之水》云："無信人之言，人實廷（通"誑"）汝。"援庵先生假爲考尋史源之二句"金言"。以予之淺學膚受，誠不足望先賢之項背，而嚴謹之教，人人得而有之。爰本斯意，草成此篇。

卷一九《文種非鄢人》：

> 越大夫種，春秋內外傳注家皆不言何許人，其指爲鄢人者，始于王厚齋。厚齋所據者，高誘注《呂氏春秋》也。今考呂氏書第二卷《當染》篇注云"楚之鄢人"，第四卷《尊

師》篇注云"楚鄾人"。"鄧""鄾"字形相涉,刊本傳訛,固難決其然否。但兩注皆云楚人,而鄧爲越地,鄾爲魯地,與楚並不相涉,則鄧、鄾均未可信。及讀《太平寰宇記》敘荊州人物云:"文種,楚南鄧人。"乃恍然悟《吕覽》注本是"鄧"字。樂史生於宋初,所見吕氏書尚未訛也。項閲全氏《鮚埼亭集》有辨一篇,雖未能據《寰宇記》以證其訛,然亦可謂先得我心者。

按:竹汀此節辨證,一則批駁王應麟誤據《吕覽》高誘注而認文種爲鄾産,一則誚責全祖望《辨大夫種非鄾産》一文(見《鮚埼亭集》卷三五),未能據《寰宇記》以證其説。據《寰宇記》以駁斥王氏、補證全氏,這是竹汀矜爲創獲之處。實則,竹汀所據者,片面之詞,殊不足據。今按《寰宇記》卷一四六荊州叙人物固云"文種,楚南鄧人,"而同書卷九八明州叙人物亦云"文種,鄾人"。由此可知,樂史對於文種出生地本無定見,不過是以疑傳疑,兩説並存;豈可取此舍彼,僅據片面之詞立説?以此駁王,王何所服?以此責全,全亦不受。徒貽二公胡盧於地下。所謂"樂史生於宋初,所見吕氏書尚未訛也"之説,自屬臆測。《潛研堂文集》卷二七復有《跋吕氏春秋》一篇,語多精闢,不足之處則不當于彼文中重申此説。統而觀之,俱蹈"讀書不統觀首尾"(《陳垣史源學雜文》)之失。更有甚者,竹汀爲乾嘉名家,時人重之。此説一出,學者即信而引之,更不細心尋繹,遂致以訛傳訛。畢沅校《呂氏春秋》，即徵引竹汀此說爲據，即是一例。

卷一九《鄞縣誌辨證·陳著》：

志（按謂《成化鄞縣誌》）又云'子宓，亦有文名'。考本堂四子：澡、瀹、洵、沆，無名宓者，其不足信四也。

按：陳著，字謙之，一字子微，號本堂，鄞人，生於宋季，著有《本堂集》。竹汀此節辨證有誤。考之《本堂集》，本堂凡五子，曰深、曰瀹、曰洵、曰涅、曰泌。何以言之？按《本堂集》卷三四有《四子名說》一文，謂長子曰深，字汝姿；次子曰瀹，字汝海；三子曰洵，字汝都；四子曰涅，字汝沚。集中詩作，稱及深、瀹、洵、涅者極多，此處不煩贅引。而卷三五又有《名幼子泌字汝泉說》一文，或以幼子之故，集中他處稱及泌者尤夥。如卷二之《泌生日二首》，卷六之《次兒泌韻》，卷十二之《次韻泌雨後》，皆是。《次兒泌韻》下有注文云："泌，先生少子，字汝泉。"由以上可知，泌乃著之幼子，排行第五。《成化鄞縣誌》作"宓"，蓋字之誤，而竹汀斷言無其人，所失尤遠。究其故，當爲不曾細檢全書。又所謂沆者，實即本堂次子瀹之改名。《本堂集》附錄有《剡源九曲圖記》一文，題陳沆作，注云"字汝海，本堂次子"，可證瀹、沆爲一人。卷三三有《送兒沆再之婺》《送兒沆再之台學》等篇，亦資旁證。竹汀認瀹、沆爲二人，失考。總之，本堂凡五子，而如竹汀所辨，則僅得其三。陳援庵先生說："讀書不統觀首尾，不可妄下批評。"（同上書）確是至理名言。

卷二八《跋北齊書》：

晁公武謂百藥避唐朝名諱，不書世祖、世宗之類，不知百藥修史在貞觀中，其時"世"字并不回避；李勣之名，亦高宗朝所改也。梁、陳、周書皆不避世祖、世宗字，百藥與思謙、德棻同時，何獨異其例乎？

按：此節跋語，余嘉錫《四庫提要辨證》有說，今摘錄如下：

錢氏之說，較《提要》更爲詳明，讀《北齊書》者，不可不知也。然謂《北齊書》，不諱"世"字則又非是。《史通·雜說》中篇曰："皇家修五代史，館中墜稿仍存，皆因彼舊事，定爲新史。觀其朱墨所圍，鉛黃所拂，猶有可識者。其北齊國史，皆稱諸帝廟號，及李氏撰《齊書》，其廟號有犯時諱者（自注云：謂有"世"字，犯太宗文皇帝諱也）即稱謚焉。晁公武謂百藥不書世祖、世宗，其說即出於此。知幾親覽館中墜編，觀其朱墨所圍，鉛黃所拂，則是李百藥親筆原稿，固宜避太宗之諱，改世宗、世祖之廟號而稱謚矣。觀《史通》自注明白如此，安得如錢氏所說，謂貞觀初"世"字并不回避乎！蓋武德中雖有"世民兩字不連續者，并不須諱"之令（見《舊唐書·太宗紀》），不過於偶犯偏諱者，不罪之而已，至於臣下曲致恭謹，避而不書，固非功令所能禁也。《舊唐書·李勣傳》云："本名世勣，永徽中，以犯太宗諱，單名勣焉。"《新書》因之（但云"高宗時"）。然閻若璩補正《日知錄》(《潛丘劄記》卷四下) 云："吾邑晉祠，有唐太宗貞觀二十年御制碑，碑陰載當日從行諸臣姓名已去却"世"字，單稱勣，是唐太宗在日已如此，不待永徽初也。"然而兩唐書之言，未可全據。錢氏猶援此以證百藥之不諱"世"字，豈偶忘潛丘之說乎！王懋竑《讀書記疑》卷十謂《隋書》成于貞觀時，而以"世"爲"代"，以"民"爲"人"，固未嘗不諱。豈《隋書》當諱，《北齊書》獨不當諱乎？至於梁、陳、周書之不諱"世"字，當由後人所回改，即如百藥原書十八篇，仍稱世宗、世祖，不作文襄、武成，與《史通》之言不合，此明是後來所改，不得據今日傳刻之本，以疑知幾所見之原稿也。

卷二九《跋會稽志》：

放翁父子預修此志，而傳人物只及左丞佃一人。古人志乘皆寓史法，不私其親如此。近代士大夫，一入志局，必欲使其祖父族党一一厠名卷中，於是儒林文苑，車載斗量，徒爲後人覆瓿之用矣。

按："讀古人書，須識其義例。"此竹汀自道，見其文集卷十六《秦三十六郡考》。竹汀此跋，用意良美。唯以《會稽志》爲例，欠當。據張淏《會稽續志》卷五人物序："前志（按即竹汀所跋之《會稽志》）紀載人物，凡官至宰輔侍從則書，故行義如趙萬、吳孜，才學如齊唐、華鎮，博洽如姚宏、姚寬，或以不仕，或以官不達，皆略之。"可知《會稽志》所傳人物，自有義例。合此義例則收，不合則略。陸游父子預修此志，而傳人物只及其祖佃一人者，以陸佃官居尚書左丞，位居執政，依例當收。此外更無陸氏族黨者，是"以官不達"之故。陸游父子縱然欲私其親，其奈書之義例何！陸佃傳，見《嘉泰會稽志》卷十五，開卷即有"宰輔侍從"四字，明張序不誣。此跋之失，蓋亦由忽略古書義例所致。

卷二九《跋寶慶四明志》：

> 寶慶五年，尚書廬陵胡榘仲方知慶元府，命贛州錄事參軍羅濬修《四明志》。志修于寶慶，而卷內敘事往往及紹定、端平、嘉熙、淳祐、寶祐，蓋後人次第增入，非寶慶元刻本。

按：竹汀跋語之首句殊含混。寶慶止三年，此云五年，誤。觀竹汀所修《乾隆鄞縣誌》卷三十敘舊志源流亦稱"五年"，知此處并非刊刻之誤；又觀明南京兵部尚書張時徹嘉靖中所修《寧波府志》，先此已作"寶慶五年"，方知事出有因，蓋竹汀偶尔失察，遂致承訛襲謬。以竹汀之博洽，孰謂其不能辨此屑小之事！雖然，益加證明"引書當檢對原文"（陳援庵先生語，同上書）之可貴。又，以胡榘守慶元言之，事在寶慶二年，以羅濬承命修志言之，事在紹定元年。今以"寶慶五年"統領全句，難與事實相符。

羅濬序云："胡公以寶慶二年被命作牧（按書內《郡守題名》亦稱寶慶二年），越明年，政修人和，百廢具興，爰命校官方君萬里取舊圖經與在泮之士重訂之。未幾,方君造朝,事遂輟。又明年(按即紹定元年),浚調官遲次來謁,鈐齋尚書俾專任斯責。由孟夏迄仲秋,成二十一卷,而百五十日之間,用力亦勞矣。"序之末尾未標年月,但據序文已明白可知,志之成書,時乃紹定元年。後之讀此書者,不稱紹定志而稱寶慶志固已疏忽,而竹汀乃云"志修于寶慶,而卷内叙事往往及紹定",似乎是未嘗一讀羅序。

竹汀又稱卷内叙事下至寶祐,蓋後人次第增入。而後人者誰?跋未指出。全祖望《鮚埼亭集》外編卷三五《三跋四明寶慶開慶二志》云:"《寶慶志》中,有載及胡尚書以後事者,予初甚疑之。既而知是書嘗爲劉制使黻所增加也。第一卷牧守,自尚書以後,凡二十人而至吴丞相(按謂吴潛),又十人而至制使,皆附列之,則爲制使所增加可知矣。及讀第二卷《經籍志》,有《四明續志》三百三十幅("幅",《寶慶志》作"版"),大使吴丞相置;四十五幅,制使劉公置。吾鄉志乘,自吴丞相而後,直至延祐,方有續本,未聞有劉《志》,乃知四十五幅,即散入《寶慶志》中所增加者。"據此可知,增入之人,劉黻也;增加之内容,劉所置《四明續志》四十五幅也。據《宋史》卷四〇五劉黻傳,僅知劉黻守慶元在咸淳中,不言具體年月。據《寶慶志》卷一郡守題名,知劉黻守慶元在咸淳六年。然則卷内叙事不止下有寶祐,更下逮咸淳年間。竹汀嘗主修鄞志,所參稽之四明文獻難以備述,惜乎遺忘謝山此文。

卷三一《跋渭南文集》：

今法有凌遲之刑，蓋始於元、明而不知其名之所自。考《宋史·刑法志》，真宗時，内官楊守珍使陝西，督捕盜賊，請"擒獲強盜至死者，付臣凌遲，用戒凶惡"。詔"捕賊送所屬，依法論決，毋用凌遲"。然則宋初已有凌遲之名，而當時未嘗用也。後讀放翁奏狀，有云"五季多故，以常法爲不足，於是始於法外特置凌遲一條"，乃知此刑昉於五代。

按：凌遲作爲正刑，不始於元、明。清沈家本《寄簃文存》卷一《删除律例内重法摺》云："查凌遲之刑，唐以前無此名目，始見於《遼史·刑法志》。遼時刑多慘毒，其重刑有車轘、炮擲諸名，而凌遲立于正刑之内。"檢《遼史·刑法志》，果然"死刑有絞、斬、凌遲之屬"。然則凌遲之作爲正刑，實始於遼。宋代凌遲是否列入正刑，如僅據《宋刑統》《宋史·刑法志》爲説，論據不足。《慶元條法事類》卷七三《斷獄式》云："今具本路州軍斷過大辟數目下項：奏斷若干，凌遲若干，處斬若干，處死若干，貸命若干。"《慶元條法事類》是一部法書，南宋甯宗時由官方修成，其所具有之法律約束力，殆毋庸置疑，所以我們又可以説，南宋時凌遲亦列入正刑。

又，"宋初已有凌遲之名，而當時未嘗用"，此論不確。實際上，無論是中央和地方，當時俱嘗用凌遲之刑。《宋文鑒》卷四二錢易《請除非法之刑》云：

死刑者有二，大斬小絞，歷代奉之，以爲常法。竊見近代以來，非法之刑，異不可測，不知建于何朝，本于何法。律文不載，無以征之。或時有非常之罪者，不從法司所斷，皆支解臠割，截斷手足，身具白骨而口眼之具猶動，四支分落而呻痛之聲未息。十五年前杭州妖僧爲變，數歲前蜀部兩回作亂，事敗之後，多用此刑。今蓋已死之刑，複加臠截斷割，此即古之五虐之刑不酷於今天。

趙汝愚《國朝諸臣奏議》卷九九亦載錢易此疏。疏中"支解臠割"，"臠截斷割"云云，實際上就是指凌遲。據《隆平集》卷十四和《宋史》卷三一七《錢易傳》，知易上此疏，時在真宗咸平中。而竹汀跋語所引内官楊守珍事，據《宋大詔令集》卷二〇三、《長編》卷八五，知其時爲真宗祥符八年九月己未，遠在易疏之後。可知凌遲之刑在宋初，不唯用之，而且用之非一二數。又據《長編》卷八四祥符八年五月辛巳條："刑部員外郎兼侍御史知雜事王隨言；'准詔劫榮王元儼宮遺火事，本元儼侍婢盜賣金器，恐事發，遂縱火。'詔：'韓氏斷手足，令衆三日，凌遲處死。'"此事亦早于楊守珍事數月，這是真宗親詔凌遲之例。太宗時，侯莫陳利用得罪，太宗令中使臠殺之，見《宋史》卷四七〇本傳。這是太宗親詔凌遲之例。馬端臨《文獻通考》卷一六六嘗據内官楊守珍事加按語云："以此觀之，則知法外凌遲之刑，祖宗時未嘗用也。"元人修《宋史》，基本上照録《通考》此節，亦謂"真宗仁恕，而慘酷之刑，祖宗亦未嘗用。"竹汀跋語之"未嘗用也"，即本於此。實則，俱未深考事之本末，遂致立論有失。

今世通行之大型詞書，如《辭海》《辭源》《中文大詞典》，其凌遲條俱云元代始列入正刑。諸書立論根據，除竹汀此節跋語外，尚有明丘濬《大學衍義補》之卷一〇四和《十駕齋養新錄》之卷七凌遲條，實際上丘濬也是沒有詳考事情本末，遽然立說。諸詞書因而不察，焉得無失？

竹汀據《渭南文集》謂法外特置之凌遲始於五代，實則，唐季已見端倪。如《通鑒》卷二五一唐懿宗宣通九年："（龐）勛與許佶言於眾曰：'吾輩擅歸，思見妻子耳。今聞已有密敕下本軍，至則支分滅族矣！'"胡注："支分，即剮刑。"而剮刑即凌遲。同書卷二五三唐僖宗乾符五年："盡忠械文楚等五人送鬥雞台下，克用令軍士剮而食之。"同卷六年："崔安潛立命給捕者錢，使盜視之，然後剮盜於市。"皆其例。

锲而不捨，金石可鏤

——評陳良中《朱子〈尚書〉學研究》

當我獲知陳良中的學士論文題目是《〈詩經〉與民族文化心理》，其碩士論文題目是《〈今文尚書〉文學藝術研究》，其博士論文題目是《朱子〈尚書〉學研究》，其博士後出站報告是《宋代〈尚書〉學與學術思潮》之後，我笑了。笑什麼？除了欽佩他锲而不捨地執著於《詩》《書》研究之外，不由地想起了一樁經學史上涉及《詩》《書》的未了公案。

王國維在《與友人論〈詩〉〈書〉中成語書》的開頭說了這樣一段話：

> 《詩》《書》爲人人誦習之書，然於六藝中最難讀。以弟之愚暗，於《書》所不能解者殆十之五；於《詩》亦十之一二。此非獨弟所不能解也，漢魏以來諸大師未嘗不強爲之說，然其說終不可通，以是知先儒亦不能解也。①

---

① 王國維《觀堂集林（下）》，河北教育出版社 2003 年版，32 頁。

胡適在《我們今日還不配讀經》一文中，引用了王國維的這段話，作爲他的主要論據：

> 這是新經學開宗明義的宣言，說話的人是近代一個學問最博而方法最縝密的大師，所以說的話最有分寸，最有斤兩。淺識的人，在一個過度迷信清代樸學的空氣裏，也就紛紛道聽途說，以爲經過了三百年清儒的整理，《五經》應該可以沒有疑問了。誰料到這三百年的末了，王國維先生公開揭穿了這張黑幕，老實的承認，《詩經》他不懂的有十之一二，《尚書》他不懂的有十之五。王國維尚且如此說，我們不可以請今日妄談讀經的諸公細細想想嗎？①

我認爲，胡適不主張讀經，認爲"我們今日還不配讀經"，這是他的看法，無可厚非。問題是他把王國維的這段話拿來作爲"我們今日還不配讀經"的主要論據却錯了。王國維這封書信，從寫作技巧上來說，可以說用的是欲擒故縱法。他首先承認《詩》《書》難讀，很多地方讀不懂。但下文又接着說，我們如果動動腦筋，想想辦法，還是可以變不懂爲懂的。我們如果耐心地從頭讀到尾，就會發現王國維在下文通過舉例指出了三種變不懂爲懂的方法：第一，"其成語之數數見者，得比較之而求其相沿之意義"，并舉兩例證明之；第二，"古之成語，有可由《詩》《書》之本文

---

① 《胡適文集（5）》，北京大學出版社 1998 年版，439 頁。原載 1935 年 4 月 14 日《獨立評論》第 146 號。

比較知之者",舉了六例;第三,"其餘《詩》《書》中成語,不經見於本書,而旁見彝器者,亦得比較而定其意義",舉了十一例。書信末尾,王氏又舉了至今還沒有搞懂的兩例,説:"此等成語,無不有相沿之意義在,今日固無以知之,學者姑從蓋闕可矣。"充分體現了王氏實事求是的學風。由此可知,王國維《與友人論〈詩〉〈書〉中成語書》傳遞給讀者的資訊是積極樂觀的,不是消極悲觀的。簡言之,經是可以讀的。而胡適竟然以此信之開頭一段作爲論據,真有點風馬牛不相及。胡適這種掐頭去尾的作法,用古人的話來説是"斷章取義",用陳垣先生的話來説,是"讀書不通觀首尾,不可妄下批評",① 令人惋惜。

或曰:朱子没有《尚書》專著,何有于"《尚書》學"哉?這確實是需要認真回答的質疑。竊不自揣,願試論之。愚以爲問題的關鍵是朱子門人蔡沈(字仲默)的專著《書經集傳》可以不可以視爲朱熹之專著。如果可以,則此問題即可迎刃而解。我們知道,朱子是很想寫一部《尚書》注釋的專著的,不但是想,而且已經動手寫成了《堯典》《舜典》《大禹謨》(至"率百官若帝之初")數篇,具見《晦庵集》卷六十五。只是由於天不假年等原因,只得將此未竟之願托付給蔡沈。《晦庵續集》卷三《答蔡仲默》記此事云:"年來病勢交攻,困悴日甚,要是根本已衰,不復

---

① 《陳垣史源學雜文·前言》,人民出版社 1980 年版,5 頁。

能與病爲敵。看此氣象，豈是久于人世者。諸書且隨分如此整頓一番，《禮書》大段未了。最是《書說》，未有分付處。因思向日喻及《尚書》文義通貫猶是第二義，直須見得二帝三王之心。而通其所可通，毋強通其所難通。即此數語，便已參到七八分。千萬便撥置此來，議定綱領，早與下手爲佳。諸《說》此間亦有之，但蘇氏傷于簡，林氏傷于繁，王氏傷于鑿，呂氏傷於巧，然其間盡有好處。如制度之屬，祇以疏文爲本。若其間有未穩處，更與挑剔，令分明耳。"其托付叮嚀，至矣備矣！無以復加矣！據束景南《朱子年譜長編》，朱子此信寫于慶元五年（1199）十一月，而朱子是慶元六年三月初九去世的，[1] 前後相隔僅四個月。不獨此也，據蔡沈《夢奠記》："慶元庚申（六年，1120）三月初二日丁巳，先生簡附葉味道來約沈下考亭，當晚即與味道至先生侍下。是夜，先生看沈《書集傳》，說數十條甚悉，四更方退。初三日戊午，先生在樓下改《書傳》兩章，是夜說《書》數十條。"[2] 是朱子在其臨終前數日，猶耳提面命，爲蔡沈《書集傳》批閱訂正。由此可見，在《尚書》專著的寫作上，他們師徒二人同心協力，不分彼此，唯盡善盡美是求。他們的這種做法，可以上與《論語》媲美。我們知道，《論語》中主要是孔子的話，但也有不少弟子的話。但在後人的引用中，這些弟子的話，往往記到了孔子的名下。

---

[1] 束景南《朱熹年譜長編》，華東師範大學出版社 2001 年版，1383 頁~1411 頁。
[2] 同上書，1412 頁。

這種情況頗多，爲節省文字，這裏僅以子夏爲例。

《論語·子張》："子夏曰：'雖小道，必有可觀者焉。致遠恐泥，是以君子不爲也。'"①《漢書·藝文志·諸子略·小説家序》引作"孔子曰"；其中的"致遠恐泥"一句，《後漢書·蔡邕傳》引作"孔子以爲致遠則泥"。李賢注云："《論語》子夏曰，此邕以爲孔子之言，當別有所據也。"《論語·子張》："子夏曰：'博學而篤志，切問而近思，仁在其中矣。'"②《後漢書·章帝紀》引作"孔子曰"；《論語·顔淵》："子夏曰：'商聞之矣，死生有命，富貴在天。'"③"死生有命"兩句，王充《論衡》凡八引，其中二次稱"子夏曰"，見《命義篇》；一次未言誰曰，見《感類篇》；五次引作"孔子曰"，分見《命禄篇》《問孔篇》和《辨祟篇》。有的人認爲這是誤引，清人錢大昕則認爲："《漢藝文志》云：'《論語》者，孔子應答弟子時人及弟子相與言而接聞于夫子之語也。'故漢、唐諸儒引用《論語》，雖弟子之言，皆歸之孔子。"④我認爲，錢説頗有見地。同時的章學誠更進一步從先秦時期的著述觀念上予以解釋："《論語》爲聖言之薈萃，創新述故，未嘗有所庸心；蓋取足以明道而立教，而聖作明述，未嘗分居立言之功

---

① 〔宋〕朱熹《論語集注》，中華書局1983年版校點本，188頁。
② 同上書，189頁。
③ 同上書，134頁。
④ 〔清〕錢大昕、吕友仁《潛研堂集》卷九《答問》，上海古籍出版社1989年版，127頁。

也。故曰：古人之言，所以爲公也，未嘗矜其文辭而私據爲己有也。"① 根據錢、章二氏的看法，我們應該修正我們的觀念，不要以後世之著作權觀念去看《論語》，一定要分清楚哪些話是孔子説的，哪些話是弟子説的才甘休。同樣道理，蔡沈的專著，也可以看作是朱子的專著，不必錙銖計較。説到這裏，真是無巧不成書。子夏是孔子之高足，而蔡沈也是朱子之高足。那麽，朱子可以不可以與孔子相提并論呢？答曰："可以。"錢穆《朱子學提綱》開宗明義即云："在中國歷史上，前古有孔子，近古有朱子，此兩人，皆在中國學術思想史及中國文化史上發出莫大聲光，留下莫大影響。曠觀全史，恐無第三人堪與倫比。"② 這就是説，前有孔子與子夏，後有朱子與蔡沈，天造地設，前後一揆，復何疑哉！

近二十年來，我因爲稍微留心經學，遂暴得"專家"之名。其實，自己的斤兩，自己最清楚。我有兩怕，一怕《尚書》，二怕理學。怕《尚書》，以其文字艱深；怕理學，以其義理玄妙。承蒙陳良中先生不棄，贈我《朱子〈尚書〉學研究》一册，并囑我看後提出批評意見。這真是怕什麽就來什麽。轉念一想，以我退休之身，時間比較充裕，何不趁此機會補補課，説不定還能祛除一點恐《書》病，何樂而不爲？於是沉下心來，從頭到尾，逐字逐

---

① 章學誠、倉修良《文史通義新編新注》，浙江古籍出版社 2005 年版，201 頁。
② 錢穆《朱子學提綱》，三聯書店 2002 年版，1 頁。

句讀去。不知不覺,讀出點味道,有了引人入勝的感覺。逐章逐節讀下去,勝義紛呈,恰如"山陰道上行,山川自相映發,使人應接不暇"。感到作者不僅漢學功夫了得,而且宋學功夫也十分了得。文字艱深者,作者以簡易疏通之;義理玄妙者,作者以常語疏通之。語言平實,文筆流暢,娓娓道來,條理秩如。歷時七日,讀之一過,恰如讀了一期免費的《尚書》補習班,使我開竅許多。不禁躍然而起,大呼"快哉"!

作者在《前言》中説:"本書以朱子《書》學爲研究重心,旨在理清朱子《書》學與其思想體系的內在邏輯關係,爬梳《朱子語類》《文集》以及朱子其他著述中所有論述《尚書》之文字,以翔實的材料探究《書》之特色、成就以及對後世的影響。以朱子《書》學爲核心,探討朱子解經的方法及價值取向,揭示經典現代化可資借鑒的路徑,進而闡明朱子《書》學在《尚書》學史及中國學術史上的地位。"就我個人的讀後感來説,該書完全達到了作者預期的目標。我認爲,該書是認識和研究宋代《尚書》學的必備參考書。

關於《朱子〈尚書〉學研究》的成功之處,朱傑人、錢宗武兩先生在爲該書所作的《序》中均有詳盡的介紹,毋須我再來絮叨。我想説的有兩點。

第一,學界有一個通病,對於自己的研究對象呵護有加,隱惡揚善,爲尊者諱。而《朱子〈尚書〉學研究》則不落俗套,它并不諱言朱子的錯誤。例如，在《朱子〈書〉學訓詁與義理成就》一節，作者説："朱子有的修正則雜有主觀意圖而不確。如《堯典》'曆象日月星辰'，《傳》釋'星'爲'四方中星'，乃以中星定四季，是較符合早期天文知識的。朱子謂'二十八宿衆星爲經，金、木、水、火、土五星爲緯'，以黄道論星象，是以較成熟時的天文知識爲解。"又説："朱子有的修正則是錯誤的。如《堯典》'浩浩滔天，下民其咨'，朱子曰：'極言下民其咨，其大勢若漫天'，意民怨沸騰。但'浩浩滔天'實指水勢浩大，《傳》云：'咨嗟憂愁，病水困苦'，得其意。"

第二，胡適在《我們今日還不配讀經》中説："古經學所以不曾走上科學的路，完全由於漢魏以來諸大師都不肯承認古經的難懂，都要强爲之説。南宋以後，人人認朱子、蔡沈的《集注》爲集古今大成的定論，所以經學更荒蕪了。"點了朱子的名。放在過去，我還真想不起來怎樣回答胡適的這番責難。讀了《朱子〈尚書〉學研究》，讓我認識到胡適的這番責難，至少對於朱子來説是不公正的。作者在《朱子解〈書〉原則》一節歸納了一條"存疑原則"，摘録如下：

存疑原則。《尚書》文辭詰屈聱牙，再加上文字有脱落，殘篇斷簡，以及《古文尚書》的來歷不明，要完全解通是十分困難的。朱子對《尚書》文本特點有深刻的體認，云："讀《尚書》可通則通，不可通，姑置之。"《續集》卷三《答蔡仲默》書重申了這一原則,云:"某嘗謂《尚書》有不必解者,有須着意解者,有略須解者,有不可解者。"朱子批評摯友呂祖謙《書說》的重心也在於其無闕疑。陳淳問:"《東萊書說》如何?"朱子回答說:"說得巧了。向常問他有疑處否?曰:都解得通。到兩三年後再相見,曰:盡有可疑者。"朱子在《文集》和《語類》中反復提出《尚書》不可作全解的觀點。

作者這段文字,不僅有助於澄清胡適強加于朱子的不實之詞,而且對於我們今天的學者也有極大的借鑒價值。更爲可喜的是,這種可貴的存疑精神,在作者自己身上也有充分體現。例如,作者說:"朱子之前,吳棫所著《書裨傳》有《書序》一篇,當是疑《序》之作,然是書亡佚,不可考。"又說:"朱子臨漳所刻《尚書》不存,是否標明各篇今、古文分屬,今不得而知。"朱子引用吳仁傑《書說》一次,作者括注云"不詳何書"。等等。

我之所以特地想說這兩點,是因爲我認爲,一部書,如果其作者既不美化其研究對象,又敢於對讀者說有的地方他還不清楚,這部書肯定是一部好書。爲什麽?道理很簡單,敢於公開講自己的產品還有毛病的人還不值得信賴嗎?

從古到今,沒有盡善盡美的書。即令是被譽爲"史家之絕唱,無韻之《離騷》"的《史記》,也未能例外。所以清人錢大昕有言："司馬子長以子産爲鄭公子，不害其爲良史。"① 《朱子〈尚書〉學研究》中兩次出現了"注不破經，疏不破注"的表述，一次見於《前言》之第2頁，一次見於第25頁，另外還單獨出現過五次"疏不破注"。初讀"注不破經，疏不破注"兩句，心中爲之一喜。而再三讀之，内心又歸於平靜。何則？初讀時，我以爲"注不破經，疏不破注"是個因果複合句，其意謂"如果注不破經，疏就不破注"，作者如果是作此理解，則恰與鄙見合，則是知音難得，故心中爲之一喜。而讀之再三，覺得作者是把"注不破經，疏不破注"理解爲一個并列複合句，則與鄙見不合，尚須分辨也。"疏不破注"究竟是什麽意思，這是經學研究中無法繞開的一個命題。範文瀾說："《正義》解釋注文，不得有所出入。注文錯了，或有比注文更好的說法，一概排斥，總要說注文是對的，這叫做'疏不破注'。"這代表了很多學者的認識。實際上，這種認識是不對的。爲什麽不對？因爲它不符合疏（也叫"正義"）的實際。爲說明問題，姑從孔穎達《禮記正義》中摘取兩例。

（1）《禮記·坊記》："子云：'君子不盡利以遺民。《詩》云："采葑采菲，無以下體。"鄭注："下體，謂其根也。采葑菲之菜者，采其葉而可食，無以其根美，則并取之，苦則棄之。并取之，是盡利也。此詩故親今疏者，言人之交

---

① 《潛研堂集》卷三十五《答王西莊書》，上海古籍出版社1989年版，636頁。

當如采葑采菲，取一善而已，君子不求備於一人。"

孔疏云："云'采葑菲之菜者，采其葉而可食，無以其根美則并取之，苦則棄之。并取之，是盡利也'者，鄭之此注，解此《記》所引，本明無盡利之事。今鄭以下所注，更別生一義，與《記》意稍乖。鄭此注，前釋正合《記》文；鄭之後釋，不知何意如此，今所未詳。"①

愚按：孔疏以經文爲准，批評鄭注不該一語兩解。简言之，孔疏認爲，鄭注"此詩故親今疏者，言人之交當如采葑采菲，取一善而已，君子不求備於一人"數句，是"別生一義，與《記》意稍乖"，是畫蛇添足。

（2）《禮記·三年問》："然則何以至期也？"鄭玄注："言三年之義如此，則何以有降至於期也？期者，謂爲人後者、父在爲母也。"

孔疏："鄭意以三年之喪何以有降至於期者，故云爲人後者爲本生之父母及父在爲母期。事故抑屈，應降至九月十月，何以必至於期？以其本至親，不可降期以下，故雖降屈，猶至於期。今檢尋經意，父母本應三年，'何以至期'者，但問其一期應除之義，故答曰'至親以期斷'，是明一期可除之節。故禮，期而練，男子除経，婦人除带。下文云'加隆'，

---

① 〔漢〕鄭玄、〔唐〕孔穎達、吕友仁《禮記正義》，上海古籍出版社2008年版，1978頁。

故至三年，是經意不據爲人後及父在爲母期。鄭之此釋，恐未盡經意，但既祖鄭學，今因而釋之。"①

愚按："鄭之此釋，恐未盡經意"，就是孔疏對鄭注的否定。在這節孔疏中，孔疏不但礙於"禮是鄭學"的體例，違心地爲鄭注疏通（"今檢尋經意"以前，都是疏通鄭注之文），而且把正確的解釋是什麽也告訴了讀者（"今檢尋經意"以後，是正確的解釋）。此情此景，我們怎麽還能説孔疏是"疏不破注"呢？

據此，我認爲，"疏不破注"是有條件的，并不是絶對的，用四句話來表示，就是："注不破經，疏不破注；注若破經，疏必破注。"在《五經正義》中，只有經文才是絶對的權威，誰也不能碰。

一得之愚，敬請陳良中先生和廣大讀者批評指正。

2013 年 11 月 7 日星期四

---

① 《禮記正義》，2189 頁。

一部研究古代禮俗的力著

——王煒民《中國古代禮俗》評介

中國古代的禮俗，這不但是一個大題目，而且是一個難題目。中國古代的歷史，上下數千年，禮俗無時不在；不同的民族，不同的地域，禮俗無處不在。時空是如此廣大，難道還不是個大題目？司馬談論儒家說："累世不能通其學，當年不能究其禮。"韓愈說："余嘗苦《儀禮》難讀，又其行於今者蓋寡。"孫詒讓說："議禮群儒，昔稱聚訟。"這些古代第一流的學者對於儒家所謂的"三禮"尚且如此評說，則整個中國古代的禮俗可想而知，這難道還不是個難題目？話拐回來說，這也是一個很有意義的題目。試想，一個人從生到死，何嘗須臾離開禮俗呢？這還是小而言之。大而言之，一個國家，一個社會，能夠離開禮嗎？不能。《孝經》上說："安上治民，莫善於禮。"這實在是封建統治者的經驗之談。今天，我們要建設社會主義的精神文明，要安定團結，也離不開禮。合乎我們這個時代要求的禮從哪里來？竊以爲中國古代的禮俗便是一個重要的來源。當然，對於古代的禮俗我們也不是全盤接受，而是要採取批判繼承的態度。而要批判繼承，首先就有一個瞭解它的問題。在這方面，王煒民《中國古代禮俗》一書就爲瞭解中國古代禮俗提供了一個很好的視窗。

王煒民的《中國古代禮俗》一書，作爲任繼愈主編的《中國文化史知識叢書》中的一種，先是由中共中央黨校出版社在1991年出版，接着臺灣商務印書館在1994年又出了繁體字版。經過修訂增補，北京商務印書館在1997年又出了增訂版。筆者讀到的就是增訂版。

《中國古代禮俗》的着眼點首先在於普及。普及不意味着低級。恰恰相反，真正的普及，需要作者厚積薄發，深入淺出。拿儒家傳統的經典"三禮"來說，企圖讓廣大的人民群眾都來閱讀它，讓廣大的大中小學的學生都來閱讀它，是不現實的。但"三禮"作爲中國傳統文化的有代表性的典籍，其重要性又是不言而喻的；更何況"三禮"并沒有完全退出歷史舞臺，它仍在不同程度地影響着我們的思維，影響着我們的接人待物和日常生活。不管你是否意識到這一點，客觀存在就是如此。有鑒於此，筆者早就希望能有學者出來作這類介紹工作，把原本深奧的東西用淺顯易懂的語言比較準確地介紹給大家。我認爲，在這方面，《中國古代禮俗》是比較成功的。

這首先表現在剪裁適中，取捨得當。中國古代禮儀的內容太豐富了，簡直可以說是一部二十四史不知從何說起，而作者顯然在寫哪些東西不寫哪些東西這個問題上是動了腦筋，下了功夫的。作者從紛繁的"禮經三百，威儀三千"中選取了比較重要的十個方面來寫是頗具匠心的。這十個方面：一、禮俗的起源與形成；二、育子禮俗；三、成年禮俗；四、婚姻禮俗；五、日常禮俗；六、社交禮儀；七、節慶禮俗；八、盟誓禮俗；九、喪葬禮俗；十、祭祀禮俗。這十個方面的接近日常生活是不言而喻的，因此，它很容易喚起讀者的閱讀慾望。我之所以能把它一氣讀完，這也是個重要原因。不唯此也，作者把祭祀禮俗作爲最後的一部分來寫，也是不俗的處理。幾千年來，我們的老祖宗一說起"五禮"，首先就是祭禮。《禮記·祭統》說："禮有五經，莫重於祭。"就是這個意思。在古人的眼裏，天神、地祇、人鬼都是至高無上的主宰，取得他們的保佑是第一要事，爲此，就把恭恭敬敬地祭祀他們放在五禮中的第一位。今天，時代不同了，社會進步了，凡有點科學知識的人，都會說"這是迷信"。在這種情況下，如果再把祭禮放在重要的位置或者用較多的筆墨去介紹都是不適宜的。實際上，所謂禮的繁文縟節，所謂禮的干干巴巴索然無味，首先的、主要的就是體現在祭禮上。但祭禮在現實生活中并沒有完全絕跡。譬如說，清明的掃墓，忌日的祭祀亡故親屬，雖然在意義上已經迥異於舊時代，但從性質上來說，它們仍然屬於祭禮的範圍。所以，對於祭禮，既不能不講，又不能多講，只能是擇要來講。我認爲，作者一反傳統，把祭禮放在最後，簡要地加以介紹，這樣地處理是很得體的。

其次表現在語言的深入淺出，知識的厚積薄發。舉例來說，作者在介紹軍禮時說："軍禮，是與軍事有密切關係的禮儀制度。也分五類：大師禮，指天子或諸侯的征伐活動，包括宗廟謀議、命將出師、載主遠征、凱旋獻俘等；大田禮，指天子與諸侯的定期狩獵活動，實質是訓練士卒的軍事演習；大均禮，指天子在畿內、諸侯在封國內檢校戶口，徵收賦稅；大役禮，指各種由國家發起的營建工程；大封禮，指勘定各種封地之間的疆界。"這段文字把《周禮·大宗伯》的相關文字深入淺出地、準確地表達了出來。又例如，《辭源》在解釋婚禮的"納采"時說："古婚禮六禮之一。男方具送求婚的禮物。即行聘。"《漢語大辭典》的解釋"委禽"（實際上就是納采）時說："下聘禮。古代婚禮，納採用雁，故稱。"這兩種工具書的解釋都是有毛病的，毛病在於它們都把納采和下聘禮扯到一塊，這就錯了。而本書的解釋則是準確的。本書解釋"納采"說："納采，即男家請媒人到女家說親，得到女方應允後再派使者送上雁作禮物，并正式向女家提出締結婚姻的請求。"本書又解釋"納征"說："亦稱納成。即向女方送聘禮。雙方宣告正式訂婚。"看來，上述兩種很有影響的工具書是把納采解釋成納征了。換句話說，是把提親說成訂婚了。提親和訂婚是兩碼事，不但古代這樣，現在也是如此。再例如，作者在"姓名字号"一節中寫道："古人在什麼情況下稱名，在什麼情況下稱字，是有一定原則的，不能不分場合、不辨對象隨意亂用。只有尊者對卑者、長輩對晚輩才可以稱名，朋友及平輩之間互相稱字。

自稱時不論對方是尊長、平輩或卑幼者,均只能稱名而不能自稱字。"這幾句話總結得非常好。在近幾年的電影、電視屏幕上,一些以近代歷史或古代歷史爲題材的作品,在這個問題上恰恰犯了隨意亂用的毛病,經常看到影視中的人物自稱用字的奇怪現象,令人感慨繫之。所以,《中國古代禮俗》雖然着眼於普及,但也有較高的學術品位。

還有一點值得一提,那就是本書的插圖。本書附有若干幅插圖,對於幫助讀者理解書的内容大有裨益。例如,有一幅插圖是清代乾隆皇帝穿過的龍袍,色彩斑斕,一應圖案俱全,這就不僅使一般讀者開闊眼界,而且對某些研究者也有參考價值。《漢語大辭典》解釋"龍袞"(即龍袍)説:"天子禮服。上繡龍紋。"這個解釋就很欠準確。爲什麽?因爲天子龍袍上面不僅只有龍紋,而且有包括龍紋在内的十二種圖紋。這十二種圖紋是:日、月、星辰、龍、山、蟲、火、宗彝、藻、粉米、黼、黻。試把文字叙述和插圖一對照,讀者心裏馬上就明明白白。既然有十二種圖紋,爲什麽又稱爲"龍"袍呢?且看古代學者的解釋。孔穎達《禮器》疏云:"衣有日、月、星辰、山、龍,今云'龍袞'者,舉多文爲首耳,日、月之文不及龍也。"戴震《記冕服》云:"皆以其文特顯,而龍章(按:謂圖紋)爲至焕。"綜合二氏之説,就是因爲在十二種圖紋之中,龍的圖紋最爲顯眼,惹人注目,所以被稱爲龍袞。從這個例子也可以看出本書具有的學術品位。

一部開創七十子研究的力作①

——讀高培華《卜子夏考論》後②

讓我們先來解題。卜子夏，即卜商，字子夏，春秋末、戰國初溫（今河南省溫縣）人。孔子的高足。據《論語》記載，在孔門弟子三千和賢人七十二之中，從文學一科來説，③子夏是數一數二的人物。孔子死後，子夏設教於西河之上，有"弟子三百人"。此"弟子三百人"之中，其赫赫有名者，有貴爲國君的魏文侯，又有名相田子方、名將吴起，又有《法經》的制定者李悝，④等等，都是在歷史上卓有建樹的人物。至於其著述，東漢徐防説："《詩》《書》《禮》《樂》，定自孔子；發明章句，始于子夏。"此

---

① 本文爲作者主持的國家社科基金專案"孔穎達《五經正義》中疏與注的關係研究"階段成果之一，項目批准號：14BZS007。
② 高培華《卜子夏考論》，社會科學文獻出版社2012年版，收入《東方歷史學術文庫》。
③ "文學"一詞的釋義，《漢語大詞典》襲用《論語》邢昺疏的解釋："文章博學。"疑非。南朝梁皇侃《論語義疏》引範甯曰"文學，謂善先王典文"是也。所謂"善先王典文"，猶今言擅長於古典文獻學也。楊伯峻《論語譯注》譯作"熟悉古代文獻的"，極是。
④ 李悝，即李克，見《漢書》卷二十四上《食貨志上》。

外,子夏還有兩句話,其知名度不亞于乃師的"有朋自遠方來"。一句是"四海之內皆兄弟",據說,《共產黨宣言》的最後一句"全世界無產者聯合起來",早期的中文譯本有的就譯作"四海之內皆兄弟"。一句是"切問而近思",宋代朱熹、呂祖謙編寫了一部《近思錄》,實際上就是周敦頤、張載、程顥、程頤語錄合編。《四庫提要》說:"書以'近思'名,蓋取'切問近思'之義,俾學者致力於日用之實,而不使鶩於高遠,論者謂爲'五經之階梯',信不誣歟。宋、明諸儒,若何氏基、薛氏瑄、羅氏欽順,莫不服膺是書。"《近思錄》也成了一套系列書的品牌。就是這樣一個對中國文化有如此重大影響的歷史人物,兩千年來竟然沒有一本全面而系統地研究他的專著。有之,自高培華《卜子夏考論》始。因此,高著的問世,是一件可喜可賀之事。

爲什麼我認爲高著是"一部開創七十子研究的力作"?我認爲,《卜子夏考論》這個題目,實質上是對中國學術史上的"孔孟之道"這一傳統概念是否科學、是否符合歷史實際提出了質疑。"孔孟之道"一詞,至少對於中國的讀書人來說,可謂耳熟能詳。但追根溯源,"孔孟之道"一詞的出現時間并不很早。從其雛形來說,始于唐代的韓愈。韓愈說:"吾常以爲,孔子之道,大而能博,門弟子不能遍觀而盡識也,故學焉,而皆得其性之所近。其後離散,分處諸侯之國,又各以其所能授弟子,原遠而末益分。孟軻師子思。子思之學,蓋出曾子。自孔子沒,群弟子莫不有書,獨孟軻氏之傳得其宗焉。故求觀聖人之道者，必自孟子始。"① 字裏行間，似乎孟子是孔子的直接繼承人。從其定型來説，始于宋代的理學家。例如，朱熹編纂的《伊洛淵源録》卷四徵引胡安國《奏狀》曰："士大夫之學，宜以孔孟爲師，庶幾言行相稱，可濟時用。孔孟之道，不傳久矣，自（程）頤兄弟始發明之，而後其道可學而至也。"② 此後，"孔孟之道"一詞一直紅紅火火，朝野上下，衆口一詞。似乎一談孟子以前的的儒家學統，別無長物，一言以蔽之，只有一個孔孟之道。這樣的思維方式，綿延至於現代。胡適先生顯然是受了宋代理學家的影響，他所説的下面的話與宋人如出一轍："孔子那樣的精神魄力，富於歷史的觀念，又富於文學美術的觀念，删《詩》《書》，訂禮、樂，真是一個氣象闊大的人物。不料他的及門弟子那麽多人裏面，竟不曾有什麽人真正能發揮光大他的哲學。極其所成就，不過在一個'孝'字、一個'禮'字上，作了一些補綻的工夫。這也可算得孔子的大不幸了。孔子死後兩三代裏竟不曾出一個出類拔萃的人物，直到孟軻、荀卿，儒家方才有兩派有價值的新哲學出現。"③ 高著就是逆流而上，

---

① 〔宋〕朱熹《别本韓文考異》卷二十《送王塤秀才序》，影印文淵閣《四庫全書》本 1073 册，第 520 頁。
② 朱傑人等主編《朱子全書》第十二册，上海古籍出版社、黄山教育出版社 2002 年版，第 975 頁。
③ 胡適《中國哲學史大綱》，東方出版社 1996 年"民國學術經典文庫"本，第 126 頁。

向這一綿延千年的傳統觀念提出了質疑,我們說它是"一部開創七十子研究的力作",一點也不誇大。

可是,我們知道,孔子生於公元前551年,卒於公元前479年;孟子生於公元前385年前後,卒於公元前304年前後(用楊伯峻《孟子譯注》說)。在孔子卒後,孟子成年之前,中間還有一個多世紀,如果套用"孔孟之道"的思維模式,這一個多世紀的學術思想就成了空白。說得再直白些,俗話說"名師出高徒"。而孔子這樣的名師,竟然没有培養出高徒,直待孟子出,這才有了高徒。事情果然是這樣的嗎?答案是否定的。

首先,韓愈所說的"孟軻師子思"說,就受到了學者的質疑。楊伯峻《孟子譯注·導言》說:

> 當孟子出生的時候,孔子已經死了將近一百年,孔門弟子没有一位還活着。《列女傳》和趙岐《孟子題辭》都說孔子的孫子子思是他的老師。不過根據《史記·孔子世家》,子思的父親伯魚活了五十歲,死於孔子七十歲時;那時,子思至少也有十歲左右了。子思的年壽,《史記》說他六十二,後人以魯繆公曾尊禮子思的事實來推算,認爲"《史記》所云六十二或八十二之誤"。即是子思活到八十二歲,距孟子的出生還有十多年。可見這種說法是不可靠的。……孟子自己說:"予未得爲孔子徒也,予私淑諸人也。"他所謂私淑的是什麽人,他不曾說出,可見未必是很有名望的人,也未必是孔子的嫡

系子孫。《荀子·非十二子》篇把子思、孟軻列爲一派,則孟子的學説一定出於子思。《史記·孟荀列傳》説他"受業子思之門人",這是合理的。

其次,我們需要思考:是什麽原因導致包括子夏在内的七十子研究如此之冷落呢?我認爲,既有客觀原因,也有主觀原因。

客觀原因是文獻不足征。《漢書·藝文志·諸子略》儒家所載,是秦火以後的書單,其中所載七十子之書,少得可憐,算上子思,才有四家。即《子思》二十三篇,傳到今天的僅有四篇,即《中庸》《表記》《坊記》《緇衣》,俱在《禮記》一書中。《曾子》十八篇,傳到今天的僅有《曾子立事》等十篇,俱在《大戴禮記》中。《漆雕子》十三篇,其書早亡,清人馬國翰有輯本一卷。《宓子》十六篇,其書早亡,馬國翰有輯本一卷。至於子夏,根本就没有見之於著録。孔子不是早就説過:"夏禮吾能言之,杞不足征也;殷禮吾能言之,宋不足征也。文獻不足故也。足則吾能征之矣。"①

主觀原因是對現存文獻的認識偏頗,以至於未能使其發揮應有的作用。其具體表現有三。

第一,七十子的言論,往往記到了孔子的名下。這種情況頗多,爲節省文字,這裏僅以子夏爲例。《論語·子張》:"子夏曰:

---

① 〔宋〕朱熹《論語集注》,中華書局1983年版,第63頁。

'雖小道，必有可觀者焉。致遠恐泥，是以君子不爲也。'"①《漢書·藝文志·諸子略·小説家序》引作"孔子曰"；其中的"致遠恐泥"一句，《後漢書·蔡邕傳》引作"孔子以爲致遠則泥"。李賢注云："《論語》子夏曰，此邕以爲孔子之言，當別有所據也。"《論語·子張》："子夏曰：'博學而篤志，切問而近思，仁在其中矣。'"②《後漢書·章帝紀》引作"孔子曰"；《論語·顏淵》："子夏曰：'商聞之矣，死生有命，富貴在天。'"③ "死生有命"兩句，王充《論衡》凡八引，其中二次稱"子夏曰"，見《命義篇》；一次未言誰曰，見《感類篇》；五次引作"孔子曰"，分見《命禄篇》《問孔篇》和《辨祟篇》。有的人認爲這是誤引，清人錢大昕則認爲"《漢藝文志》云：'《論語》者，孔子應答弟子、時人及弟子相與言而接聞于夫子之語也。'故漢、唐諸儒引用《論語》，雖弟子之言，皆歸之孔子。"④ 我認爲，錢説頗有見地。同時的章學誠更進一步從先秦時期的著述觀念上予以解釋："《論語》爲聖言之薈萃，創新述故，未嘗有所庸心；蓋取足以明道而立教，而聖作明述，未嘗分居立言之功也。故曰：古人之言，所以爲公

---

① 《論語集注》，第 188 頁。
② 同上書，第 189 頁。
③ 同上書，第 134 頁。
④ 〔清〕錢大昕、呂友仁《潛研堂集》卷九《答問》，上海古籍出版社 1989 年版，第 127 頁。

也，未嘗矜其文辭而私據爲已有也。"① 根據錢、章二氏的看法，我們應該修正我們的觀點，不要以後世之著作權觀念去看《論語》，一定要分清楚哪些話是孔子說的，哪些話是弟子說的才罷休。根據錢、章二氏的看法，不是埋没了衆弟子，恰恰相反，是拔高了衆弟子。弟子與乃師，站在了同一高度。根據這種理解，"孔孟之道"中的"孔"，就不是孔子一人，而是孔子及其弟子，是個羣體概念。

第二，宋代理學家對孔子弟子之言往往有意貶抑。② 還以子夏爲例。《論語·顔淵》："司馬牛憂曰：'人皆有兄弟，我獨亡。'子夏曰：'商聞之矣：死生有命，富貴在天。君子敬而無失，與人恭而有禮，四海之内皆兄弟也。君子何患乎無兄弟也？'"③ 其中的"四海之内皆兄弟"一句，漢唐的注家并没有挑任何毛病。到了理學家那裹，就有毛病了。朱熹《論語集注》引胡安國曰："子夏'四海皆兄弟'之言，特以廣司馬牛之意，意圓而語滯者也。唯聖人則無此病矣。"④ 所謂"意圓而語滯"，就是說，用意雖然不錯，但此話不通。怎麽不通？朱熹在《朱子語類》中解釋説："要

---

① 章學誠、見倉修良《文史通義新編新注》，浙江古籍出版社 2005 年版，第 201 頁。
② 《潛研堂集》卷九《答問》六："宋儒説《論語》者，于諸弟子之言，往往有意貶抑。"上海古籍出版社 1989 年版，第 124 頁。筆者此處是師其意。
③ 《論語集注》，第 134 頁。
④ 《論語某注》，第 134 頁。

去開廣司馬牛之意,只不合下個'皆兄弟'字,便成無差等了。"①朱熹的意思是說,只有自家親兄弟才是兄弟,外人怎麽也能說成是"皆兄弟"呢?這豈不内外無別,亂了套了嗎!到了程頤那裏,性質更嚴重了,差點要滑到"異端"的泥沼裏了。程頤說:"儒者潜心正道,不容有差,其始甚微,其終則不可救。如'師(子張)也過,商(子夏)也不及',于聖人中道,師只是過於厚些,商只是不及些。然而厚則漸至於'兼愛',不及則便至於'爲我'。其過不及,其末遂至楊、墨。至如楊、墨,亦未至於無父無君,孟子推之,便至於此,蓋其差必至於是也。"② 你看,孔子是最講究"君君,臣臣,父父,子子"的,不成想,他的高足竟然會滑落到"無父無君"的邊緣!

第三,對《禮記》一書的認識偏頗。《漢書·藝文志·六藝略》禮類著録"《記》百三十一篇,七十子後學所記也"。今傳《禮記》四十九篇,大體上即從此百三十一篇中輯出。孔穎達《禮記正義》卷一:"《禮記》之作,出自孔氏。至孔子没後,七十二子之徒,共撰所聞,以爲此《記》。"③ 按說,這是研究七十子不可多得的文獻資料了。而實際上,由於學者認識的偏頗,導致此書未能物盡其用。這裏所說的"認識的偏頗",主要是指把《禮記》

---

① 黎靖德編《朱子語類》第3册,中華書局1988年版,1083頁。
② 〔宋〕程顥、程頤《二程遺書》,上海古籍出版社2000年版,224頁。
③ 《禮記正義》,上海古籍出版社2008年版,4頁。

整體定位爲秦漢時期的作品。例如，朱熹說："《禮記》乃秦漢上下諸儒解釋《儀禮》之書，又有他說附益於其間。"① 清人孫希旦說："《禮記》固多出於漢儒，而此篇（按：謂《祭法》）尤駁雜不可信。"梁啓超說："《禮記》爲七十子後學者所記，其著作年代，或在戰國末或在西漢不等。"② 馮友蘭《中國哲學史》："戰國末及漢初一般儒者之著作，大小戴《禮記》爲其總集。"③

時至今日，文獻證據加上出土證據，可以斷言，《禮記》各篇問世的時間基本上都在孟子之前。出土證據，指的是《郭店楚墓竹簡》和上海博物館藏《戰國楚竹書》。研究以上兩書的成果很多，毋庸我再饒舌。這裏我只補充兩條文獻證據：

  《孟子·滕文公上》："吾嘗聞之矣：三年之喪，齊疏之服，飦粥之食，自天子達于庶人，三代共之。"④

按：金履祥（宋元之際人）《孟子集注考證》發現，《孟子》中的"齊疏之服，飦粥之食，自天子達于庶人"三句，與《禮記·檀弓上》的"齊斬之情，飦粥之食，自天子達"三句基本上一

---

① 黎靖德編：《朱子語類》第6冊，中華書局校點本，2186頁。按《朱子語類》卷八十六又載："許順之說，人謂《禮記》是漢儒說，恐不然。想必是古來流傳得此個文字如此。"注云："方子錄云：'以是知《禮記》亦出於孔門之徒無疑。順之此言極是。'"許順之是朱熹弟子，而持論與乃師異也。
② 梁啓超《要籍解題及其讀法》，《飲冰室專集》之七十二，中華書局本民國版，10頁。
③ 馮友蘭《中國哲學史》，華東師範大學出版社2000年版，250頁。
④ 焦循《孟子正義》，中華書局1987年版，第323頁。

樣,而《孟子》此三句話的上文又有"吾嘗聞之矣"的話,金氏由此得出結論:"則此三句亦古語,《孟子》引之爾。"既然是《孟子》引《禮記·檀弓上》之文,則《禮記·檀弓》早於《孟子》明矣。

《孟子·梁惠王上》:"孟子曰:君子之于禽獸也,見其生不忍見其死,聞其聲不忍食其肉,是以君子遠庖廚也。"①

按:焦循《孟子正義》云:"'君子遠庖廚',本《禮記·玉藻》文,孟子述之,故加有'是以'"二字。"②

這樣的例子相當多,爲了儘量節省文字,我們只好淺嘗輒止。這説明,孟子是讀過《記》并且從中吸取了營養的。這也説明,《禮記》四十九篇是早於孟子的。學術史上那一百多年的空白,實際上并不空白,《禮記》就是填充這一空白的一部重要文獻,就是研究七十子及其後學的一部重要文獻。

現在好了,《禮記·樂記》中有《魏文侯》一章,其内容是魏文侯就古樂、新樂的不同三次發問,子夏則三次作答,將二者的區別娓娓道來。僅此一章,即爲中國音樂批評史上不可或缺、無可取代的一章。《禮記》中還有《孔子閑居》一篇,而上博簡中的《民之父母》,可以視作《孔子閑居》的一種戰國前期文本,據研究者稱,從文字上來説,《民之父母》可能更接近原意。這是孔子

---

① 《孟子正義》,第83頁。
② 同上。

與子夏單獨討論《詩》的一篇文字。子夏連珠炮般地追問，孔子則不厭其煩地逐一作答。在這一問一答之中，讓我們領略到《詩》的最高境界。綜合有關資料來看，得到孔子《詩》學真傳的，古往今來，恐怕子夏是第一人。

《禮記》也是研究孔門其他弟子的重要文獻。據王鍔《禮記成書研究》統計，僅僅《禮記·檀弓》一篇中，涉及子游的有十一章，涉及子夏的有八章，涉及子路的有七章，涉及子貢的有七章，涉及有若的有七章，涉及子張的有六章，涉及子皋的有四章，涉及冉求的有二章，涉及顔淵的有二章，涉及原憲的有二章，涉及公西赤的有一章，涉及子思的有六章。[①] 都是研究七十子不可多得的資料。

高著以"考論"爲名，考辨自然是該書的重頭戲。閱讀高著的過程中，腦子裏出現最多的話是孟子説的："予豈好辯哉？予不得已也！"這是實話。圍繞子夏的爭論，可以説無處不在。而作者能夠態度冷靜，有幾分證據說幾分話，不說過頭話，暫時不能下結論的也不勉强。這是我非常欣賞的。這就是實事求是的態度，也是科學的態度。研究先秦歷史的尤其需要如此。眼前不是擺着活生生的例子嗎！《禮記》一書，一些學者曾認爲它是秦漢時期的作品，但地不愛寶，《郭店楚墓竹簡》一問世，只得重寫結論。

[①] 王鍔《禮記成書研究》，中華書局 2007 年版，第 257 頁。

考論見解獨到者頗多，高著對《論語》一書的編纂過程的考論，是其例。作者將《論語》的編纂分爲三個階段：孔門弟子分散自爲階段——合作編纂階段——成書定稿階段。每個階段的主編是誰，做了哪些實質性的工作，均有考論，可謂鞭辟入裏。此處不能備述，詳見高著第四章。

作者高培華君是温縣人，子夏是其鄉賢。表彰鄉賢，是後學義不容辭的義務。在這裏，高著仍然恪守着實事求是的原則，不溢美。作者説："金無足赤，人無完人。即使是古代聖賢，也都是有其局限性的。筆者對於子夏的研究，重點雖然在於發掘其歷史性貢獻和現實價值，認爲他確實是一個值得重視的歷史文化偉人；但是，并無意於把它塑造成一個完人。在此特别申明，并提請讀者注意。"

世界上不存在没有毛病的書。閱讀過程中，有兩處未喻，在此提出，以盡諍友之誼。

高著238頁云：由引文可知，李悝《法經》以治盗賊爲首要目標，前期法家維持社會治安，是以保衛私有財産權爲本位的。

吕按：此處怕是誤解了"賊"字的含義。《説文》："賊，敗也。從戈，則聲。"段玉裁《注》認爲是"用戈毁則"，是會意字,不是形聲字。① 文獻證明,段説是對的。《左傳》文公十八年:"周公作《誓命》曰:'毀則爲賊。'"杜預注:"毀則,壞法也。"②《周禮·秋官·士師》:"二曰邦賊,六曰邦盜。"鄭玄注"邦賊,爲逆亂者。邦盜,竊取國之寶藏者。"③ 所以"賊"字的上古義,作名詞講,是犯上作亂的亂臣賊子,不是"小偷"。李悝《法經》六篇,首篇是《盜賊》,到了唐代,叫作《賊盜律》,但"賊"字的含義仍然是犯上作亂。《唐律疏義》有《賊盜律》四卷(卷十七~卷二十),開卷的第一條就是"謀反大逆",這是十惡不赦的罪名。由此可知,統治者制定法律的首要目的是維護自己的統治,而不是"維持社會治安",更不是"以保衛私有財産權爲本位的"。朱駿聲《説文通訓定聲》"賊"字下云:"按:論字體(即從字形上分析),則盜小而賊大,盜輕而賊重,今律反是。"④ 朱駿聲所説的"盜輕而賊重",就是盜的罪名輕,賊的罪名重。所説的"今律",指《大清律》。據我的調查,"賊"當"小偷"講,從法律上來説,非始於《大清律》,乃始於《元律》。我寫過一篇《"賊"有"盜"義始於何時》,載《河南師範大學學報》1987年

---

① 〔清〕段玉裁《説文解字注》,上海古籍出版社1981年版,630頁。
② 〔唐〕孔穎達《春秋左傳正義》,北京大學出版社2000年校點本繁體字版,662頁。
③ 十三經注疏整理委員會整理《周禮注疏》,北京大學出版社2000年校點本繁體字版,1082~1083頁。
④ 〔清〕朱駿聲《説文通訓定聲》,中華書局1984年影印本,220頁下欄。

第 1 期，轉載於人大報刊複印資料（語言文字）1987 年第九期，請參看。

高著 311 頁云：近代劉師培參照汪中考證，進一步列出《孔子傳經表》，也認爲《春秋》的傳授，三傳均出子夏一派。

呂按：這幾句話是"轉引自孔祥驊《子夏與〈春秋〉的傳授》，《管子學刊》1997 年第 2 期"。但經過核查，此轉引之資料與劉師培《經學教科書》實際所載不符。劉師培《經學教科書》的《孔子之弟子傳經上》是這樣寫的："春秋之學，自左丘明作《傳》，六傳而至荀卿，復由荀卿授張蒼，是爲左氏學之祖。《公》《穀》二傳，咸爲子夏所傳。"（詳見劉師培《經學教科書》（甯武南氏校印）第一冊，第六課《孔子之弟子傳經上》，第 4~5 頁）而其《孔子傳經表》中的《左傳》傳授順序是"左丘明——曾申——吳起——吳期——鐸椒——虞卿——荀卿——張蒼"。（《春秋左傳正義》文公十八年）

最後，希望高著成爲七十子研究的報春鳥，希望有更多的研究七十子的著作相繼出現，以精衛填海的精神，填補孔子死後百年的學術空白。這是一件很有意義的工作。

《劉禹錫詩文選》序

　　《劉禹錫詩文選》成，作者安氏父女命序於予。予與作者情屬同里，誼兼師友，義不得辭，爰綴數語，以志予之聞見，且以質之高明。

　　清代學者杭世駿有言："詮釋之學，較古昔作者爲尤難。語必溯源，一也；事必數典，二也；學必貫三才而窮《七略》，三也。"誠哉斯言！《劉禹錫詩文選》，友仁拜讀一過，以爲其善有三：選擇篇目，頗具匠心，一也；體例完備，有所創新，二也；注釋規範，元元本本，三也。《陋室銘》之作者，時下頗有異議，而作者據夢得自言"祖先壤樹，在京索間，瘠田可耕，陋室未毀"等語，毅然收之，是所謂頗具匠心也。每篇之中，首解題，次注釋，次輯評，設計周密，想讀者之所想，是所謂體例完備也。注釋爲此書之主體，作者尤傾心血。每條注釋，凡有故實者，無不引經據典，揭示出處。其有古語難解者，更以精練之現代漢語譯之。其有徵引前賢者，必標其所出，不隱善，不掠美。苟有一得之愚，亦唯有實事求是之心，絕無自我表襮之意。是所謂注釋規範、元元本本者也。作者在《例言》中説："這册選本，蓋爲具有中等學養的一般讀者編注。"予謂此書非但適合具有中等學養的一般讀者，而且對專家學者亦不乏參考價值。時人校注夢得詩文者，以予所知，凡五家：瞿蜕園《劉禹錫集箋證》，一也；劉集整理組《劉禹錫集》，二也；陶敏等《劉禹錫全集編年校注》，三也；蔣維崧等《劉禹錫詩編年箋注》，四也；高志忠《劉禹錫詩編年校注》，五也。今此書出，可得而爲六也。夢得、元稹，俱與白傅爲詩友，文學史有"白劉""元白"之稱。而元集目前僅有校點本一，校注本（詩歌卷）一，以視夢得集之有六，大不相侔矣。是夢得生前不顯而身後則榮也。

予讀夢得集，感觸最深者，莫過於夢得之拳拳榮上之情。其于《上杜司徒書》云："小人祖先壤樹，在京索間，瘠田可耕，陋室未毀，濡露增感，臨風永懷。伏希閔其至誠，而少加推恕，命東曹補吏，置籍於滎陽伍中，得奉安輿而西拜先人松檟，誓當齎志没齒，盡力於井臼之間，斯遂心之願也。"其於《汝州上後謝宰相狀》云："家本滎上，籍占洛陽，病辭江干，老見鄉樹，榮感之至，實倍常情。"病重，自知不起，乃自爲銘曰："寢於北牖，盡所期兮。葬近大墓，如生時兮。"所謂"葬近大墓"，謂葬于滎陽檀山之劉氏祖塋也。一編之中，三致意焉。蓋葉落歸根，人之常情。而葉落歸根，其義有二：生時歸於故里，卒後葬于祖墓。而後者尤爲古人所重。是以趙文子以"全要領以從先大夫于九原"爲幸,而太史公"以污辱先人,亦何面目復上父母之丘墓"爲恨也。

劉子劉子,汝知否:今日滎上檀山,辟有劉禹錫公園,遊人憑吊如織;劉子劉子,汝知否:今日安氏父女,成《劉禹錫詩文選》一編,爲劉子詩文更廣結善緣。以此二事證之,滎上父老何嘗一日忘汝哉!劉子有知,魂兮歸來!丁亥季春滎上呂友仁序。

引書規範舉隅

學術界的剽竊之風，愈演愈烈。涉及的人士，上至大學教授、博士生導師，下至略識之無的小學生；涉及的學校，上至被國人尊爲文脉所在的北京大學，下至層層地方性院校。此情此景，令人扼腕。長此以往，不知伊于胡底？學術興亡，匹夫有責。有鑒於此，謹向學術界推薦一個引書規範。

清代學者陳澧（1810~1882）寫過《引書法示端溪書院諸生》一文。所謂"引書法"，也就是"引書規範"。陳澧把"引書法"看作做學問的基本功，他在此文的前言中說："引書有引書之法。得其法則文辭雅馴，不愧爲讀書人手筆，且將來學問成就，著述之事，亦基於此矣。其法本不難知，今爲初學者詳述之。""引書法"一共十條，可以說條條都非常對症，都很有現實教育意義，但爲了緊扣主題，本文只能摘錄其中有關的五條，即：

一、前人之文，當明引不當暗襲，《曲禮》所謂"必則古昔"，又所謂"毋勦說"也。明引而不暗襲，則足見其心術之篤實，又足征其見聞之淵博。若暗襲以爲己有,則不足見其淵博,且有傷於篤實之道。明引則有兩善,暗襲則兩善皆失也。

一、書之顯赫者,但當舉其書名;亦有當舉其人之姓氏者;其次則當兼舉其字、或號、或官、或諡。若其人其書不顯赫者,則舉其名。此當斟酌於其間也。

一、所引之書,卷帙少而人皆熟悉者,但引其文可矣。否則當并引篇名,或注明卷數,以征核實。

一、引書必見本書而引之。若未見本書而從他書轉引者,恐有錯誤,且貽誚於稗販者矣。或其書難得,不能不從他書轉引,宜加自注云:"不見此書,此從某書轉引。"亦篤實之道也。

一、引書之後,繼以自己之語,必加"按"字,或"據此云云"。①

不難看出,五條之中,第一條是綱,其餘四條是目。第一條的主旨就是"前人之文,當明引不當暗襲"。所謂"暗襲",就是剽竊。而其餘四條就是具體曉示學生應當如何明引。

陳澧其人,據《清史稿》本傳,廣東番禺人,曾經擔任學海堂堂長數十年。晚年,主講菊坡精舍。因此,小一點說,陳澧是個教師;大一點說,陳澧是個校長。筆者忝列高校教師,竊不自揣,願意借此機會向全國的高校教師發出倡議,陳澧既然能夠將

---

① 以上引文見《東塾未刊遺文》,此轉引自張舜徽先生《文獻學論著輯要》,陝西人民出版社1985年版,413頁。

此"引書法"示給他的學生,我們何不也把它示給我們的大學生、研究生呢?以期形成良好的引書規範。當然,要求學生做到的,教師應當首先做到。至於全國高校的校長們,位高任重,似乎應該站在更高的高度採取一些措施。至於採取哪些有效措施,則非在下所敢妄議,相信在其位者必能善自爲之。

我認爲,陳澧這個《引書法示端溪書院諸生》,在中國學術規範史上應佔有一席之地。爲什麽呢?第一,所謂"法"者,規範之謂也。把怎樣引書用規範的形式表述出來,形成成文法,據我的考察,陳澧的《引書法》是第一家。第二,所謂《引書法示端溪書院諸生》,用今天的話來説,也可以説是《端溪書院學生引書規範》,這就意味着早在一個世紀以前,我國的書院(大致相當於今天的省屬高等院校)就有了成文的學術規範。這也是應該大書一筆的。

陳澧的《引書法》,首先可以看作是對清代學者引書實踐的科學總結。清代學者,從總體上來説,學風樸實,自律甚嚴。例如顧炎武,這是開一代風氣的人物,他在《日知錄》卷二十"述古"條下説:"凡述古人之言,必當引其立言之人。古人又述古人之言,則兩引之,不可襲以爲己説也。"又如錢大昕,這是乾嘉學派的一員主將,在其《廿二史考異序》中説:"間與前人暗合者,削而去之;或得于同學啓示,亦必標其姓名。郭象、何法盛之事,蓋深恥之也。"(見《潛研堂集》卷二十四)這是何等嚴格的自律！難怪梁啓超如此稱贊説，清代"正統派之學風，其特色可指者"有十項，其中一項就是："凡採用舊説，必明引之，剿説認爲大不德。"（見《清代學術概論》十三）可以想見，那時候是正氣絶對壓倒邪氣，剽竊者的日子很不好過，面臨的是千夫所指，恰似"老鼠過街，人人喊打"。

　　陳澧的"引書法"，是從學術道德的教育上着眼，教育學生要學好，不要學壞，所以他説："明引則有兩善，暗襲則兩善皆失。"而道德的約束力究竟有多大，我看是因人而異。它對君子的約束力較大，它對小人的約束力較小。孟子説："人不可以無恥，無恥之恥，無恥矣。"小人不知自愛，屬於"無恥之恥"之徒。自甘墮落者，法律尚不放在眼裏，還在乎什麽道德。

　　筆者把陳澧的《引書法》鄭重向學術界推薦，還有這樣一層意思，即被我們最近幾年吵翻了天的學術規範，不是我們原來没有，而是有；不但有，而且早就有。似乎也用不着"引進"。在老祖宗給我們留下的家底裏，就有這樣的一件東西。我們可以説它并非十全十美，但你不能不承認它已經粗具規模。剩下的問題很簡單：學術規範是有的，關鍵在於你遵守不遵守。

五

中州文獻卷

《中州文獻總録》前言

　　《中州文獻總録》，是一部上起先秦下迄清末的河南省籍作者及其著述的總録。爲什麽要編纂這麽一個《總録》？衆所周知，我們平常所説的中原文化，就是由中州大地孕育出來的一種地方文化。中原文化作爲一種地方文化，它不僅具有濃郁的鄉邦色彩，而且以其源遠流長、博大精深的品格，在華夏文化的發展過程中，始終起着中心作用和導向作用。而中原文化的主要載體便是中州文獻。要瞭解和研究中原文化，要繼承和發展中原文化，如果離開中州文獻就會變得不可思議。那麽，中州文獻在質的方面和量的方面究竟如何呢？不好回答。如果説在質的方面我們還有一個雖然模糊而大致不差的印象的話。那麽，在量的方面就連這樣一個模糊的印象也没有。於是，我們就産生了一個想法：爲了摸清中州文獻的家底，我們這些家世中州的土著何不自己動手編纂一部《中州文獻總録》呢？而且據我們所知，近年來安徽出版了《皖人書録》，浙江出版了《兩浙著述考》，這些兄弟省份已經走到了前面，我們還彷徨猶豫什麽呢？

　　有了這個念頭以後，我們就決定首先調查一下：在我們之前，有没有人做過類似的工作，以便我們有所借鑒。調查中發現，我們的鄉賢前輩在這方面已經做過不少的很有價值的工作。例如，張調元的《鄭州先賢志》、劉宗泗的《襄城文獻録》、蘇源生的《鄢陵文獻志》，這是記載中州某一地區鄉邦文獻的；孫奇峰的《中州人物考》、耿介的《中州道學編》以及李時燦的《中州先哲傳》，這是記載某一歷史時期方方面面的傑出中州人物的；楊淮的《中州詩鈔》、李時燦的《中州詩征》，這是專門記載清代中州人士詩作的；張宗泰的《中州集略》，是自漢至元，凡中州人士有别集者，概行收録。李時燦的《中州藝文録》，顧名思義，應該是記載中州文獻的淵藪，可惜的是它僅僅包舉有清一代；還是這位李時燦（字敏修），民國時期在北京設立中州文獻征輯處，征輯到許多珍貴的明清文獻，現爲新鄉圖書館的特色收藏。對於這些關注、愛護桑梓文獻的先輩，我們懷着深深的敬意。嗣後，又有《河南通志藝文志稿》和《歷代中州作家簡録》先後問世，所謂"前修未密，後出轉精"者是也。職此之故，這兩部書引起了我們的特别注意。

　　《河南通志藝文志稿》，纂修者不詳，民國三十一年鉛印出版，凡17册。其中，經部二十一卷，3册；史部不分卷，4册；子部三十二卷，4册；集部九卷，6册。全書以經史子集四部爲序，每部之中又以朝代先後爲序。此書存佚全收；對於所收之書，或有提要，或無提要。之所以如此，大概是因書制宜的原因。《歷代中州作家簡錄》(其元明清部分叫做《元明清中州藝文簡目》)，本文則概以《簡錄》稱之，油印本，鄭州大學中文系資料室編寫，時間是20世紀80年代中葉。《簡錄》的編寫體例是以人系書，總的來說，是以朝代、年代的先後爲序。每一作者均有小傳，而該作者的著作則只列書目，没有任何提要。對於我們來説，這兩部書的編者是先行者，他們給我們提供了不少可以借鑒的東西，這是我們應該表示感謝的。但是，我們也清醒地認識到，我們必須而且應該有所前進，有所發明。否則我們的工作就失去意義。爲此，我們就不能像明初修《元史》的諸臣那樣，"於《實錄》之外，唯奉蘇氏(天爵)《名臣事略》爲護身符，其餘更不採訪"(見錢大昕《跋元名臣事略》)。我們決定，一切從頭做起。首先要"上窮碧落下黄泉"地搜集資料，在廣泛收集資料的基礎上動筆。爲此，我們編制了一個分爲七個大類的參考書目。一曰史傳類，包括二十五史、歷代學案、《中州先哲傳》等61種；二曰書目類，包括歷代公私書目63種；三曰索引類，包括各類索引24種；四曰總集類，包括諸如《詩經》《先秦漢魏晉南北朝詩》《全唐詩》《全宋詩》等64種；五曰辭書類，包括《元和姓纂》《萬姓統譜》《中國人名大詞典》《河南大詞典》等34種；六曰方志類，主要是河南的歷代地方志，其數量不勝枚舉；七曰釋道類，包括歷代

《高僧傳》《釋氏疑年録》《道藏》《中華大藏經》《道家金石録》等12種。對於資料的使用，我們信奉陳垣先生提出的兩句金言："毋信人之言，人實誑汝。"（見《陳垣史源學雜文·前言》。這兩句話出自《詩經·鄭風·揚之水》，陳垣先生是借用）爲此，我們要求每個作者都要儘量減少以訛傳訛的弊病。

《河南通志藝文志稿》和《歷代中州作家簡録》也有其不足之處，這主要表現在兩個方面：考證有失粗疏和著述頗多遺漏。例如，《藝文志稿》著録三國魏邯鄲淳撰有《許氏字指》一書，實則純系子虛烏有。究其原因，蓋編者誤讀古書所致。按《魏略》云："淳博學有才章，又善《蒼》《雅》、蟲、篆、許氏字指。"所謂"許氏字指"，乃指許慎《説文解字》的精義，非謂淳著有《許氏字指》一書也。又如，《藝文志稿》著録後魏袁式撰有《字釋》一書，根據是《魏書·袁式傳》。實則《魏書·袁式傳》和《北史·袁式傳》俱稱袁式"作《字釋》，未就"。既然"未就"，何得著録？又如，《藝文志稿》著録南朝荀昶撰有《孝經注》一卷，稱："是書史志均未載，僅見陸德明《經典釋文》。"今按：《隋·經籍志》的注文中，明文載有此書，何得言"史志均未載"？又如，《藝文志稿》著録後魏韓延之撰有《韓延之集》，根據是《隋志》。今按：《隋志》著録作"後魏著作佐郎《韓顯宗集》"，并不是著録作《韓延之集》。韓顯宗，字茂親，昌黎人，嘗官著作佐郎，《魏書》《北史》均有傳，稱其"所作文章，頗傳於世"。而韓延之，字顯宗，南陽人，《晉書》《北史》有傳，不以文章名。由於韓延之的字與韓顯宗的名偶然相同，編者失于辨別，就把韓顯宗的文集扣到了韓延之的頭上。這種顯宗冠而延之戴的錯誤，始于明馮惟訥《古詩紀》，逯欽立《先秦漢魏晉南北朝詩》又承馮氏之誤。姚振宗《隋書經籍志考證》曾明確指出其誤，惜乎爲編者所忽略。這是考證粗疏之例。至於著述的遺漏，以宋代爲例，據統計，《藝文志稿》著錄現存著作507部，除去其不合體例者，則只有450部。而《中州文獻總錄》著錄的達到1417部，是《藝文志稿》的三倍多。《簡錄》的宋代部分僅著錄作者247人，而本書宋代部分著錄的作者則多達642人。《簡錄》收錄的歷代中州作者，計3255人；而《總錄》收錄的歷代作者爲5287人，較之《簡錄》，多出兩千餘人。再以一些個案爲例：東漢的蔡邕，《簡錄》著錄其著作僅《文集》《喪服譜》二種，而《總錄》則除《文集》《喪服譜》二種外，尚有《毛詩疑字議》《禮記音》二卷、《漢書集解》若干卷、《晉七廟議》三卷、《論語蔡氏注》一卷、《蔡司徒書》三卷；晉代的干寶，《簡錄》僅著錄其《周易注》《周易宗塗》《周官注》《春秋左氏傳義》《晉紀》《搜神記》六種，而《總錄》除上述六種，還著錄其《周易爻義》一卷、《周易玄品》二卷、《周易問難》二卷、《毛詩音隱》一卷、《周官駁難》四卷、《后養議》五卷、《春秋序論》二卷、《司徒儀》《干子》十八卷、《雜議》五卷、《正言》十卷、《百志詩》九卷，較之《簡錄》，多出12種；南朝梁的阮孝緒，《簡錄》僅著錄其《七錄》和《高隱傳》二書，而《總錄》除此二書以外，尚著錄其《文字集略》六卷、《正史削繁》九十四卷；唐代的李商隱，《簡錄》僅著錄其《樊南甲集》《樊南乙集》及《玉溪生詩》3種，《總錄》則著錄12種，即除上述3種外，還有《蜀爾雅》三卷、《古文略》一卷、《金鑰》三卷、《梁詞人麗句》一卷、《桂管集》二十卷、《李義山雜稿》一卷、《李商隱別集》七卷、《李義山文集》五卷、《樊南文集補編》十二卷；宋代的鄭居中，《簡錄》僅著錄其詩2首，而《總錄》則除此以外尚著錄其著述5種，即《政和五禮新儀》二百四十卷（此書尚存）、《崇寧聖政》255冊、《聖政錄》223冊、《政和新修學法》一百三十卷、《學制書》一百三十卷；明代的陳耀文，《簡錄》僅著錄其著作兩種：《經典稽疑》和《伏戎紀事》。而據查《伏戎紀事》乃高拱所作，見《四庫全書總目提要》，屬於誤收，實則僅著錄陳書一種，而《總錄》則除《經典稽疑》外，尚著錄陳氏之《天中記》六十卷、《正楊》四卷、《學圃萱蘇》六卷、《花草粹編》十二卷、《學林就正》四卷、《照過庭訓》不分卷、《確山縣志》二卷，共計8種，其中多數今存；清代彭而述，《簡錄》著錄其《讀史亭詩集》十六卷、《文集》二十二卷、《讀史外編》八卷、《宋史斷略》四卷、《明史斷略》四卷，僅5種，而《總錄》除此5種外，還著錄其《讀史續編》八卷、《桂陽石洞記》一卷、《湘行記》一卷、《遊浯溪記》一卷、《彬東桂陽小記》一卷、《飛雲洞記》一卷、《禹峰先生詩集》十五卷、《彭禹峰先生文集》二十六卷，較之《簡錄》，多出 8 種。以上只是舉例言之。我們在《編纂凡例》中曾經這樣寫道："本書追求的目標是一全二真。所謂全，就是要廣泛收集資料，力求做到不遺漏一個河南作者，不遺漏一種河南人的著述。所謂真，就是要力求做到實事求是，言必有征。"現在看來，這樣地要求未免懸得過高。古訓有云：取法乎上，僅得其中；取法乎中，不免爲下。這就是說，目標不宜訂得過低。但實事求是地說，兩個"不遺漏"的要求也斷難完全做到，考證粗疏的地方也勢所難免。但學術乃天下之公器，對於《總錄》，我們雖然免不了有幾分敝帚自珍，但我們也不乏應有的自知之明，所以我們也絕不護短。我們熱誠希望讀者批評，指出我們的粗疏，指出我們的遺漏，讓《中州文獻總錄》愈來愈接近一全二真，共襄盛舉，豈不美哉？

在編寫工作中，我們感到最爲困難的是編寫提要。北齊顏之推《顏氏家訓·勉學》說："校定書籍，亦何容易，自揚雄、劉向方稱此職耳。觀天下書未遍，不得妄下雌黃。"余嘉錫《四庫提要辯證》云："夫取經傳九流百家而辨章之，又從而撮取其旨意，其易言也哉，非博通如劉向，不足以爲此。"按照這種說法，我們這些後生小子只好束手擱筆。但事情總要由人來做，有道是我不下地獄誰下地獄，既然立定志向要幹，無非是多花上一些時間，多加上一些小心，盡最大的努力，力爭做好就是了。而且至少有一點是可以做到的，那就是實事求是，絕不不懂裝懂，知道的、理解的就説，不知道、不理解的就不説。由於我們採取了實事求是的態度，所以間或也有一得之愚。例如，《四庫提要》著録《蒙泉雜言》二卷云："不著撰人名氏。"而據乾隆《襄城縣志》和《中州藝文録》卷十九，知此書作者乃耿華國。華國，字首岳，號首陽子，襄城（今屬河南）人，崇禎時貢生，授評事，明季以隱逸終。耿迪吉《後序》云："先首岳公著《周易》《論語正義》兩書，皆散失，唯所著《蒙泉雜言》幸不與劫灰俱盡。"又如，《四庫提要》著録賀仲軾《兩宮鼎建記》云："仲軾，字敬養。"而據民國二十四年《獲嘉縣志》："仲軾，字景瞻。"衡以名字相應規律，則作"景瞻"者爲是。蓋蘇軾字子瞻，作者名軾字景瞻，含有景仰蘇軾之義。對於賀仲軾的著作，《提要》僅著録其《兩宮鼎建記》一書，而據《獲嘉縣志》，仲軾尚有《春秋歸義》十二卷，有道光八年刻本；《經史致曲》二卷，抄本；《耕餘漫記》二卷，家藏本缺第一卷。此外尚有《論世類編》八卷、《滬澤案牘》二卷，均佚。又如，《四庫提要》著録宋犖《滄浪小志》云："是編乃犖爲江蘇巡撫時，得宋蘇舜欽滄浪亭舊址，重爲修葺，因搜輯前人傳記詩文，而附以所作記一篇，詩一首，及尤侗、范承勛詩各一首，共爲一集。"而據首都圖書館藏此書原刊本，書中收宋犖詩凡 11 首，收尤侗詩凡 15 首，收王士禎詩 3 首，另外還有朱彝尊等人的詩和賦。《提要》所説未免失實。諸如此類者尚多，不煩枚舉，識者自能辨之。但總的説來，提要部分仍然是本書比較薄弱的部分，述多而作少，歡迎批評指正。

再一個讓我們感到頭痛的問題是圖書不足，搜求不易。雖然參加《總錄》編寫工作的同仁都是嗜書如命之輩，插架之藏也不是多麼寒磣，但比起工作的需要來，説是杯水車薪也毫不爲過。不得已，只好首先求之於各自所在學校的圖書館；再不得已，只好求之於省内各大圖書館；再不得已，只好出省，求之於國家圖書館或者館藏豐富的高校圖書館。實際上，限於財力和時間，也不可能每一種書或者每一種書的所有版本都能夠搜求得到。在這種情況下，只好因陋就簡，或轉求於公私目錄，或徑付闕如。在這一點上，我們的條件不如劉向和四庫館臣。劉向有皇家圖書館爲他作後盾，他不必爲搜求圖書發愁；而四庫館臣，不但聖旨特許使用内府藏書，而且乾隆皇帝還下詔各省督撫悉心搜訪所需書籍，所以他們也不必爲搜求圖書發愁。

本書從動議到蕆事，歷經十個寒暑，與事諸君，亦已勞矣。而友仁才非向、歆，忝主其事，雖殫精竭慮，而限於孤陋，則諸多不足，勢所難免。幸大雅君子不吝教正，是非獨友仁與與事諸君之福，尤爲本書之福也。不勝嚮往與歡迎之至。

吕友仁

1999 年 4 月 8 日初稿

2002 年 6 月 1 日修改

《中原文獻鈎沉》前言

一、解題

《中原文獻鈎沉》，就是將散佚的中原文獻輯録出來。所謂"中原文獻"，是指今河南省的古代文獻。所謂"鈎沉"，即輯佚之義。清人余蕭客有《古經解鈎沉》，輯録唐代以前經書古注；魯迅有《古小説鈎沉》，輯録唐代以前古代小説。本書之命名，即取法前賢。由於散佚的中原文獻數量巨大，且學術價值以唐代以前散佚者較高，所以本書的時限暫定爲先秦至六朝。

二、編纂《中原文獻鈎沉》的必要性

（一）中原文獻是我國古代文獻中的主導文獻

中原文獻是中原文化的主要載體。中原文化作爲一種地方文化，在華夏文明發展的歷史長河中，以其源遠流長、博大精深的品格，始終起着中心作用和導向作用。而中原文化所具有的上述品格和作用，在很大程度上是通過中原文獻體現的。這裏所說的中原文獻，既包括今天現存的中原文獻，也包括已經散佚的中原文獻。換言之，已經散佚的中原文獻，也參與了中原文化的構建，是燦爛的中原文化的一個組成部分。無論是今天現存的中原文獻，或是已經散佚的中原文獻，都是我們珍貴的文化遺產，值得我們自豪。如果我們的心目中只有現存的中原文獻，忘掉了已經散佚的中原文獻，則難辭數典忘祖之誚。

(二) 散佚的中原文獻很多是各自學術領域的開創性著作，具有較高學術價值

例如：

1.《子夏易傳》。子夏，即卜商，孔子弟子，以"文學"著稱，是所謂"十哲"之一，河南溫縣人（此據《史記·仲尼弟子列傳》司馬貞《索隱》）。按照傳統目錄學的排列順序，此書總是坐第一把交椅。《四庫全書總目》所收的第一種書就是《子夏易傳》十一卷。《總目》說它是偽書，但有的學者認為不偽，有的學者認為難以遽下結論。不管怎麼說，這是一個懸而未決的公案，想繞也繞不開，誰叫《周易》居六經之首，而《子夏易傳》又居《周易》之首呢？作者既是如此的大名鼎鼎，其書又是居於如此重

要的地位,其重要性不是顯而易見的嗎?難怪清人的輯本不止一種。

2. 戰國蘇秦《蘇子》三十一篇,《漢書·藝文志》著録,後佚。秦,洛陽人。蘇秦是縱橫家的鼻祖,而此書乃《漢志》縱橫家領銜之作。或曰:君言差矣,縱橫家之鼻祖乃蘇秦之師鬼谷子,《隋志》子部著録之《鬼谷子》三卷始爲縱橫家領銜之作。答曰:誠如君言,然則鬼谷子乃潁川陽城(今河南登封)人,《鬼谷子》仍然屬於中原文獻。

3. 由李斯領銜撰寫的《倉頡篇》。《漢書·藝文志》:"《蒼頡》七章者,秦丞相李斯所作也。《爰歷》六章者,車府令趙高所作也。《博學》七章者,太史令胡毋敬所作也。文字多取《史籀篇》,而篆體復頗異,所謂秦篆者也。"許慎《説文解字序》:"秦始皇帝初兼天下,丞相李斯乃奏同之,罷其不與秦文合者。斯作《倉頡篇》,中車府令趙高作《爰歷篇》,太史令胡毋敬作《博學篇》,皆取《史籀》大篆,或頗省改,所謂小篆者也。[1]"可知此書是我國第一部規範全國文字的小篆字典。

4. 《李斯集》。上世紀八十年代,始由河南大學教師張中義、王宗堂、王寬行輯出,由中州古籍出版社出版。《四庫全書總目·集部總叙》:"集部之目,《楚辭》最古,別集次之,總集次之,詩

---

[1] 〔漢〕许慎、〔清〕段玉裁《説文解字注》,上海古籍出版社 1981 年版,758 頁。

文評又晚出，詞曲則其閏餘也。古人不以文章名，故秦以前書，無稱屈原、宋玉工賦者。洎乎漢代，始有詞人，迹其著作，率由追錄。故武帝命所忠求相如遺書，魏文帝亦詔天下上孔融文章。至於六朝，始自編次。"《李斯集》之問世，爲中國文學史別開生面。《史記・李斯列傳》太史公曰："不然，斯之功且與周、召列矣。"講的是李斯的豐功偉績。至於李斯在中國文學史上的地位，魯迅《漢文學史綱要》云："法家大抵少文采，唯李斯奏議，尚有華辭，如上書《諫逐客》。秦始皇東巡郡縣，羣臣乃相與頌其功德，刻於金石，其辭亦李斯所爲，質而能壯，實漢晉碑銘所從出也。由現存者而言，秦之文章，李斯一人而已。"①

5. 漢代鄭興《周官解詁》、鄭衆《周官解詁》，這是注釋《周禮》的開山之作。鄭興、鄭衆是父子，開封人。鄭玄注《周禮》，引用二鄭之説特多。

6. 《隋書・經籍志》史部雜傳類著錄《陳留耆舊傳》二卷，漢議郎圈稱撰。後佚。陳留，漢魏郡名，治所陳留（在今開封市東南）。《陳留耆舊傳》是我國第一部記載一郡先賢嘉言懿行的專書。劉知幾《史通・雜述篇》表彰了四部此類"郡書"，《陈留耆旧传》位列四书之首。《陈留耆旧传》還是范曄《後漢書》的取材來源之一。《陳留耆舊傳》的不少記事，可與以上二書相印證。

---

① 《魯迅全集》第九卷《漢文學史綱要》，人民文學出版社 2005 年版，394~395 頁。

舉例來説，清代乾隆皇帝不相信《後漢書·劉昆傳》所載之"昆爲政三年，仁化大行，虎皆負子渡河"的記載，特地以《御制讀劉昆傳》爲題，寫了一詩一文，具載庫本《後漢書》卷首。實際上，追本溯源，《後漢書·劉昆傳》有關此事的記載乃是取自《陳留耆舊傳》。

7. 東漢服虔《通俗文》一卷，此書《隋書·經籍志》著録，後佚。顏之推《顏氏家訓·書證》説此書"河北此書，家藏一本"，可知其爲古人所看重如此。論者以爲，《通俗文》是以漢代人民群衆口頭上活生生的語言爲研究對象，具有超前的民俗語言學意識。《通俗文》不僅開創了俗語研究的先河，也是俗語辭書的濫觴之作。清代學者錢大昕所著《恒言録》，即是繼承《通俗文》之作。

8. 漢末應劭《漢書集解》二十四卷和服虔《漢書音訓》一卷，《隋志》史部著録，後佚。應劭，汝南南頓（今項城）人；服虔，滎陽人。此二書是注解《漢書》的開山之作。顏師古《漢書叙例》："《漢書》舊無注解，唯服虔、應劭等各爲音義，自别施行。"可證。

9. 三國魏周斐《汝南先賢傳》五卷，始見《隋書·經籍志》史部，兩《唐志》猶見著録，後佚。周斐，汝南人。劉知幾《史通·雜述》云："汝、穎奇士，江、漢英靈，人物所生，載光郡國，故鄉人學者，編而記之。若圈稱《陳留耆舊》、周斐《汝南先賢》、陳壽《益部耆舊》、虞預《會稽典錄》，此之謂郡書者也。"①所謂"郡書"，就是由本郡的人執筆，將爲本郡增光生色的先賢的嘉言懿行記載下來，公之於眾，傳之後世。劉知幾所舉的四種郡書，中原文獻佔了一半。其中的《會稽典錄》在上個世紀已由魯迅先生輯出。《汝南先賢傳》對後世影響很大。劉義慶《世說新語》開宗明義的第一篇是《德行》，而《德行》篇的前四人都是《汝南先賢傳》中的人物。《三國演義》中有兩句對曹操的評語："子治世之能臣，亂世之奸雄也。"這兩句話膾炙人口，不脛而走，而下此評語者正是《汝南先賢傳》中的傳主之一許劭。

10. 西晉荀勖《晉中經》十四卷。荀勖，潁川潁陰（今許昌）人。此書始見《隋書·經籍志》史部簿錄類著錄，兩《唐志》著錄同。後佚。這部書的學術價值在於，它開創了傳統目錄學的四分法。《隋書·經籍志叙》云："魏秘書郎鄭默，始制《中經》。秘書監荀勖，又因《中經》，更著《新簿》，分爲四部，總括群書。一曰甲部，紀六藝及小學等書；二曰乙部，有古諸子家、近世子家、兵書、兵家、術數；三曰丙部，有史記、舊事、皇覽簿、雜事；四曰丁部，有詩賦、圖贊、汲冢書。"錢大昕說："四部之分，實始於此。"② 劉壽曾《揚州藝文志商例》："自荀氏創立四部，沿

---

① 〔清〕浦起龍、白玉崢《史通通釋》，上海古籍出版社1978年版，274頁。
② 〔清〕錢大昕、呂友仁《潛研堂集》卷十三《答問》，上海古籍出版社，197頁。

承至今。"①

11. 南朝宋謝靈運的《遊名山志》一卷，《隋書·經籍志》史部地理類著錄，後佚。靈運，史稱太康人。此書的重要性在於，第一，它是我國遊山記之類著作的濫觴。遊山記之類著作，論其規模宏大與學術價值，首推《徐霞客遊記》。而追溯其初，則推靈運此《志》。第二，天下名山多矣，核之《遊名山志》佚文，知所謂"遊名山"者，謂遊永嘉、會稽二郡之名山也。而靈運爲中國文學史上山水詩人之鼻祖，讀靈運山水詩，有必讀此《志》方可得解者也。

12. 南朝宋鄭緝之《永嘉郡志》。緝之，開封人；永嘉，今之溫州。《永嘉郡志》，是溫州的第一部方志。此書久佚，清同治年間，孫詒讓主持編寫《溫州經籍志》，特爲輯出。孫詒讓《書校集鄭緝之〈永嘉郡記〉後》云："《鄭記》（按：謂鄭緝之《永嘉郡記》）爲吾鄉地志第一古本，隋唐《志》皆不著錄，唯《太平御覽》序目有之。其書自唐以來，久無傳帙。然自梁劉孝標《世説注》以下諸書，多見徵引，而《御覽》所錄尤夥。"

（三）本書將爲我國文史哲領域的學術研究提供前所未見的珍貴資料，爲促進我國哲學社會科學進一步繁榮發展做出貢獻

《四庫全書總目》著錄《蘇氏演義》云："古書亡失，愈遠

---

① 轉引自張舜徽《文獻學論著輯要》，陝西人民出版社 1985 年版，399 頁。

愈希，片羽吉光，彌足珍貴。"根據我們的前期調查統計，本書需要輯出的佚書凡747種，涉及經史子集四部。這747種輯佚書出版後，將爲我國文史哲領域的學術研究提供前所未見的資料，甚至改寫某些已有的結論。

例如，杜甫詩、蘇軾詩和黃庭堅詩都不止一次地使用"吏隱"一詞，而古今注家，一無例外地都這樣注釋："《汝南先賢傳》：'鄭欽吏隱於蟻陂之陽。'"按：《隋書經籍志》史部著錄《汝南先賢傳》五卷，魏周斐撰。據考，周斐本人就是汝南人。此書後佚。十年前，我們將《汝南先賢傳》佚文輯出，方知杜詩、蘇詩、黃詩注家的徵引《汝南先賢傳》"鄭欽吏隱於蟻陂之陽"，應爲"鄭敬去吏，隱於蟻陂之陽"。換言之，一個避諱字沒有發現，"欽"當作"敬"；掉了一個很關鍵的"去"字。宋人趙次公作注，避宋太祖祖父之諱，改"敬"作"欽"。後人作注，一路承襲下來。何謂"鄭敬去吏"？據《汝南先賢傳》，鄭敬當過汝南郡郡功曹，官不大，但鄭敬對上司不會說奉承話，不爲上司所喜，所以他就辭職不幹了。這就是所謂"鄭敬去吏"。由此可知，杜詩、蘇詩、黃詩的古今注家都把這個典故注錯了。實際上，吏隱的鼻祖是漢代的梅福，但這又是另外的話題了。

再如，晉殷仲堪《論語注》，隋、唐諸志皆不載，而皇侃《論語集解義疏》引有九節，《續修四庫全書總目提要》評論說："全異舊說，實非聖人立言之本旨也。皇氏引之者，殆序中所謂廣異聞歟？"今人王雲飛《殷仲堪〈論語注〉研究》則云："東晉殷仲堪現存《論語注》九條，與何晏、皇侃等其他秦漢六朝《論語注》相比，其'性''迹''虚'等概念的使用具有玄學特色，屬於以玄注《論語》的典型，尤其受到郭象思想的影響。其多次出現的'誠'的概念，和宋明理學、心學'誠'的關係值得進一步研究。"（載《唐山學院學報》2012年1月）然則，雖然僅僅九條佚文，但却是"以玄注《論語》的典型"。

三、編纂《中原文獻鈎沉》可行性

（一）對中原文獻的第一次全方位普查

從1992年開始，到2002年底爲止，歷時11年，在河南省教育廳科研處和中州古籍出版社的大力支持下，在全國高等院校古籍整理工作委員會資助下，由河南師範大學吕友仁先生任主編，聯合鄭州大學、信陽師院、安陽師院、商丘師院的同道，齊心協力，完成了《中原文獻總録》一書（上下兩册，230多萬字，中州古籍出版社2002年出版）的編寫出版。《中原文獻總録》，是一部上起先秦下迄清末的河南省藝文志。編寫《總録》的過程，實際上是對中原文獻進行了一次全方位的普查。通過《總録》的編寫，使我們對於中原文獻的歷史和現狀，已經做到了基本上心中有數。現存多少？散佚多少？前人有輯本的有多少？前人沒有輯本的有多少？前人輯本的質量如何？對於這些問題，基本上已經瞭然於胸。這就是說，《鈎沉》的前期準備工作，我們已經做得相當扎實了。

(二) 對中原文獻的第二次全方位普查

從 2002 年開始，到 2008 年，我們又完成了《中原文化大典·著述典》的編寫和出版。《著述典》的編寫，在某種意義上來說，就是在《中原文獻總錄》的基礎上，對中原文獻的一次全面復查。《著述典》是《總錄》的進一步完善與提高。通過《著述典》的編寫，使我們獲得了從事《鈎沉》工作所需要的更加準確的基本資料，從而為《鈎沉》的編寫奠定了堅實的基礎。

下面是已經掌握的有關《中原文獻鈎沉》的基本資料：

1. 數量方面：

先秦時期中原文獻的存佚統計是，總數 41 種。其中，經部凡 5 種，現存者 1 種，有輯本者 3 種，待輯者 1 種。史部書無。子部凡 36 種，其中現存者 12 種，有輯本者 11 種，待輯者 13 種。集部書無（今人有《李斯集輯注》）。

西漢時期中原文獻的存佚統計是，總數 62 種。其中，經部文獻凡 20 種，其中，現存者 5 種，散佚者 15 種。散佚的 15 種之中，前人有輯本者 8 種，待輯者 7 種。史部文獻共 4 種。其中現存者 2

種，散佚者 2 種，散佚的 2 種皆無輯本。子部文獻共 33 種，其中，現存者 3 種，殘缺者 1 種，散佚者 29 種。散佚的 29 種之中，有輯本者僅 3 種，待輯者 26 種。集部文獻共 5 種。其中，1 種殘缺，其餘 4 種皆散佚。散佚的 4 種之中，有輯本者 2 種，待輯者 2 種。

東漢時期中原文獻的存佚統計是，總數 148 種。其中，經部凡 71 種，現存者 1 種　有輯本者 19 種，待輯者 51 種。史部凡 33 種，其中現存者 2 種，有輯本者 7 種，待輯者 24 種。子部凡 25 種，其中現存者 4 種，有輯本者 4 種，待輯者 17 種。集部凡 19 種，其中現存者無，有輯本者 17 種，待輯者 2 種。

魏晉時期中原文獻的存佚統計是，總數 320 種。其中，經部凡 88 種，現存者 18 種，前人有輯本者 35 種，待輯者 35 種。史部凡 57 種，其中現存者 3 種，殘缺者 1 種，前人有輯本者 19 種，待輯者 34 種。子部凡 68 種，其中現存者 8 種，前人有輯本者 20 種，待輯者 40 種。集部凡 107 種，其中現存者 1 種，前人有輯本者 7 種，待輯者 99 種。

南北朝時期中原文獻的存佚統計是，總數 250 種。其中經部凡 44 種，其中現存者 1 種，有輯本者 6 種，待輯者 37 種。史部凡 63 種，其中現存者 1 種，有輯本者 5 種，待輯者 57 種。子部凡 26 種，其中現存者 4 種，有輯本者 4 種，待輯者 18 種。集部凡 117 種，其中現存者 5 種，有輯本者 7 種，待輯者 105 種。

先秦兩漢魏晉南北朝時期，中原文獻的總數是 821 種，其中現存者 74 種，散佚者 747 種，分别占總數的 9%、91%。前人有輯本者 177 種，待輯者 570 種，分别占散佚總數的 24%、76%。

2. 質量方面：

儘管前人的輯佚工作取得了很大的成績，但也有一些不足之處。約略地説，有下列五點。

（1）脱漏較多。例如，三國魏周斐《汝南先賢傳》，《隋志》著録五卷，後佚。截止 2010 年以前，此書的輯本計有九種。九種之中，以日本學者永田拓治（《周斐〈汝南先賢傳〉輯本》）最佳（載《大阪市立大學東洋史論叢》2010 年第 17 號）。永田拓治輯本輯出傳主 46 人，而我們 2015 年的輯本則輯出 53 人（詳吕友仁主編《汝南先賢傳輯本注譯》）。

（2）因貪多而闌入，把不該收的也收了。例如，《子夏易傳》，黄奭輯本 71 條，闌入 2 條。馬國翰輯本 66 條，闌入 6 條。凡闌入者，皆按照本書凡例，歸入"存目"。再如，張禹《孝經安昌侯説》一篇，《漢志》著録，後佚。清馬國翰《玉函山房輯佚書》據邢昺《孝經正義》徵引輯録，凡六節，而其明白爲張禹所説者，僅一節而已。

（3）因張冠李戴而誤收。例如，丁國鈞、秦榮光兩家《補晉書藝文志》均有殷仲文《論語解》一書，丁氏云"見皇侃《論語義疏》"，秦氏云"據皇侃《義疏》引"。實際上皇侃《論語集解義疏》絲毫没有涉及殷仲文其人。皇侃疏採用殷仲堪説九節，丁、秦二氏蓋將仲堪、仲文混爲一談。文廷式、黃逢元、吳士鑑三家所作《補晉藝文志》，即未著錄此書。是故，此書并不存在。再如，《說郛》卷五十八所輯葛玄事，云出自《汝南先賢傳》，實則出自葛洪《神仙傳》；又所輯范仲翁事，云出自《汝南先賢傳》，實則出自趙岐《三輔決錄》。

（4）當分而合。例如沈重，據《北史》本傳，有《毛詩義》二十八卷，又有《毛詩音》二卷，馬國翰《玉函山房輯佚書》所輯《毛詩沈氏義疏》二卷，就將《毛詩義》與《毛詩音》合二爲一。

（5）標點間有失誤。例如，日本學者永田拓治《汝南先賢傳》輯本第40頁"許嘉"條之佚文［V］：

> 許嘉年十三，父給亭治道坐，不竟，當得鞭，嘉叩頭流血，請得免，由是感激讀書。

按：此條輯佚文字有兩處破句。破句情況，與《漢唐方志輯佚》本一模一樣。何九盈《〈漢唐方志輯佚〉標點商榷》（載《湖北大學學報》（哲社版），2004年9月）曾經指出《漢唐方志輯佚》本此條的破句，今"借花獻佛"。何九盈按："坐"是動詞，爲法律術語。"父給亭治道，坐不竟，當得鞭"，"坐不竟"，意爲因"治道"未能如期完工而獲罪，應當受鞭刑。"請"字應屬上。"叩頭流血請"爲狀動結構。"得免"是得以免于受鞭刑。

梁啓超《中國近三百年學術史》："鑒定輯佚書之標準有四。

一、佚文出自何書，必須注明。數書同引，則舉其最先者。能確遵此例者優，否者劣。二、既輯一書，則必求備。所輯佚文多者優，少者劣。三、既須求備，又須求真。若貪多而誤認他書爲本書佚文則劣。四、原書篇第有可整理者，極力整理，求還其書本來面目。雜亂排列者劣。"這也是我們在輯佚工作中應該時時加以警惕的。

（三）有比較充足的人才資源

通過《中原文獻總錄》《中原文化大典·著述典》的編寫，我們不僅出了成果，而且培養了一批熟悉中原文獻的教師，培養了一批熟悉中原文獻的研究生。近三十年來，在整理研究中原文獻方面，河南師範大學走在河南省高等學校的前列。2016 年，我校文學院"中原文獻與文化研究中心"獲批爲河南省高等學校人文社會科學重點研究培育基地。

（四）有現代化的輯佚手段

例如，互聯網上的搜索，文淵閣本《四庫全書》電子版和中國基本古籍庫全文檢索系統所具有的窮盡式搜索功能，這都是前人無法想像的。清初學者閻若璩爲了查找"使功不如使過"一語的原始出處，前後耗時二十年（事見錢大昕《潛研堂文集·閻若璩傳》），這樣的事情一去不復返了。

四、一點認識與期望

據我們所知,像《中原文獻鉤沉》這樣的做法,以一省爲單位,將該省歷史上早期散佚的文獻進行全面輯佚,還是走在全國前列的。我們認爲,輯佚的重要性,頗與出土文獻類似,它也是一種新材料,能爲我們的研究提供新的證據,得出新的結論。《論語・八佾》:"子曰:'夏禮吾能言之,杞不足徵也;殷禮吾能言之,宋不足徵也。文獻不足故也,足則吾能徵之矣。'"朱熹《集注》:"杞,夏之後。宋,殷之後。徵,證也。文,典籍也。獻,賢也。言二代之禮,我能言之,而二國不足取以爲證,以其文獻不足故也。文獻若足,則我能取之以證吾言矣。"孔子把文獻的足與不足的利害關係説得多麼明白!王國維在《古史新證》中説,"吾輩生於今日,幸於紙上之材料外更得地下之新材料。由此種材料,我輩固得據以補正紙上之材料,亦得證明古書之某部分全爲實録。"輯佚就是把散佚的文獻盡量找回來,讓它們重見天日,用以豐富我們的文獻典藏。這也是一種新材料。在這種認識指導下,我們將努力把《中原文獻鉤沉》做好。非獨此也,我們也希望兄弟省的高校也能行動起來,衆人拾柴火焰高,我們國家的典籍寶庫,一定會更充實,更燦爛。

《汝南先賢傳》輯本注譯前言

　　《隋書·經籍志》史部雜傳類著録《汝南先賢傳》五卷，魏周斐撰。兩《唐志》著録同。《通志·藝文略》著録同。《宋史·藝文志》不見著録，蓋佚于宋末。

　　作者周斐，正史無傳。按《世説新語·品藻》："劉令言始入洛，見諸名士而嘆曰：'王夷甫太鮮明，樂彥輔我所敬，張茂先我所不解，周弘武巧於用短。'"劉孝標注引王隱《晉書》曰："周恢，字弘武，汝南人。祖斐，永寧少府。"余嘉錫《世説新語箋疏》："嘉錫案：周斐著有《汝南先賢傳》五卷，本書《賞譽篇》注曾引之，他書引用尤多。章宗源《隋書經籍志考證》、侯康《補三國藝文志》并不能舉其仕履，姚振宗《隋志考證》以爲'始末未詳'，皆爲失考。"今按：余嘉錫先生的案語是則是矣，然猶未盡也。第一，姚振宗《隋書經籍志考證》雖有"周斐，始末未詳"之語，但亦指出"宋晁載之《續談助鈔·殷芸小説》載'汝南中正周裴'，裴，當爲'斐'，蓋嘗爲本郡中正者"。是姚氏于作者周斐仕履之發掘亦不無貢獻。第二，按《晉書·周浚傳》："周浚，字開林，汝南安成人也。父斐（斐，原作"裴"，據中華書局校點本校勘記改），少府卿。"此云"少府卿"，而王隱《晉書》云"永寧少府"，何者爲是？尚須辨明。按《晉書·職官志》云："太常、光祿勛、衛尉、太僕、廷尉、太鴻臚、宗正、大司農、少府、將作大匠、太后三卿、大長秋，皆爲列卿。"又云："太后三卿、衛尉、少府、太僕，漢置，皆隨太后宮爲官號，在同名卿上，無太后則闕。魏改漢制，在九卿下。及晉，復舊，在同號卿上。"然則，王隱《晉書》稱"祖斐，永寧少府"與《晉書》稱"父裴，少府卿"皆是簡稱，二者互補乃足。周斐的完整官稱應是"永甯宮少府卿"。這個"永甯宮"，歷史上只有三國魏與晉代有。由於周斐是仕于魏，所以這個永甯宮是三國魏的永甯宮。而三國魏稱作永甯宮的只有魏明帝的皇后郭氏。《三國志·魏書·后妃傳》云："明元郭皇后，西平人也，世河右大族。黃初中，本郡反叛，遂沒入宮。明帝即位，甚見愛幸，拜爲夫人。帝疾困，遂立爲皇后。齊王即位，尊後爲皇太后，稱永甯宮。"由此可知，周斐是明元郭皇后作爲皇太后居永甯宮時的少府卿。綜上所述，可知周斐是汝南安成人，嘗爲汝南郡中正，後官至永甯宮少府卿。其餘無聞。我們知道，歷史上的九品中正制度，始於漢獻帝延康元年（220），也就是魏文帝稱帝的前一年。而明元郭皇后"景元四年（263）十二月崩"，前後四十餘年，這就是周斐生活的大致年代。至於《汝南先賢傳》成書於何時，由於史料不足，難下定論。約略言之，我們認爲《汝南先賢傳》成書于周斐任汝南郡中正之時。因爲中正的職責就是品評本郡的人物。《通典》卷十四述其事云："魏文帝爲魏王時，三方鼎立，士流播遷，四民錯雜，詳核無所。延康元年，吏部尚書陳羣以天朝選用，不盡人才，乃立九品官人之法。州郡皆置中正，以定其選。擇州郡之賢有識鑒者爲之，區別人物，第其高下。"可證。據此推論，《汝南先賢傳》很可能成書于魏文帝在位期間。

按《隋書・經籍志》雜傳類序云："後漢光武，始詔南陽，撰作《風俗》，故沛、三輔有《耆舊》《節士》之序，魯、廬江有《名德》《先賢》之贊。郡國之書，由是而作。"這就是周斐撰寫《汝南先賢傳》的時代背景。劉知幾《史通・雜述》云："汝、潁奇士，江、漢英靈，人物所生，載光郡國，故鄉人學者，編而記之。若圈稱《陳留耆舊》、周斐《汝南先賢》、陳壽《益部耆舊》、虞預《會稽典錄》，此之謂郡書者也。"在這裏，劉知幾不僅將《隋志》之"郡國之書"濃縮爲"郡書"一詞，而且下了定義，舉出了例證。所謂"郡書"，是一種"能與正史參行"的史書體裁，其功能就是由本郡的人執筆，將爲本郡增光生色的先賢的嘉言懿行記載下來，公之於眾，傳之後世。劉知幾所舉的四種郡書，除了《陳留耆舊傳》的作者圈稱是東漢人，鄉里不詳外，其餘三種，都是"鄉人學者，編而記之"。《汝南先賢傳》就不必說了，

《益部耆舊傳》的作者陳壽是巴西安漢人（今四川南充），《會稽典錄》的作者虞預是會稽郡余姚人。無獨有偶，周斐曾任汝南郡中正，陳壽也曾任巴西郡中正。中正一職，顯然爲他們撰寫《先賢傳》《耆舊傳》提供了便利。

《汝南先賢傳》在流傳過程中，基本上都是以"傳"稱之，只有在個別情況下是以"行狀"稱之。例如，《史通·外篇》在"既而先賢、耆舊"句下注云："謂《楚國先賢傳》《汝南先賢行狀》《益部耆舊傳》《襄陽耆舊傳》等書。"《太平御覽》卷四八五徵引"胡定"事亦稱事出《汝南先賢行狀》。由於這是特例，且"傳"與"行狀"，含義相近，記錄在案可也，毋須深究。

這裏有兩個問題需要予以說明。

第一，《汝南先賢傳》中的"汝南"究何所指？據《漢書·地理志》和今本《後漢書·郡國志》可知，汝南郡，漢高祖置，西漢時下轄三十七縣，東漢時也是下轄三十七縣，但東漢時的三十七縣并不與西漢時的三十七縣完全吻合。東漢時，有省并，有改換名稱。例如《汝南先賢傳》中的郭憲，據《後漢書》本傳，是"汝南宋人"。而這個"宋"，西漢時叫做新鄭。知者，《漢書·地理志》注引應劭曰："漢興，爲新鄭。章帝封殷後，更名宋。"因此，我們認爲，《汝南先賢傳》中的汝南是兼指兩漢，以東漢爲主。

第二，《汝南先賢傳》中的"先賢"，"先"到什麼時候？我們曾經誤認爲,《汝南先賢傳》中的"先賢",都是指的東漢時期的人物。無獨有偶,近日拜讀日本學者永田拓治《汝南先賢傳》輯本,永田君也認爲傳中的人物是"後漢初期到末期"。我們又重新審視了《汝南先賢傳》中的所有人物,發現其中也有西漢時的先賢。例如周燕,據《後漢書·周嘉傳》:"周嘉,字惠文,汝南安城人也。高祖父燕,宣帝時爲郡決曹掾。燕有五子,皆至刺史、太守。"然則周燕是西漢宣帝時人。再如,王納,《北堂書鈔》卷一二一引《汝南先賢傳》云:"王納者,西平人也。爲門下小吏。更始初,賊眾大起,攻破縣城,納於是鳴金鼓以討賊。"然則王納是西漢末年人。重新審視的結果,我們認爲,《汝南先賢傳》中的"先賢",兩漢皆有,但以東漢爲主。

郭憲,《太平御覽》卷四五七引《汝南先賢傳》云:"郭憲,字子橫,學貫秘奧,師事東海王仲子。王莽爲大司馬,權貴傾朝。莽召仲子,欲令爲兒講。仲子聞,即褰裳欲往。憲曰:'今君位爲博士,如何輕身賤道?禮有來學,無往教之義,不宜輕道也。'於是仲子晏乃往,莽問:'君來何遲?'仲子具以憲言答之,莽陰奇焉。"

《汝南先賢傳》的輯本,據我們的調查,從古到今有九家,按照時間的先後,依次是:

①元末明初陶宗儀的《說郛》百卷本,簡稱"《說郛》本"。此本見《說郛三種》一書,上海古籍出版社1988年出版。

②明馮夢龍編輯的《五朝小説》明末刊本，簡稱"五朝小説本"，臺灣國家圖書館收藏。

③清順治四年陶珽重編的《説郛》一百二十卷本，習稱宛委山堂本。此本亦見《説郛三種》，上海古籍出版社1988年出版。

④晚清黄奭編輯的《漢學堂知足齋叢書》本，簡稱"黄奭本"。此本見《漢學堂知足齋叢書》，書目文獻出版社1992年出版。

⑤清末王仁俊《玉函山房輯佚書補編》本，簡稱"《補編》本"。《玉函山房輯佚書補編》，上海古籍出版社1989年出版。

⑥上世紀初吴曾祺編輯的《舊小説》本。此本有上海書店1985年重印本。

⑦劉緯毅《漢唐方志輯佚》本，簡稱"《方志》本"。《漢唐方志輯佚》，北京圖書館出版社1997年出版。

⑧吕友仁、甘良勇《汝南先賢傳》輯證，簡稱"吕甘本"，載《歷史典籍和傳統文化研究》，方志出版社2004年4月出版。

⑨日本學者永田拓治《周斐〈汝南先賢傳〉輯本》，簡稱"永田拓治本"，載《大阪市立大學東洋史論叢》2010年第17號。

下面我們將對以上九家輯本依次予以平議。平議應該有個客觀標準。梁啓超在《中國近三百年學術史》中説過："鑒定輯佚書之標準有四。一、佚文出自何書，必須注明。數書同引，則舉其最先者。能確遵此例者優，否者劣。二、既輯一書，則必求備。

所輯佚文多者優，少者劣。三、既須求備，又須求真。若貪多而誤認他書爲本書佚文則劣。四、原書篇第有可整理者，極力整理，求還其書本來面目。雜亂排列者劣。"① 我們的平議，就依據梁氏提出的這四條標準。

①《說郛》本輯出《汝南先賢傳》佚文二條，涉及二人：鄭敬（原本誤作"鄭居"）、周燮。《說郛》本有創始之功，但顯然是不經意之作，故僅僅輯出二條。

②《五朝小說》本輯出《汝南先賢傳》佚文十八條，涉及十五人：鄭敬、周燮、戴良、蔡順、袁安、周舉、薛苞、周燕、范仲翁、李宣、葛玄、郭憲、黃憲、范滂、周防。馮夢龍的輯佚，不是文獻學家的輯佚，而是文學家（準確點説是小説家）的輯佚。在史學家劉知幾看來是"能與正史參行"的"郡書"，在文學家馮夢龍看來則是小説。從輯佚數量上來説，在馮夢龍所處的時代，能夠一下子輯出十八條、十五人，是個不小的成績。其缺點是，第一，没有注明佚文出自何書。第二，有誤認他書爲本書佚文者。例如，范仲翁，出自東漢趙岐《三輔決錄》；葛玄，出自晉人葛洪《神仙傳》。第三，排列尚有瑕疵。例如，有關鄭敬的佚文二條，一條在第一，一條在第七。

③《說郛》宛委山堂本輯出《汝南先賢傳》佚文的條數、人

---

① 梁啓超《中國近三百年學術史》，北京市中國書店1985年版，269~270頁。

數完全同於《五朝小說》本。蓋沿襲《五朝小說》者，無可稱述。

④黃奭本輯出《汝南先賢傳》佚文的條數、人數完全同於《説郛》宛委山堂本，蓋沿襲《説郛》宛委山堂本者，亦無可稱述。

⑤《玉函山房輯佚書補編》本輯出《汝南先賢傳》佚文兩條，涉及兩人：蔡順（王氏輯本誤作"蔡從"）、應華仲（王氏輯本誤作"應從仲"）。王氏所增二條，確爲前人輯本所無，是其成績。

⑥《舊小説》本輯出《汝南先賢傳》佚文五條，涉及五人：袁安、薛苞、周燕、李宣、葛玄。按：《舊小説》本是一個小説選本，很可能是選自《説郛》宛委山堂本。選編者是從文學的角度出發，不是從文獻學的角度出發，既無意在輯本的全備與否上爭雄長，也無暇細辨其中是否有誤收，置之不論可也。

⑦《方志》本輯出佚文五十八條，涉及三十二人：許嘉、陳蕃、周舉、謝甄（誤作"謝真"）、王朔、郭憲、黃浮、周乘、李篤、王納、袁閎、顧少連、黃憲、周盤、薛勤、周燮、胡定、繆彤、周防、袁安、袁閎、鄭敬、蔡順、范滂、薛苞、戴良、侯瑾、許慎、周燕、陳寔、黃穆。此書輯出的佚文條數及涉及人數較此前諸家輯本爲多，是其優點。其缺點是，第一，佚文的標點錯誤較多。僅何九盈《〈漢唐方志輯佚〉標點商榷》一文就指出《汝南先賢傳》的佚文有七條破句，（《湖北大學學報》（哲社版）

2004年9月)。實際上不止此數。第二，誤收他書之文。例如下面一條："顧少連補登封主簿，邑有虎孽，民患之。少連命塞陷阱，移文岳神，虎不爲害。"實際上，顧少連是唐代人，此條記事就見於《新唐書》卷一百六十二《段少連傳》。輯佚者稍微注意復核一下，就不會出此種錯誤。再如"侯瑾"條："侯瑾，甚孤貧。依宋人居，晝爲人傭賃，暮輒燃薪以讀書。"（《類聚》卷八十）案：《後漢書·侯瑾傳》，瑾，敦煌人，非汝南人。而清代學者侯康在《補三國藝文志》中早已指出："諸書引《汝南先賢傳》者甚多，史傳皆佚其事。且有不知姓名者，胥賴此書以傳。唯載及侯瑾、葛玄、胡定、劉巴諸人事，皆非汝南人。疑引書者輾轉傳訛也。"所以陳尚君《評〈漢唐方志輯佚〉》説："劉書優長之處爲廣輯漢、唐地志，且備注出處，便於引用和復核。不足之處爲未充分吸收前人成績，缺漏較多，處理也頗多失當之處，讀者利用時應有所注意。今後有條件，仍有重作輯錄的必要。"（《中國地方誌》2006年第7期）。

⑧吕甘本輯出《汝南先賢傳》佚文凡八十七條，涉及50人：蔡順、陳蕃、周燕、黄憲、陳寔、郭憲、周燮、黄穆、許嘉、鄭敬、戴良、袁閎、周乘、謝甄、許虔、許劭、袁安、周舉、薛苞、應順、闞敞、黄浮、陳曄、李宣、王恢、李篤、周盤、李鴻、殷燀、郭亮、薛勤、胡定、屈霸、周防、袁閬、許慎、王朔、繆肜、范滂、王威、王焕、王納、侯瑾、鐘皓、王允、王坦、葛龔、鄧

盛。存目：葛玄、范仲翁。吕甘本的優點是：第一，其所輯佚文及佚文涉及的人數，不僅超過此前所有輯本，而且也超過晚出的日本學者永田拓治的輯本。第二，按《四庫全書總目凡例》凡二十條，其第十八條云："《七略》所著古書，即多依托。班固《漢書·藝文志》注可覆按也。遷流洎于明季，訛妄彌增，魚目混珠，猝難究詰。今一一詳核，并斥而存目，兼辨證其非。"吕甘本效法《四庫全書總目凡例》的這個作法，設置了"存目"欄，以安置那些經過考證可以確認是誤收他書人物者。例如"葛玄"條，《藝文類聚》卷九十六引《汝南先賢傳》曰："玄見遺大魚者，玄謂：'暫煩此魚到河伯處。'魚主曰：'魚已死。'玄曰：'無苦。'以丹書紙納魚口中，擲水中。有頃，魚還躍上岸，吐墨書，青黑色，如木葉而飛。又玄與吴王坐樓上，見作請雨土人，玄曰：'雨易得耳。'即書符著社中，一時之間，大雨流淹。帝曰：'水中有魚乎？'玄復書符擲中，須臾有大魚數百頭，使人治之。"一派神仙家之言，與《汝南先賢傳》的高士格調反差極大。吕甘本就將此條置於卷後的"存目"，并加按語說：《太平廣記》卷四六六云出《神仙傳》。干寶《搜神記》卷一載其事。汪紹楹《搜神記校注》云："本事亦見《神仙傳》，文句大同。"第三，對於那些雖然是兩漢高士，但不是汝南郡者，加上按語，說明"此條可疑"。例如"侯瑾"條，吕甘本在此條下加按語說："案《後漢書·侯瑾傳》，瑾，敦煌人，非汝南人。此條可疑。"

呂甘本的缺點是：第一，佚文的排列順序缺少章法。儘管作者知道把有關某一個人的佚文集中在一起，但動腦筋不夠，顯得簡單化。在這一點上，不如後出的日本學者永田拓治的輯本。第二，佚文出處的説明，有過多過濫之嫌。例如"黄穆，字子敬，安成人也"條的出處説明："《初學記》卷二十、《山堂肆考》卷八十二、《廣博物志》卷十七、《淵鑒類函》卷一百一十五。"出處一大串。實際上，《山堂肆考》以下三書，是明清人的著作，它們看到的《汝南先賢傳》條文不是直接從原書而來，而是從他書輾轉稗販而來，完全可以略而不提。第三，考證還有失粗疏。例如"郭亮"條，没有交代郭亮是何郡何縣人。實際上，據《後漢書·李固傳》，知其是汝南人。又據李賢注引謝承《後漢書》，知"郭亮，字恒直，朗陵人也"。第四，所用輯佚的底本不佳，加上忽略了版本對校，以致於出現了濫收的現象。例如"鄧盛"條："鄧盛，字伯真，蒼梧人，爲太尉諸曹掾。彭城相左尚以贓罪，三府掾屬拷驗逾科不竟，更選盛覆拷。盛到獄，洗沐尚，解械賜席，乃謂尚曰：'君受國重恩，而所坐事理如此。今遇君子，不可以小人道相持。'尚感盛至意，對曰：'今使君相于如此，尚獨何心敢不以死相歸乎。'即引筆具對。"（《御覽》卷二百零九）據文淵閣《四庫全書》影印本《太平御覽》，説此條出自《汝南先賢傳》；而據中華書局影宋本《太平御覽》，則此條出自《廣州先賢傳》。按《舊唐書·經籍志》著録《廣州先賢傳》七卷，陸胤撰。衡之鄧盛是蒼梧人,則此條出自《廣州先賢傳》明矣。

⑨永田拓治本輯出《汝南先賢傳》佚文凡 171 條,涉及四十六人:周燕、周盤、周變、周乘、黃穆、袁安、袁閎、周防、周舉、謝甄、陳瞱、繆彤、許慎、陳蕃、闞敞、許劭、袁閬、黃憲、戴良、李鴻、李篤、殷煇、王納、薛苞、鄭敬、薛勤、黃浮、王朔、郭憲、范滂、應順、郭亮、王威、蔡順、屈霸、許嘉、應項、李宣、王恢、陳寔、胡定、劉巴、侯瑾、葛玄、介象、王煥。這裏首先回答讀者的一個疑問:佚文 171 條,幾乎是吕甘本的二倍,而涉及的人數 46 人,反比吕甘本少了 4 人,這是怎麼回事?答曰:如果兩條佚文内容完全相同,吕甘本是採取合二爲一的做法,而永田拓治本則是各爲獨立的一條,不予合并。例如永田拓治本的 23 頁:

[Ⅱ] 陳蕃拜太尉,讓曰:齊七政,訓五兵,臣不如議郎王暢。(《初學記》卷一一)

[Ⅲ] 陳蕃拜太尉,讓曰:齊七政,訓五兵,臣不如議郎王暢。(《太平御覽》卷二〇七)

是其例。

如果兩條佚文内容基本相同,只有個别無關文義的字不同,吕甘本也要合二爲一。必要時,用括注的形式出一條簡單的校勘記。而遇到這種情況,永田拓治本仍然是各爲獨立的一條,不予合併。例如,永田拓治本的 40 頁:

[Ⅲ] 許嘉給縣功曹儀小吏，常持劍侍功曹，月朔晨朝，并持炬火。嘉於是忿然嘆曰：男兒爲吏，不免賤役。即投火於地，以劍帶槐樹，趨出府門。（《初學記》卷二二）

　　[Ⅳ] 許嘉給縣功曹儀小吏，當持劍侍及功曹，月朔具朝，并持炬火。嘉於是忿然嘆曰：男兒爲吏，不免賤役。投其炬於地，以劍帶槐樹，趨謁府門。（《太平御覽》卷六四九）
是其例。永田拓治本佚文條數之多，蓋以此也。

　　從永田拓治本卷後所附的"參考論文"可知，永田拓治參考了呂友仁、李慧玲《杜詩、蘇詩、黃詩中"吏隱"注的澄清——輯本〈汝南先賢傳〉學術價值初探》一文及呂友仁《〈陳留耆舊傳〉輯證》一文，但没有參考呂友仁、甘良勇《〈汝南先賢傳〉輯證》一文。呂甘文發表於《歷史典籍和傳統文化研究》，方志出版社 2004 年 4 月出版。這是一本論文集，網上也不好查到。

　　永田拓治本的優點是：體例比較完善，資料比較翔實，考證比較精細，排序比較合理，有不可或缺的參考價值。

　　永田拓治本的缺點是：第一，標點時有破句。例如：
①永田拓治本 10 頁"范滂"條之佚文：

　　范滂被收，曰："願得一幡一薄，埋于首陽山上，不負皇天下，不愧夷齊。"（按：此條前後出現凡三次，皆如此標點）

　　今按："上"字和"下"字，俱應屬下爲句。即當標作：范滂被收，曰："願得一幡一薄，埋于首陽山，上不負皇天，下不愧夷齊。"

②該本29頁"李鴻"條之佚文：

[Ⅰ]李鴻，字太孫，上蔡人。閨門孝友。子先，亦以孝稱。父喪，嘗於床間得父，亂髮投而狂走，號叫躄踴。

今按："亂髮"二字當屬上爲句。爲什麼？因爲父親埋葬以後，尚於床間得父亂髮，這是一種違反禮儀的不孝行爲。因爲《禮記·喪大記》："君、大夫鬊（音 shùn）爪實於角中，士埋之。"鄭玄注："鬊，亂髮也。角中，謂棺內四隅也。將實爪發棺中，必爲小囊盛之。"① 意思是說，按照喪禮的規定，死者身份如果是國君或大夫，其子應該將死者的亂髮、指甲置於小囊，放進棺木的四角。死者的身份如果是士，其子應該將死者的亂髮、指甲置於小囊後直接埋掉。

③該本35頁"郭憲"條之佚文：

[Ⅸ]郭憲，字子橫，學貫秘奧，師事東海王仲子。王莽爲大司馬，權貴傾朝。莽召仲子，欲令爲兒講。仲子聞，即裹裳欲往。憲曰："今君位爲博士，如何輕身賤道？禮有來，學無往，教之義，不宜輕道也。"

今按："禮有來，學無往，教之義，不宜輕道也"，連連破句，當標作"《禮》'有來學，無往教'之義，不宜輕道也"。知者，

---

① 〔漢〕鄭玄、〔唐〕孔穎達、呂友仁《禮記正義》，上海古籍出版社2008年版校點本，1766頁。

《禮記‧曲禮上》:"禮聞來學,不聞往教。"鄭玄注:"尊道藝。"

④該本40頁"許嘉"條之佚文:

[V]許嘉年十三,父給亭治道坐,不竟,當得鞭,嘉叩頭流血,請得免,由是感激讀書。

今按:此條有兩處破句。破句情況,與《漢唐方志輯佚》本一模一樣。何九盈《〈漢唐方志輯佚〉標點商榷》曾經指出《漢唐方志輯佚》本此條的破句,今"借花獻佛"。何九盈按:"坐"是動詞,爲法律術語。"父給亭治道,坐不竟,當得鞭","坐不竟",意爲因"治道"未能如期完工而獲罪,應當受鞭刑。"請"字應屬上。"叩頭流血請"爲狀動結構。"得免"是得以免于受鞭刑。

第二,考證亦有粗疏之處。例如,該本40頁"許嘉"條:

[Ⅱ]許嘉給縣功曹儀小吏,常持劍侍功曹,月朔晨朝,并持炬火。嘉於是忿然嘆曰:男兒爲吏,不免賤役。即投火於地,以劍帶槐樹,趨詣府門。(《北堂書鈔》卷一二二)

今按:此條佚文,并非真正出於隋唐時期的《北堂書鈔》原本,而是出於明人陳禹謨之增補。陳禹謨的增補,都有一個"補"字作爲標識。拿本條來說,在最後一句"趨詣府門"後就有一個"補"字。知者,《四庫全書總目》著錄《北堂書鈔》云:"臣等謹案:《北堂書鈔》一百六十卷,唐虞世南撰。是編爲明萬曆間常熟陳禹謨所校刻。錢曾《讀書敏求記》云:'世行《北堂書鈔》,

擾亂增改，無從訂正。'朱彝尊亦稱：'今世所行者，出陳禹謨刪補。至以貞觀後事及五代十國之書，雜入其中，盡失其舊。'蓋明人好增刪古書，逞臆妄改，其雜亂無識，誠有如錢、朱二氏所譏。然今獨禹謨此本猶存，其增加各條，幸皆注明'補'字，猶有蹤跡可尋。"《書鈔》原本徵引之《汝南先賢傳》，乃引之于原書；而陳禹謨之增補，乃輾轉稗販於他書，二者不可同日而語。

第三，個別佚文的徵引有點離譜。例如，該本22頁"謝甄"的佚文：

[Ⅱ] 召陵謝子微，高才遠識，見劭年十八時，乃嘆息曰："此則希世出眾之偉人也。"劭始發明樊子昭於鬻幘之肆，出虞永賢於牧豎，召李叔才鄉閭之間，擢郭子瑜鞍馬之吏，援楊孝祖，舉和陽士。茲六賢者，皆當世之令懿也。其餘中流之士，或舉之於淹滯，或顯之于童齒，莫不賴劭顧嘆之榮。凡所拔育，顯成令德者，不可殫記。其探擿偽行，抑損虛名，則周之單襄，無以尚也。劭宗人許相，沉沒榮利，致位司徒，舉宗莫不蔔匍相門，承風而驅，官以賄成。惟劭不過其門。廣陵徐孟玉來臨汝南，聞劭高名，請為功曹，饕餮放流，絜士盈朝。袁紹公族好名，為濮陽長，棄官來還，有副車從騎，將入郡界，紹乃嘆曰："吾之輿服，豈可使許子將見之乎！"遂單車而歸。辟公府掾，拜鄢陵令，方正征，皆不就。避亂江南，所歷之國，必翔而後集。終於豫章，時年四十六。有

子曰混，顯名魏世。(《三國志·魏志·和洽傳》裴注)

今按：此段佚文凡289字，實際上真正切題者，僅29字而已，即"召陵謝子微，高才遠識，見劭年十八時，乃嘆息曰：'此則希世出眾之偉人也。'"五句。其餘260字，都是贊譽許劭的，與謝甄無關。

第四，偶爾失於校勘。例如，該本23頁"陳蕃"的佚文：

[Ⅱ] 陳蕃拜太尉，讓曰："齊七政，訓五兵，臣不如議郎王暢。"(《初學記》卷十一)

今按："五兵"，據《後漢書·陳蕃傳》及《後漢紀》卷二二孝桓皇帝延熹八年十月丙寅的記載，當作"五典"。五典，古代的五種倫理道德。《尚書·舜典》："慎徽五典，五典克從。"孔傳："徽，美也。五典，五常之教，父義、母慈、兄友、弟恭、子孝。舜慎美篤行斯道。"[①] 王暢是議郎，據今本《後漢書·百官志》："凡大夫、議郎，皆掌顧問應對，無常事，唯詔命所使。"而"五兵"借指軍隊，與議郎的職務無關。該本此頁之"訓五兵"，凡三見，皆失校。

再如該本31頁的佚文：

[Ⅴ] 鄭敬去吏，隱居於蟻陂之陽，以漁釣自娛，彈琴咏詩，常方坐於陂側。(《藝文類聚》卷九)

---

① 〔漢〕孔安國、〔唐〕孔穎達《尚書正義》，上海古籍出版社2007年版校點本，73頁。

今按："方坐"無義。《淵鑒類函》卷二八九引此作"兀坐",是,當據改。"兀坐"者,獨自端坐也。

我們的這次輯佚,目的是要吸收以上諸家輯本之長,避開以上諸家輯本之短,精心設計,精心操作,形成一個能代表我們這個時代最高學術水準的輯本。具體地説,這次輯佚,共輯出佚文80條,涉及傳主39人。他們是:陳蕃、闞敞、許虔、許劭、周燕、周盤、周爕、周乘、黃穆、袁安、袁閎、周防、周舉、謝甄、陳曄、繆肜、許慎、戴良、袁閬、黃憲、李鴻、李篤、殷燀、鄭敬、薛勤、黃浮、王朔、王納、薛包、郭憲、范滂、應順、郭亮、王威、蔡順、屈霸、許嘉、李宣、王恢。在這39人中,范曄《後漢書》有傳者計有18人,即陳蕃、許劭、周燕、周盤、周爕、袁安、袁閎、周防、周舉、謝甄、繆肜、許慎、戴良、黃憲、薛包、郭憲、范滂、蔡順;其事迹略見於范曄《後漢書》者有7人,即黃穆、袁閬、殷燀、鄭敬、薛勤、黃浮、郭亮;其事迹略見於謝承《後漢書》者3人,即陳曄、李鴻、王威;其事迹略見於華嶠《後漢書》者1人,即應順;其事迹見於《世説新語》者8人,即陳蕃、黃憲、周乘、許劭、許虔、戴良、范滂、袁閬;其事迹僅見于《汝南先賢傳》者9人,即闞敞、周乘、李篤、王朔、王納、屈霸、許嘉、李宣、王恢。

此外,還輯出佚文15條,涉及人物14人,置於存目。此14人是陳寔、胡定、鍾皓、鄧盛、侯瑾、王涣、王允、寶章、劉巴、王坦、葛玄、介象、范仲翁、顧少連。將此14人置於存目的原因是，第一，經過考證，此14人均非汝南人；第二，經過考證，此14人中有不少人的事迹是出自他書，并非出自《汝南先賢傳》。根據梁啓超所立標準："既須求備，又須求真。若貪多而誤認他書爲本書佚文則劣。"故毅然割愛，置於存目。

下面談談《汝南先賢傳》的學術價值及現實意義。

1. 《汝南先賢傳》是我國早期郡書的代表作。據統計，《隋書·經籍志》史部雜傳類著録郡書凡23部，而劉知幾《史通·雜述》僅舉出其中的《陳留耆舊傳》《汝南先賢傳》《益部耆舊傳》《會稽典録》四部爲代表，可知此四部書在史學批評家劉知幾心目中的位置。不獨此也，後代的學者在評價後人撰寫的郡書時，也往往拿《汝南先賢傳》作爲郡書的範本。例如，《宋史·藝文志》著録宋李俊甫（字幼傑）《莆陽比事》七卷，清代學者阮元《揅經室集外集》卷四《莆陽比事七卷提要》："是編成于宋嘉定間，取唐以來上下千百年間，凡莆陽事之可傳者，綺分璧合，釐爲七卷，名曰《比事》。莆陽宋人舊志，如鄭僑《莆陽人物志》以及趙彥勵、陸炎所著《莆陽志》，今多散失。俊甫此編，時見採録，且屬辭有法，紀事核真，可與《汝南先賢傳》《襄陽耆舊志》并傳也。"①

---

① 〔清〕阮元《揅經室集外集》卷四《莆陽比事七卷提要》，《四部叢刊初編》本，第1876冊，3頁。

2.《汝南先賢傳》是范曄《後漢書》的取材來源之一。《汝南先賢傳》中的郭憲、周舉、蔡順、薛苞、周防等人,《後漢書》均有傳。經比照核對,可以斷言,此五人的列傳,當是取材于《汝南先賢傳》。不然的話,其文字何以相似乃爾!讀者不妨試作比較。

3.《汝南先賢傳》中所載先賢事迹,其事迹僅見于《汝南先賢傳》者9人。換言之,對於此9人來說,《汝南先賢傳》是唯一的資料來源。不僅如此,即令是其事迹亦見於他書的傳主,《汝南先賢傳》仍然是不可或缺的資料來源。例如,袁安,范曄《後漢書》有傳,但千古傳誦的袁安臥雪的故事,則僅見于《汝南先賢傳》。清代學者姚之駰《後漢書補逸》卷七《袁安》:"和帝始加元服,太后詔袁安爲賓,賜束帛乘馬。"姚之駰案:"安,字邵公,汝南汝陽人,時代桓虞爲司徒也。臥雪韻事,范書不載,惟見《汝南先賢傳》中。"

4.《汝南先賢傳》中的先賢的模範事迹、高尚品德,或如孔子所說:"賢哉回也!一簞食,一瓢飲,在陋巷,人不堪其憂,回也不改其樂。賢哉回也!"或如孟子所說:"富貴不能淫,貧賤不能移,威武不能屈。"或如范仲淹所說:"居廟堂之高則憂其民,處江湖之遠則憂其君。先天下之憂而憂,後天下之樂而樂。"他如孝順父母、尊師敬道、嚴以律己、誠信待人等等,都是中華民族優秀傳統文化的反映,值得我們發揚光大。姑以陳蕃爲例。《汝南先賢傳》云:"陳蕃,字仲舉,汝南平輿人。有室荒蕪不掃除,曰:'大丈夫當爲國家掃天下!'"這不就是"先天下之憂而憂"的先聲嗎!《後漢書·黨錮傳序》:"天下士大夫以竇武、陳蕃、劉淑爲'三君'。君者,言一世之所宗也。"《資治通鑒》卷五十六:"初竇太后之立也,陳蕃有力焉。及臨朝,政無大小,皆委於蕃。蕃與竇武,同心戮力,以獎王室,征天下名賢李膺、杜密、尹勳、劉瑜等,皆列於朝廷,與共參政事。於是天下之士,莫不延頸,想望太平。"是陳蕃一身系天下之安危也。眾所周知,《世説新語》是一部記載漢晉時期名流的逸聞軼事的專書,此書的開篇是《德行》,而《德行篇》的第一人就是陳蕃。王勃《滕王閣詩序》是一篇膾炙人口的佳制,文中所説"人傑地靈,徐孺下陳蕃之榻",[①]恰是表現陳蕃的禮賢下士,不拘一格。陳蕃僅僅是《汝南先賢傳》中的一員,見微知著,整個《汝南先賢傳》可謂汝南人的一張光彩奪目、令人起敬的歷史名片。須知,在全國範圍內,在遙遠的漢代,擁有如此名片的郡國可謂寥若晨星。這是汝南人的驕傲!

---

① 〔唐〕王勃《王子安集》卷五,文淵閣《四庫全書》影印本,第1065册,94頁。

《陳留耆舊傳》輯證

《隋書·經籍志》史部雜傳類著録《陳留耆舊傳》二卷，漢議郎圈稱撰。又著録《陳留耆舊傳》一卷，魏散騎侍郎蘇林撰。《太平御覽·經史圖書綱目》有蘇林《廣舊傳》，《玉海》卷五十八載漢議郎圈稱《陳留耆舊傳》二卷，魏蘇林《廣舊傳》一卷。從而知蘇林之書又有《廣舊傳》之稱。《廣舊傳》者，廣圈稱之《陳留耆舊傳》也。如何"廣"法？是廣其人，還是廣其事，還是二者兼有，由於二書散佚，不得而知。圈稱其人，史書無傳，唯顏師古《匡謬正俗》卷八："圈稱《陳留風俗傳》自序云：'圈公之後。圈公爲秦博士，避地南山，漢祖聘之，不就。惠太子即位，以圈公爲司徒。自圈公至稱，傳世十一。'"顏師古認爲這幾句自序的話，不著邊際，譏評道："孟舉（按：圈稱之字）之説，實爲鄙野。"侯康《補後漢書藝文志》曰："按圈稱不知當漢何代。《水經注》卷八引《陳

---

① 本文是教育部人文社會科學基金項目"先秦漢魏晉南北朝時期散亡中原文獻的調查、評估與輯佚"（05JA770003）階段性成果之一。

留風俗傳》曰：'孝安帝以建光元年封元舅宋俊爲侯國。'則稱安帝以後人也。"姚振宗《隋書經籍志考證》："按：袁宏《後漢紀》桓帝永興元年十一月：'太尉袁湯致仕，湯初爲陳留太守，褒善叙舊，以勸風俗。嘗曰："不值仲尼，夷齊西山餓夫，柳下東國黜臣，致聲名不泯者，篇籍使然也。"乃使户曹吏追録舊聞，以爲《耆舊傳》。'其時代與圈稱甚相近，似即是書之緣起。稱或嘗仕本郡，所謂'户曹吏'者，疑即是圈稱也。"圈稱另有《陳留風俗傳》三卷，見《隋志》史部地理類。章宗源《隋書經籍志考證》認爲圈稱只有《陳留風俗傳》，而無《陳留耆舊傳》，其説牽强，不可從。《史通·雜述篇》曰："若圈稱《陳留耆舊》，周斐《汝南先賢》，陳壽《益都耆舊》，虞預《會稽典録》，此之謂郡書者也。"所謂"郡書"，謂記載一郡鄉賢嘉言懿行之書。陳留，漢魏郡名，治所陳留（在今開封市東南）。圈稱二卷之書，兩《唐志》不見著録，而蘇林一卷之書則著録爲《陳留耆舊傳》三卷。其增多之故，前人未解所以。余暇嘗思之，蓋圈稱、蘇林二人之書同名，後人爲求閲讀之便，遂合二書爲一書，且僅僅冠以蘇林之名，故有三卷之多也。蘇林，字孝友，陳留人。《三國志》有傳。此三卷本之《陳留耆舊傳》，《宋志》未見著録，蓋佚于宋。此書的前人輯本有二，一爲蘇林《陳留耆舊傳》一卷，凡七事，見於陶宗儀《説郛》（宛委山堂本）卷五十八；一爲《陳留耆舊傳佚文》一卷，僅一事，見於清王仁俊《經籍佚文》。陶、王二氏之輯本，合計僅八事，涉及七人。其中董宣一事，與《後漢書·董宣傳》一字不差，疑爲誤收，今置於存目。

此次輯佚，輯得二十七事，涉及十六人，勒爲一卷。原書體例不可知，今以人爲經，參考史傳，略以年代先後爲次。其年代無徵者，置於卷後。輯佚中遇到的最大的困難是，如何區分後人徵引之《陳留耆舊傳》，何者出自圈稱，何者出自蘇林。除了個別注明出自蘇林《廣舊傳》者可以認爲出自蘇林書之外，就是《説郛》徵引的蘇林《陳留耆舊傳》七條，我們也懷疑，并不是盡出自蘇林。爲什麼？因爲唐人看到的《陳留耆舊傳》已經是僅僅冠以蘇林一人之名，而實際上是圈稱與蘇林二人之書的合訂本了。侯康《補三國藝文志》云："按圈稱亦有此書，後人引《陳留耆舊傳》者甚多，未知爲圈書、爲蘇書矣。"可知前人也早已遇到了這個棘手的問題而未能解決。《陳留耆舊傳》學術價值在於，第一，以圈稱之書而論，它是我國歷史上的第一部"郡書"。劉知幾《史通·雜述篇》在談到史學領域的早期四種郡書時，就將圈稱之書置於首位。因此，它爲研究早期的郡書提供了寶貴的資料。第二，它是謝承《後漢書》、范曄《後漢書》的取材來源之一。《陳留耆舊傳》的不少記事，可與以上二書相印證。舉例來説，清代乾隆皇帝不相信《後漢書·劉昆傳》所載之"昆爲政三年，仁化大行，虎皆負子渡河"的記載，特地以"御製讀劉昆傳"爲題，寫了一詩一文，具載庫本《後漢書》卷首。實際上，追本溯源，《後漢書·劉昆傳》有關此事的記載乃是取自《陳留耆舊傳》。

圈稱、蘇林《陳留耆舊傳》一卷

魏 尚

圈人魏尚,高帝時爲太史,有罪詔繫獄,有萬餘頭雀集獄棘樹上,拊翼而鳴。尚占曰:"雀者,爵命之祥。其鳴,即復也,我當復官。"有頃,詔還故官。(《藝文類聚》九十二、《説郛》五十八上)

魏尚詔獄,棘樹上(《御覽》九五九作"魏尚被繫詔獄,有雀集獄棘上"),占曰:"夫棘,中心赤,外有棘(《御覽》作"刺"),象我言有棘(《御覽》作"刺")而赤心之至誠也"。(《藝文類聚》八十九、《太平御覽》九五九)

按:《緯略》卷一《曉鳥語》:"魏尚,字文仲,高皇帝時爲太史,曉鳥語。謝承《後漢書》。"

劉 昆

劉昆爲江陵令,民有火灾,昆向火叩頭,即霈然下雨。詔問反風滅火、虎北渡河,何以致此?昆曰:"偶然。"帝曰:"此長者之言也。"(《藝文類聚》八十)

按:劉昆,《後漢書》有傳。此條所載,亦見《後漢書》本傳,蓋爲後者之所本。

董　宣

董宣爲北海太守，大姓公孫丹造起大宅。工占之曰："宅當出一喪。"丹使子取行人殺之以塞咎。宣收丹，考殺之。（《太平御覽》一百八十、《說郛》五十八上）

洛陽令董宣死，詔使視之，有簡輿〔《御覽》作"蘭輿"〕一乘，白馬一匹。帝曰："董宣之清，死乃知之。"（《北堂書鈔》一百四十、《太平御覽》四百二十六、七百七十四）

按：董宣，《後漢書》有傳。

虞　延

虞延除細陽（原作"淄陽"，據《御覽》改）令，每至歲時伏臘，輒休，遣囚各歸家。囚并感其恩，應期而還。（《初學記》二十、《太平御覽》六百四十二）

按：虞延，《後漢書》有傳。

李　充

李充喪父冢側，有盜夜斫充柏樹者（《御覽》九五四作"李充喪父，父冢側有盜夜斫柏樹者"），充手刃之。（《藝文類聚》八十八、《太平御覽》九百五十四）

李充在鄧將軍坐，鄧設炙肉，充挾箸以啖，炙冷，復命溫之，及溫而後食。（《北堂書鈔》一百四十五）

按：李充，《後漢書》有傳。

高　慎

靖高祖父固，不仕，王莽世爲淮陽太守所害，以烈節垂名。固子慎，字孝甫，敦厚少華，有沈深之量，撫育孤兄子五人，恩義甚篤。琅邪相何英嘉其行履，以女妻焉。英即車騎將軍熙之父也。慎歷二縣令、東萊太守，老病歸家，草屋蓬户，甕缶無儲。其妻謂之曰："君累經宰守，積有年歲，何能不少爲儲畜，以遺子孫乎？"慎曰："我以勤身清名爲之基，以二千石遺之，不亦可乎！"子式，至孝，常盡力供養，永初中，螟蝗爲害，獨不食式麥。圉令周疆以表州郡，太守楊舜舉式孝子，讓不行，後以孝廉爲郎。次子昌，昌弟賜，并爲刺史、郡守。式子弘，孝廉。弘生靖。(《三國志·魏志·高柔傳》裴注)

裴松之按：《陳留耆舊傳》及謝承書，幹應爲柔從父，非從兄也。未知何者爲誤。

姚之駰《後漢書補逸》卷十二："案《魏志·高柔傳》稱幹爲柔從兄，據謝書，則賜乃幹祖，而爲柔之從叔祖，是從父，非從兄也。《陳留耆舊傳》亦同，《魏志》誤矣。

高慎，字孝甫，敦質少華，口不能劇談，嘿好沉深之謀。爲州從事，號曰卧虎，故人謂之"巖然(《御覽》作"嶷然")不語，名高孝甫"。(《北堂書鈔》七十三、《太平御覽》二百六十五)

吴　祐

吴祐爲膠東相，安丘男子毋丘長共母到市，遇醉客罵母，長怒殺之，爲吏所得，繫獄。祐問，知無子，令妻入，遂有身。臨刑，齧指斷，吞之，謂妻曰："若生男，名曰吳生。云我臨死吞指爲誓，屬子報吳君。"（《太平御覽》三百七十）

吳祐爲膠東相，嗇夫孫性盜富民錢五百，爲父市單衣。父恐，便以單衣詣門自謝，祐以單衣遺其父。（《太平御覽》六百九十一、《說郛》五十八上）

按：此條記事，與《後漢書》本傳略異。

吳祐爲恒農令，勸善懲奸，貪濁出境，甘露降，年穀豐。童謠曰："君不我憂，人何以休？不行略署，焉知人處？"（《太平御覽》四百六十五）

太守冷宏召補文學，宏見異之，擢舉孝廉。（《後漢書·吳祐傳》"後舉孝廉"句李賢注引）

祐處同僚，無私書之問，上司無箋檄之敬。在膠東，書不入京師也。（《後漢書·吳祐傳》"祐在膠東九年"句李賢注引）

鳳字君雅；馮，字子高。（《後漢書·吳祐傳》"長子鳳。鳳子馮。皆有名於世"句李賢注引）

按：吳祐，《後漢書》有傳。

仇　覽

仇香，字季智，爲書生，性謙恭勤恪，威嚴矜莊，貌不爲晝夜易容，言不爲喜怒變聲，雖同儕羣居，必正色後言，終身無泄狎之交，以是見憚。學通三經，然無知名之援，鄉里之舉。年四

十，召爲縣主簿。(《太平御覽》二百六十九引蘇林《廣舊傳》)

仇覽年四十，爲蒲亭長。有陳元者，母告其子不孝，覽爲陳慈孝之道，卒成孝子。時考成令河內王涣，政尚嚴猛，聞覽以德化人，署爲主簿，謂覽曰："聞陳元之過，不罪而化之，得無少鷹鸇之志耶！"(《北堂書鈔》七十三)

按：仇覽，《後漢書》有傳。仇覽，一名香。

范 丹

范丹學通三經，常自賃灌園。(《初學記》二十四、《說郛》五十八上)

按：范丹，姚之駰《後漢書補逸》有傳。

王 業

王業，字子春，爲荆州刺史，有德政，卒於枝江。有三白虎，低頭曳尾，宿衛其側。及喪去，逾州境，忽然不見。民共立碑文，號曰枝江白虎。(《太平御覽》八百九十二)

按：《北堂書鈔》卷一百二亦有此文，但較此簡略，且有誤字。另，晉干寶《搜神記》卷十一又載此事之另一版本，移錄如下："王業，字子香。漢和帝時，爲荆州刺史。每出行部，沐浴齋素，以祈於天地，當啟佐愚心，無使有枉百姓。在州七年，惠風大行，苛慝不作，山無豺狼。卒於湘江，有二白虎，低頭曳尾，宿衛其側。及去，虎逾州境，忽然不見，民共爲立碑，號曰湘江白虎墓。"

垣　牧

梁垣牧（《説郛》作"小黄恒牧"，疑是）爲郡功曹，與君歸鄉（《説郛》作"與郎君共歸鄉里"），爲赤眉所得。賊將啖之，牧求先。賊長義而釋牧，送蘩露實一斛（《説郛》作"送與豆一斛"）。（《太平御覽》九百九十八、《説郛》五十八上）

按：垣牧，他史書不見。

爰　珍

爰珍除六令，吏人訟息，教誨其子弟，歌曰："我有田疇，爰父殖置。我有子弟，爰父教誨。"（《太平御覽》四百六十五、王仁俊《經籍佚文》）

按：爰珍，《後漢書》不見。

戴　斌

戴斌爲郡主簿，送故將喪歸鄉，蠹吾里人拒之，斌拔劍厲聲，里人服其義，乃納之。（《北堂書鈔》七十三）

按：戴斌事，他書不見。唐徐堅《初學記》卷二十四引詳於此，而《太平御覽》卷二百六十五引又詳於《初學記》，兹備録如下：戴斌爲郡主簿，送故將喪歸鄉里，蠹吾里人距之，孝子臣吏脱絰叩頭求哀，終不見聽。斌乃投絰放縗，操手劍，瞋目厲聲，距躇而前，曰："哭不哀者，郎君也。喪車不前者，戴斌也。"里人服其義，乃内之。

王 邯

王邯剛猛，能解槃牙，破節目。考驗楚王英謀反，連及千餘人。事竟，引入詰問，無謬。一見賜御筆墨，再見賜佩帶，三見除司徒西曹屬。（蘇易簡《文房四譜》五引）

按：王邯，《後漢書》不見。

褚 禧

褚禧兼部督郵書史，與太守以下俱稱史。（《北堂書鈔》七十七）

按：褚禧事，他書不見。

存 目

董宣爲洛陽令，搏擊豪强，莫不震栗，京師號爲"卧虎"，歌曰："枹鼓不鳴董少平。"在縣五年，年七十四，卒於官。詔遣使者臨視，惟見布被覆屍，妻子對哭，有大麥數斛，敝車一乘。帝傷之，曰："董宣廉潔，死乃知之。"以宣嘗爲二千石，賜葬以大夫禮，子并爲郎中，後官至齊相。（《説郛》五十八上）

按：此條僅見《説郛》五十八上，文字與今本《後漢書·董宣傳》完全相同，當爲誤收，故入存目。

楊仁，字文義。明帝引見，問當代政治之事，仁對，上大奇之，拜侍御史。明帝崩，是時，諸馬貴賤，各争入宫。仁披甲持戟，遮敕宫門，不得令入。章帝既立，諸馬貴人更譖仁敕峻，於是上善之。（《太平御覽》二百二十七）

按:《後漢書·楊仁傳》:"楊仁,字文義,巴郡閬中人也。建武中,詣師學習《韓詩》。"然則楊仁非陳留人,顯爲闌入,故入存目。